EBC*L Stufe B

Businessplan

Marketing

Verkauf

Rechtlicher Hinweis:

Das vorliegende Werk einschließlich aller Teile ist urheberrechtlich geschützt. Alle Rechte, auch die der Übersetzung, des Nachdrucks und der Vervielfältigung dieser Unterlage oder von Teilen daraus, sind vorbehalten.

Ohne schriftliche Genehmigung von Easy Business Training GmbH darf kein Teil dieses Dokuments in irgendeiner Form oder auf irgendeine elektronische oder mechanische Weise einschließlich Fotokopieren und Aufzeichnen für irgendeinen Zweck, auch nicht zur Unterrichtsgestaltung, vervielfältigt oder übertragen werden.

Wir möchten darauf hinweisen, dass alle Angaben in diesem Fachbuch trotz sorgfältiger Bearbeitung ohne Gewähr erfolgen und eine Haftung der Autoren oder des Verlages ausgeschlossen ist.

Herausgeber:
Easy Business Training GmbH
A-1120 Wien
www.easy-business.cc
team@easy-business.cc

Druck:
Prime Rate Kft.
H-1044 Budapest

ISBN 978-3-902730-22-0
Easy Business Training GmbH

ISBN 978-3-902730-35-0 (Buchset EBC*L Stufe B, 2 Bücher)
ISBN 978-3-902730-22-0 (EBC*L Stufe B – Businessplan, Marketing, Verkauf)
ISBN 978-3-902730-23-7 (EBC*L Stufe B – Investitionsrechnung, Finanzplanung (Budgetierung), Finanzierung)

© Auflage 2009-10

Inhaltsverzeichnis

Einleitung 11

1. ZIELE, METHODEN UND INSTRUMENTE DER BUSINESSPLAN-ERSTELLUNG . 15

1. 1. Grundlagen der Businessplan-Erstellung 17
1. 1. 1. Wozu Businessplan? 17
1. 1. 2. Wer benötigt einen Businessplan? Wer sind die Adressaten? 20
1. 1. 3. Ziele betriebswirtschaftlicher Planung 24
1. 1. 4. Aufbau eines Businessplans 26
1. 1. 5. Kriterien zur Beurteilung eines Businessplans – Erfolgsfaktoren 32
1. 1. 6. Probleme und Grenzen der unternehmerischen Planung 37

1. 2. Analyse- und Planungsinstrumente 39
1. 2. 1. Stärken/Schwächen-Analyse (Strengths/Weaknesses) 40
1. 2. 2. Chancen/Risiko-Analyse (Opportunities/Threats) 42
1. 2. 3. SWOT-Analyse 44
1. 2. 4. Szenario-Analyse (Szenario-Technik) 46
1. 2. 5. Portfolio-Analyse 49
1. 2. 6. Lebenszyklus-Analyse 55
1. 2. 7. ABC-Analyse 59
1. 2. 8. Kreativitätstechniken 64

Easy Business im Telegramm-Stil 68

2. PROJEKTPLANUNG 73

2. 1. Grundlagen 75
2. 1. 1. Ziele und Aufbau eines Projektplans 76

2. 2. Planungsschritte 79
2. 2. 1. Zielplanung 79
2. 2. 2. Ressourcenplanung 80
2. 2. 3. Projektteam 80
2. 2. 4. Umsetzungsplanung 80
2. 2. 5. Darstellung eines Projektplans 81

2. 3. Fehler bei der Projektplanung ... 83
2. 3. 1. Gründe für das Scheitern von Projekten ... 83
2. 3. 2. Erfolgskriterien für ein Projekt ... 84
Easy Business im Telegramm-Stil ... 85

3. IST-ANALYSE ... 87
3. 1. IST-Analyse – Überblick ... 89
3. 2. Unternehmensanalyse ... 91
3. 2. 1. Was macht das Unternehmen eigentlich aus? Geschäftsidee, strategische Geschäftsfelder, Werte und Ziele ... 93
3. 2. 2. Wer steckt hinter dem Unternehmen? Welche Interessen sind mit dem Untenehmen verbunden? ... 98
3. 2. 3. Welche personellen und standortbedingten Faktoren sind gegeben? ... 101
3. 3. Branchenanalyse ... 107
3. 3. 1. Branchen und Trends ... 108
3. 3. 2. Marktanalyse ... 109
3. 4. Wettbewerbsanalyse ... 113
3. 4. 1. Benchmarking ... 114
Easy Business im Telegramm-Stil ... 122

4. MARKETING ... 127
4. 1. Grundlagen ... 129
4. 1. 1. Marketing: Begriffe und Ziele ... 130
4. 1. 2. Instrumente des Marketing ... 131
4. 1. 3. Externes und internes Marketing ... 131
4. 1. 4. Selbstmarketing ... 132
4. 1. 5. Marketingplan ... 135
4. 2. König Kunde ... 137
4. 2. 1. Kaufmotive und Bedürfnisse der Kunden ... 137
4. 2. 2. Maslow'sche Bedürfnispyramide ... 138
4. 2. 3. Bedürfnis – Bedarf ... 140
4. 2. 4. Kundenverhalten und Entscheidungsprozesse ... 141
4. 2. 5. Kognitive Dissonanz ... 143
4. 2. 6. Kundensegmentierung ... 144

    4. 2. 7. Kundentypen. 147

    4. 2. 8. Customer Relationship Management, CRM (Kundenbeziehungs-Management). 149

4. 3. Marktforschung 155

    4. 3. 1. Ziele und Bereiche der Marktforschung 155

    4. 3. 2. Kriterien für die Marktforschung 161

    4. 3. 3. Phasen der Marktforschung. 164

    4. 3. 4. Primäre und sekundäre Marktforschung 164

    4. 3. 5. Fehlerquellen in der Marktforschung 167

    4. 3. 6. Wettbewerb 167

    Easy Business im Telegramm-Stil 168

4. 4. Produktpolitik 173

    4. 4. 1. Produktpolitik: Begriff und Strategien 173

    4. 4. 2. Trend zu immer kürzeren Produktlebenszyklen. 175

    4. 4. 3. Sortimentspolitik 178

    4. 4. 4. Begriffe der Produktpolitik – Zusammenfassung. 179

4. 5. Preispolitik 183

    4. 5. 1. Rahmenbedingungen der Preispolitik. 185

    4. 5. 2. Signalfunktion des Preises 186

    4. 5. 3. Preiselastizität der Nachfrage 187

    4. 5. 4. Preispolitische Strategien 189

4. 6. Konditionenpolitik 191

    4. 6. 1. Instrumente der Konditionenpolitik 191

    4. 6. 2. Rabatt. 191

    4. 6. 3. Skonto. 192

    4. 6. 4. Verzugszinsen 193

    4. 6. 5. Lieferbedingungen 194

4. 7. Distributionspolitik / Vertriebspolitik 195

    4. 7. 1. Begriff Distributionspolitik / Vertriebspolitik. 195

    4. 7. 2. Direktvertrieb 197

    4. 7. 3. Indirekter Vertrieb 198

    4. 7. 4. Franchising 199

    Easy Business im Telegramm-Stil 200

4. 8. Kommunikationspolitik 205
4. 8. 1. Begriff und Elemente der Kommunikationspolitik 205
4. 8. 2. Corporate Image 206
4. 8. 3. Marke, Logo, Slogan 206
4. 8. 4. Corporate Design 208
4. 8. 5. Corporate Wording 209

4. 9. Werbung 211
4. 9. 1. Werbeplanung. 212
4. 9. 2. Werbeziele formulieren 212
4. 9. 3. Werbebudget festlegen 213
4. 9. 4. Auswahl der Werbemittel und -träger, Mediaplanung 215
4. 9. 5. Tausender-Kontakt-Preis 216
4. 9. 6. Werbeerfolgskontrolle 217
4. 9. 7. Werbepsychologie: Gestaltung von Werbung 219
4. 9. 8. Häufig benutzte Strategien bei der Gestaltung von Werbung. 222
4. 9. 9. Kritik an Werbung 223

4. 10. Spezielle Werbe- und kommunikationspolitische Instrumente. 225
4. 10. 1. Direct Mailing 226
4. 10. 2. Gestaltung von Mailingbriefen: To Do's und Not To Do's 226
4. 10. 3. Die Aida-Formel 227
4. 10. 4. Telefonmarketing. 230
4. 10. 5. Call Center 230
4. 10. 6. Verkaufsförderung / Sales Promotion 230
4. 10. 7. Event Marketing 231
4. 10. 8. Öffentlichkeitsarbeit / Public Relations (PR). 232
4. 10. 9. Sponsoring 233
4. 10. 10. Internetwerbung 234
4. 10. 11. Merchandising. 236

Easy Business im Telegramm-Stil 239

5. VERKAUF...245
5. 1. Grundlagen erfolgreichen Verkaufs.................................247
　5. 1. 1. Verkauf als alltäglicher Prozess................................248
　5. 1. 2. Verkaufsethik: Seriöser, partnerschaftlicher Verkauf...........254
　5. 1. 3. Win-Win-Situation..254
　5. 1. 4. Der erfolgreiche Verkäufer.....................................255
5. 2. Phasen eines Verkaufsgesprächs..................................257
　5. 2. 1. Gesprächsvorbereitung..257
　5. 2. 2. Gesprächseinstieg..258
　5. 2. 3. Bedarfserhebung..259
　5. 2. 4. Präsentation und Argumentation.................................261
　5. 2. 5. Verkaufs Abschluss...265
5. 3. Firmenkundenverkauf...267
Easy Business im Telegramm-Stil......................................271

Hard facts – Vorschau..275

Einleitung

Eine wirtschaftlich fundierte Planung der Zukunft (= Businessplan) sollte das gesamte wirtschaftliche, aber auch private Leben durchziehen. Wer das verabsäumt, muss sowohl im Beruf als auch im Privatleben mit schwerwiegenden Konsequenzen, die bis zum Privatkonkurs reichen können, rechnen.

Wer hingegen über die Kernkompetenz „betriebswirtschaftliche Planung" verfügt, wird seine Berufs-, Karriere- und Lebenschancen deutlich erhöhen können. Das ist ein Versprechen vorweg.

Zur Zielgruppe dieses Wissens – und somit dieses Buches – gehört eigentlich jeder, der etwas unternimmt, was wirtschaftliche Auswirkungen hat, sei es die Gründung eines Unternehmens oder die Organisation einer Feier für den Verein. In der Folge nennen wir derartige Aktivitäten UNTERNEHMUNG. Für jede sollte es einen wirtschaftlich wohl überlegten Plan geben.

Zu den Zielgruppen zählen:

- UnternehmerInnen bzw. GeschäftsleiterInnen von Unternehmen
- UnternehmensgründerInnen
- BereichsleiterInnen
- Schlüsselkräfte mit Planungskompetenz

Damit unterscheidet sich dieses Buch auch von anderen verdienstvollen Werken, die zum Thema „Businessplan" erhältlich sind. Diese legen den Fokus zumeist ausschließlich auf die Neugründung eines Unternehmens.

Natürlich gehören auch jene zur Zielgruppe, die sich auf die EBC*L Prüfung Stufe B zielgerichtet vorbereiten wollen. Dieses Buch wird Ihnen dazu sicherlich eine gute Hilfestellung leisten.

Gezielte Vorbereitung auf die Prüfung der EBC*L Stufe B

Das **EBC*L Zertifikat (European Business Competence* Licence)** hat sich als international anerkannter Standard der betriebswirtschaftlichen Bildung etabliert. Es bietet die Möglichkeit, genau jenes praxisrelevante betriebswirtschaftliche Kernwissen nachzuweisen, das im Wirtschaftsleben notwendig ist.

Kernstück des EBC*L Zertifizierungssystems ist ein international einheitlicher Lernzielkatalog und eine einheitliche Prüfung. Beides gewährleistet, dass alle, die das EBC*L Zertifikat vorweisen können, über das festgelegte betriebswirtschaftliche Know how verfügen.

Einleitung

Das Buch folgt dem Aufbau des Lernzielkatalogs der EBC*L Stufe B. Herzstück der Stufe B ist der „Businessplan" um dessen Inhalte und Aufbau zahlreiche Planungs- und Analyseinstrumente sowie die Grundlagen von Marketing und Verkauf erklärt werden. Am Ende der Lektüre werden Sie das Rüstzeug haben, um Businesspläne zielgerichtet selbst zu erstellen und schließlich auch argumentieren (verkaufen) zu können.

Zudem werden Sie, wenn Sie die EBC*L Stufe A-Bücher und dieses Buch studiert haben, den Großteil der in der Praxis verwendeten betriebswirtschaftlichen Begriffe kennen gelernt haben. Sie bieten somit eine ausgezeichnete Basis für Ihre Karriere oder aber auch für die Gründung eines Unternehmens.

Dazu ein weiterführender Tipp: Falls Sie zu einzelnen Begriffen oder Themenbereichen weitere Informationen haben wollen, können wir Ihnen die Website www.wikipedia.org empfehlen.

Didaktischer Aufbau: Bossi-Pädagogik

Als roter Faden des Buches dient ein Fallbeispiel aus der Praxis. Dabei handelt es sich um die Pizzeria Bossi, die von Herrn und Frau Bossi in einer Kleinstadt betrieben wird. Anhand dieses Fallbeispiels wird erläutert

- *dass es für ein Unternehmen „tödlich" sein kann, wenn keine betriebswirtschaftliche Planung erfolgt*
- *wie ein Businessplan für ein konkretes Projekt – die Umsetzung einer neuen Produktidee – erstellt werden kann.*

Dieses Fallbeispiel garantiert nicht nur Praxisbezug, sondern auch eine gute Verständlichkeit. Die „Storytelling-Methode", bei der den Protagonisten hin und wieder einige Missgeschicke passieren, soll dazu beitragen, dass die Materie anschaulich und nicht allzu „trocken" bleibt. Das Beispiel ist zudem so gewählt, dass es sowohl für bestehende Unternehmen, für neu zu gründende Unternehmen, aber auch für die Umsetzung von Projekten eine gute Handlungsanleitung bietet.

Im Buch verwenden wir dazu den Begriff „Unternehmung". Darunter verstehen wir, dass eben etwas unternommen wird, was wirtschaftliche Auswirkungen hat.

Layout-Hinweise:

- Das Fallbeispiel „Pizzeria Bossi" ist durch dieses Logo und an der *Kursivschrift* leicht erkennbar.
- Am Rand finden Sie Marginalien, die das behandelte Lernziel auflisten oder Hinweise auf Beispiele oder Sonstiges geben.

▶ *Layout-Hinweise*

Zusätzliche Maßnahmen zur besseren Lesbarkeit:

- Es wurde größter Wert darauf gelegt, das Buch für jede Leserin und für jeden Leser gut lesbar zu machen. Das ist der einzige Grund, warum wir auf die weibliche Ansprache verzichtet haben. Zum Ausgleich haben wir eine weibliche Darstellerin – Frau Bossi – in den Mittelpunkt der Geschichte gerückt.

- Unternehmen erzeugen und handeln Produkte, Güter, Dienstleistungen. Im Buch wird ausschließlich der Begriff Produkt verwendet. Er dient auch als Synonym für die anderen Angebote eines Unternehmens.

Hinweise zum Umgang mit dem Arbeitsbuch

Hinweis

Bitte sehen Sie das Buch als das, was es sein soll; und zwar als Ihre persönliche Lernunterlage, in der Sie nach Lust und Laune Texte markieren, Antworten in den vorgesehenen Kästchen ausfüllen und Texte einfügen können.

Für Personen mit betriebswirtschaftlichen Vorkenntnissen kann diese Unterlage zur erfolgreichen Vorbereitung auf die EBC*L Prüfung genügen. Für alle anderen empfehlen wir jedoch den Besuch eines Vorbereitungskurses in einem akkreditierten EBC*L Bildungsinstitut.

Sie finden weitere Informationen dazu unter

www.ebcl.eu

www.easy-business.cc

Wir wünschen Ihnen eine angenehme Lektüre und für die Vorbereitung auf die EBC*L Prüfung und für Ihre berufliche Karriere alles Gute!

ZIELE, METHODEN UND INSTRUMENTE DER BUSINESSPLAN-ERSTELLUNG

Groblernziele:

- *Die Ziele, Inhalte und den Aufbau eines Businessplans erläutern können.*
- *Betriebswirtschaftliche Analyse- und Planungsinstrumente erläutern und anhand von Beispielen anwenden können.*

1. 1. Grundlagen der Businessplan-Erstellung

Lernziele:

➤ *Die Ziele eines Businessplans sowie Anlässe und Bereiche, für die Businesspläne erstellt werden, nennen und erläutern können.*

➤ *Mögliche Adressaten eines Businessplans und deren Ziele und Interessen erläutern können.*

➤ *Fragen und Themen, sowie den grundlegenden Aufbau und die Struktur eines Businessplans erläutern können.*

➤ *Kriterien, die zur Beurteilung von Businessplänen durch Entscheidungsträger herangezogen werden, sowie entscheidende Regeln und Fehler bei der Erstellung von Businessplänen erläutern können.*

➤ *Den Begriff „Kritische Erfolgsfaktoren" erläutern können.*

➤ *Möglichkeiten zur attraktiven und übersichtlichen Gestaltung eines Businessplans erläutern können.*

➤ *Probleme und Grenzen der unternehmerischen Planung erläutern können.*

1. 1. 1. WOZU BUSINESSPLAN?

Um die ganze Thematik der betriebswirtschaftlichen Planung möglichst praxisnah und nachvollziehbar zu machen, bedienen wir uns eines konkreten Fallbeispiels. Dabei handelt es sich um die „Pizzeria Bossi". Diese wird im Laufe des Buches um das Unternehmen „Bossi's PinkSaucen" erweitert. Dieses Beispiel zieht sich als roter Faden durch das Buch *(und ist durch die Logos „Pizzeria Bossi" sowie „Bossi's PinkSaucen" leicht erkennbar)*.

Pizzeria Bossi: Vom Weg abgekommen

Die Pizzeria Bossi ist schon seit zehn Jahren ein im Bezirk gut etablierter Betrieb, der es nach den üblichen Anfangsschwierigkeiten stets geschafft hat, schwarze Zahlen zu schreiben. Darauf ist der Inhaber des Restaurants, Herr Bossi, auch mächtig stolz. Denn er weiß, dass es gerade in seiner Branche, der Gastronomie, ein ständiges Kommen und Gehen von Restaurants gibt. Viele hoffnungsfrohe Gastwirte schlittern oft in kürzester Zeit in den Konkurs und hinterlassen nichts anderes als einen Berg von Schulden. Bislang hat sich Herr Bossi über seine gescheiterten KollegInnen eher

lustig gemacht. Er ist überzeugt, ihm könne das – als nunmehr altem Hasen – wohl nicht mehr passieren.

Um so mehr fällt er aus allen Wolken, als ihm seine Steuerberaterin am Telefon folgende Hiobsbotschaft übermittelt: Die Pizzeria Bossi hat im letzten Jahr ein dickes Minus erwirtschaftet.

Herr Bossi kann und möchte das nicht glauben und entgegnet der Steuerberaterin lauthals: „Das glaube ich nicht – wie kann das sein? Wir haben doch alle unsere Rechnungen bezahlen können. Und es ist genug übrig geblieben, dass ich mir sogar einen neuen Firmenwagen leisten konnte."

Die Steuerberaterin versucht Herrn Bossi zu erklären, dass dies zwar erfreulich sei, jedoch aus dem positiven Cash flow, der erwirtschaftet werden konnte, resultiert – was allerdings nichts daran ändere, dass das Unternehmen Verluste schreibe und somit die Zukunft nicht gesichert scheint. Der impulsive Herr Bossi kann mit dieser Erklärung leider gar nichts anfangen. Deshalb vereinbaren die beiden einen Termin, bei dem ihm die Steuerberaterin ausführlich und in aller Ruhe – so weit es das Temperament von Herrn Bossi zulässt – die Problematik darlegen kann.

Diese schlechten Zahlen hätten sich schon länger abgezeichnet, erläutert die Steuerberaterin. Seit mehreren Jahren schon zeige die Entwicklung des Unternehmens eher nach unten. Das sei Herrn Bossi offensichtlich entgangen.

Nach vier sehr intensiven Stunden konnte die Steuerberaterin Herrn Bossi verdeutlichen, dass die Situation des Unternehmens nicht gerade rosig ist. Aufgrund des Verlustes wurde eine negative Eigenkapitalrentabilität erzielt und auch die Liquiditätssituation ist alles andere als stabil. Ein Liquiditätsengpass steht sogar unmittelbar bevor. Die offenen Rechnungen, unter anderem die noch ausständigen Raten für den Firmenwagen, der im Vorjahr angeschafft wurde, können vermutlich nicht aus eigener Kraft beglichen werden. Das bedeutet, dass Herr Bossi wahrscheinlich zur Bank gehen und um einen Kredit ansuchen muss. Ob er erfolgreich sein wird, ist bei einer Eigenkapitalquote von lediglich 15 % allerdings äußerst fraglich.

Herr Bossi ist mehr als verzweifelt und gleicht nach dieser Besprechung einem Häufchen Elend. „Was soll ich tun? Soll ich den Laden gleich dicht machen? Was werden meine Frau und meine treuen MitarbeiterInnen sagen?"

Die Steuerberaterin versucht daraufhin, Herrn Bossi wieder zu beruhigen. Vielleicht ist sie doch etwas zu drastisch bei der Analyse vorgegangen – außerdem möchte sie ja ihren guten Kunden nicht verlieren. Sie zeigt ihm daher einige positive Aspekte des Unternehmens auf: das schöne Lokal in einer guten Lage, viele Stammgäste, freundliches Personal und einiges mehr.

Allerdings ist es wohl an der Zeit, das ehemals gute Geschäftskonzept, das anscheinend schon in die Jahre gekommen ist, zu überdenken. Herr Bossi sollte sich einige Tage lang zurückziehen, an einem neuen betriebswirtschaftlichen Konzept arbeiten und einen Businessplan für sein Unternehmen zu Papier bringen. Er soll sich dabei auch vor grundlegenden Fragen nicht scheuen, wie:

- *Wollen die Gäste heute überhaupt noch Pizzas essen? Oder bevorzugen sie bald nur noch die asiatische Küche, weil diese leichter ist?*
- *Möchten die Leute überhaupt noch essen gehen, oder essen sie lieber zu Hause?*
- *Werden die Stammgäste mehr oder eher weniger?*
- *Was macht die Konkurrenz vielleicht besser?*
- *Können die MitarbeiterInnen die neuen Kundenwünsche erfüllen? Sind sie entsprechend gut ausgebildet?*
- *Gibt es neue Ideen, wie man das Angebot lukrativer gestalten kann?*
- *Steht für notwendige Investitionen das erforderliche Kapital zur Verfügung?*
- *und vieles mehr*

Die Antworten werden Herrn Bossi Klarheit darüber bringen, wohin die Reise gehen kann, und seinen MitarbeiterInnen den Weg zeigen, der gemeinsam zu bewältigen ist.

Nicht zuletzt wird Herr Bossi einen fundierten Businessplan benötigen, um seine Bank zu überzeugen, dass sie ihm den notwendigen Kredit gewährt.

„Businessplan? Diesen Begriff habe ich schon einmal gehört", meint Herr Bossi, der betriebswirtschaftlichen Themen immer gerne aus dem Weg gegangen ist. Jetzt sieht jedoch auch er ein, dass es ohne diese Kenntnisse nicht mehr weitergehen wird.

Die Steuerberaterin gibt Herrn Bossi einen Fragenkatalog – der zufällig sehr ähnlich wie der Lernzielkatalog der EBC*L Stufe B gestaltet ist ;-) – mit auf den Weg. Er solle keine Zeit mehr verlieren, das Tagesgeschäft für einige Zeit vergessen und sich intensiv mit den Fragen auseinandersetzen.

1. 1. 2. WER BENÖTIGT EINEN BUSINESSPLAN? WER SIND DIE ADRESSATEN?

Die vorhin erzählte Geschichte zeigt, wie wichtig es ist, einen wirtschaftlichen (Fahr)Plan (= einen Businessplan) zu haben. Unternehmen, die keinen Plan haben, haben oft auch keine Zukunft. Businesspläne werden bei folgenden Anlässen erstellt:

Businessplan bei Gründung eines Unternehmens

> *Ziele, Anlässe und Adressaten eines Businessplans*

Banken sind oft mit hoffnungsfrohen UnternehmensgründerInnen konfrontiert, die mit nichts anderem als einer Idee im Kopf um einen Kredit ansuchen. Beim Kreditgespräch können sie dann keine Antworten auf die grundlegendsten Fragen geben, wie zB:

- Gibt es tatsächlich genug KundInnen, die das Produkt nachfragen?
- Wenn ja, wie können die KundInnen darauf aufmerksam gemacht werden?
- Gibt es schon jemand anderen, der die gleiche Idee gehabt hat und vielleicht bessere Voraussetzungen (zB mehr Kapital und Erfahrung) mit sich bringt?
- Was wird die Umsetzung der Idee tatsächlich kosten?
- Die Kosten fallen meistens sofort an. Wie lange wird es jedoch dauern, bis man mit den ersten Einnahmen rechnen kann?
- Was passiert, wenn nicht alles sofort so läuft, wie man es sich ausgemalt hat? Kann man kleinere und größere Rückschläge verdauen?

AdressatInnen eines Businessplans für eine Unternehmensgründung sind:

- die UnternehmensgründerInnen selbst
- Banken, die einen Kredit vergeben sollen
- sonstige Finanziers, die man überzeugen will, dass es sich um eine vielversprechende Geldanlage handelt
- Förderinstitutionen

Businessplan bei der Suche nach Fremd- oder Eigenkapital

Herrn Bossi wird nichts anderes übrig bleiben, als zur Bank zu gehen und diese davon zu überzeugen, dass sie seinem Unternehmen einen Überbrückungskredit gewährt. Sie wird jedoch nur dann dazu bereit sein, wenn sie damit rechnen kann, dass das von ihr verborgte Geld auch samt Zinsen wieder zurückfließen wird. Daher verlangen Banken – neben den obligatorischen Sicherheiten – immer öfters fundierte Businesspläne, die eine möglichst genaue Vorausschau in die Zukunft eines Unternehmens bieten. Darin sollten Fragen beantwortet werden, die Aufschluss geben über:

- Branchentrends und Marktentwicklungen
- Konkurrenzsituation
- Marketingpläne
- Finanzpläne
- Produktions- und Personalkapazitäten

Businesspläne werden allerdings auch dann erforderlich sein, wenn ein Kredit nicht zur Bewältigung einer Liquiditätskrise, sondern zur Finanzierung von Investitionen gewährt werden soll. Will man in ein neues Produkt, ein neues Verfahren oder ein neues Land investieren, wird man darlegen müssen, ob sich diese Investition tatsächlich rechnen kann – das bedeutet, ob das Vorhaben mehr bringt, als es kostet.

Ein fundierter Businessplan ist natürlich auch Grundlage dafür, wenn man Investoren davon überzeugen möchte, sich am Unternehmen zu beteiligen, um damit die Eigenkapitalbasis zu stärken.

Businessplan bei der Beantragung von nationalen und internationalen Förderungen

So manch unerfahrenes Kleinunternehmen hat schon seine blauen Wunder erlebt, wenn es sich beim Staat oder bei der EU „schnelles Geld" holen wollte. Um Fördergelder zu bekommen, sind umfangreiche Businesspläne zu erarbeiten, in denen darzulegen ist, dass die Förder- (und damit auch Steuergelder) nachhaltig eingesetzt werden.

Dabei befindet man sich häufig im Wettstreit mit hunderten anderen Unternehmen und Institutionen, die ebenfalls am Fördertopf mitnaschen möchten. Durchsetzen werden sich jene, die die besten Businesspläne vorlegen können und insbesondere die Zielkriterien der Förderstelle erfüllen.

Businessplan für unternehmensinterne Ideen und Projekte

Wenn MitarbeiterInnen in größeren Unternehmen früher eine Idee hatten, dann haben sie diese – zumeist mündlich – ihrem Vorgesetzten mitgeteilt. Dieser hat dann alle weiteren betriebswirtschaftlichen Überlegungen selbst angestellt oder von den kaufmännischen Abteilungen des Hauses angefordert. Das bedeutete zwar weniger Denkarbeit für die Ideengeber, allerdings hatten sie kaum Einflussmöglichkeiten darauf, ob ihre Idee auch tatsächlich verfolgt wurde oder nicht.

Heute ist die Situation in vielen Unternehmen anders: Wer eine (Projekt)Idee hat und diese durchsetzen will, muss dafür selbst einen ersten Businessplan erstellen, der den Vorgesetzten eine Entscheidungsgrundlage bietet. In diesem Businessplan muss begründet werden, was die Idee bzw. das Projekt bewirken soll und welcher Nutzen den zu erwartenden Kosten gegenübersteht.

Dabei muss es sich nicht immer um tatsächlich „weltbewegende" Innovationen handeln, sondern es kann auch um kleinere Projekte gehen, wie zB das Ausstellen auf einer Messe, die Durchführung eines Kundenevents, die Anschaffung einer neuen EDV-Anlage oder die Miete eines neuen Büros.

Adressaten solcher Businesspläne sind letztendlich die unternehmensinternen Finanziers, also diejenigen, die die Geldmittel (die Budgets) für ein Projekt zur Verfügung stellen sollen. Das kann der unmittelbare Chef sein, es kann sich aber auch um die tausende Kilometer entfernte Konzernzentrale handeln.

Wer es versteht, die Kosten-Nutzen-Rechnung möglichst fundiert und positiv darzustellen, wird beim Kampf um knappe Budgetmittel die Nase gegenüber den unternehmensinternen Mitbewerbern (= KollegInnen mit eigenen Projektideen) vorne haben.

Der verdammte Ofen! Jetzt aber endlich einen Neuen: wieder abgeblitzt!

Herr Salz, der Pizzakoch plagt sich schon seit Jahren mit einem vollkommen veralteten Pizzaofen. Dieser hat eine viel zu geringe Kapazität, was dazu führt, dass in der Mittagszeit die Gäste ewig lange auf die Pizza warten müssen. Zudem fällt regelmäßig die Elektronik aus, und der Reparaturdienst muss gerufen werden. Bis dieser kommt, kann auch ein ganzer Tag vergehen. In der Zeit können natürlich keine Pizzas gebacken werden. Als das wieder einmal passiert, platzt dem Koch der Kragen. Er geht zu Herrn Bossi und verlangt einen neuen Pizzaofen. Dieser hat derzeit allerdings andere Probleme und sagt: „Was willst du? Jetzt funktioniert er doch wieder prächtig! Außerdem bist du doch ein Meister der Improvisation."

Und wieder hat es Herr Bossi geschafft, Herrn Salz den Wind aus den Segeln zu nehmen.

Hätte er Herrn Bossi vorrechnen können, welcher Schaden durch die häufigen Ausfälle des Ofens verursacht wird, hätte er sicherlich bessere Chancen gehabt, sein Anliegen durchzubringen.

Businessplan für private Projekte

Wer Geld nicht im Überfluss besitzt, was ja bei den wenigsten der Fall ist, sollte auch für alle wichtigen privaten Projekte, die Geld kosten bzw. Geld bringen können, einen Businessplan im Kopf – aber noch viel besser auf Papier – fixiert haben.

Denn letztendlich gilt auch für jeden Privatmenschen das ökonomische Prinzip (= Wirtschaftlichkeitsprinzip), das lautet: mit möglichst wenig Mitteln das bestmögliche Ergebnis zu erzielen bzw. im Betriebswirtschaftsjargon formuliert: mit möglichst wenig Input ein Maximum an Output zu erzielen.

Frau Pfeffers Haustraum: Schäume statt Träume

Die Kellnerin, Frau Pfeffer, träumt seit Jahren von einem Haus im Grünen. Die Stadtwohnung ist ihr zu eng und zu laut. Außerdem ist die Miete sehr hoch. Nach jahrelangem Suchen hat sie endlich ein Traumobjekt gefunden. Jetzt muss sie nur noch ihren Mann überzeugen. Das will sie im Rahmen eines schönen Abendessens versuchen. Sie erreicht allerdings nur, dass dieses Abendessen alles andere als harmonisch ausklingt. Ihr Mann sagt: „Was soll das kosten? Wie sollen wir uns das leisten? Bist du verrückt? Unsere Wohnung bietet doch alles, was wir brauchen!"

Ohne gut vorbereitete Antworten auf die Fragen ihres Mannes wird es für Frau Pfeffer schwer sein, ihren Traum vom eigenen Haus zu realisieren.

1. 1. 3. ZIELE BETRIEBSWIRTSCHAFTLICHER PLANUNG

Erfolg planbar machen

Nur wer einen Plan hat, wird eine Chance haben dort anzukommen, wo er wirklich hin möchte. Das gilt für jede Privatperson, aber natürlich auch für jedes Unternehmen. Die Privatperson hat hier allerdings den entscheidenden Vorteil, dass ihre Lebensumstände etwas überschaubarer sind, als die „Lebensumstände" eines Unternehmens. Ein Unternehmen, sei es ein Kleinunternehmen oder ein großer Konzern, bewegt sich in einer äußerst komplexen Welt, ist vielen externen Einflüssen ausgesetzt und muss heute flexibler denn je auf neue Entwicklungen reagieren können.

Daher müssen Businesspläne stets einer kritischen Prüfung unterzogen werden. Man sollte zumindest quartalsweise überprüfen, ob man sich noch „im Plan" befindet oder bereits weit vom Weg abgekommen ist.

Angesichts der dramatisch schnellen Entwicklungen, mit denen ein Unternehmen konfrontiert ist („Globalisierung" lautet nur ein Stichwort dazu), sollte auch die grundsätzliche Ausrichtung eines Businessplans in regelmäßigen Abständen (zumindest jährlich) hinterfragt werden.

Sinnlose Projekte verhindern, sinnvolle Projekte zum Leben erwecken

Oft werden Ideen umgesetzt, die von Anfang an zum Scheitern verurteilt sind. Wertvolle Energie wird verschwendet, finanzielle Katastrophen werden heraufbeschworen und persönliches Leid der Betroffenen mit allen negativen Begleiterscheinungen (Verlust des Unternehmens, Verlust des Arbeitsplatzes, gesundheitliche Probleme, Probleme mit der Familie) sind allzu oft die Folge.

Das ist die eine Seite. Wahrscheinlich ist jedoch der Schaden, der dadurch entsteht, dass viele hervorragende Ideen nicht umgesetzt werden, noch viel größer. Viele Chancen werden deshalb nicht genutzt, weil Ideen einfach nicht schriftlich festgehalten werden und damit so schnell in Vergessenheit geraten, wie der Geistesblitz gekommen ist.

Dabei wäre es ein leichtes Unterfangen einen ersten Businessplan zu erstellen, der Aufschluss darüber geben kann, ob es Sinn macht, weiter an einem Projekt zu arbeiten, oder ob man es besser bleiben lassen sollte.

Die beste Alternative wählen

Jeder hat eine Unzahl an Wünschen und hervorragende Ideen. Niemand auf der Welt hat allerdings die Möglichkeit auf unbegrenzte Ressourcen zurück zu greifen. Den meisten mangelt es an Geld, anderen wiederum an der Zeit. Daher ist man immer wieder damit konfrontiert, Entscheidungen zwischen mehreren Alternativen zu treffen. Ein Businessplan kann hier gute Dienste leisten, um eine Grundlage für wirtschaftliche Entscheidungen (mit dem besten Input/Output-Verhältnis) zu bieten.

Finanziers informieren und überzeugen

Für die Umsetzung der meisten Projekte wird man Dritte dazu bewegen müssen, die notwendigen Mittel zur Verfügung zu stellen. Diese werden jedoch nur dann bereit dafür sein, wenn sie überzeugt sind, dass es sich lohnt, Geld und/oder Zeit zu investieren. Mit einem fundierten Businessplan wird es sicher besser gelingen, die Bank, den Chef, KollegInnen, seine Frau/seinen Mann zu überzeugen, als mit noch so wortreich und charmant vorgetragenen mündlichen Plädoyers.

Grundlagen der Businessplan-Erstellung

1. 1. 4. AUFBAU EINES BUSINESSPLANS

➤ *Aufbau und Struktur eines Businessplans*

Es gibt keine allgemein gültige Norm wie ein Businessplan aufgebaut werden soll, allerdings findet man häufig folgende Grundstruktur vor:

- Executive Summary (Kurz-Zusammenfassung der Unternehmung)
- Ausgangslage / Ist-Analyse (Unternehmen, Umfeld, Team)
- Marketingplan
- Projektplan
- Investitionsrechnung und Wirtschaftlichkeitsanalyse
- Finanzplan
- Anlagen

Executive Summary

➤ *Executive Summary*

Entscheider haben erstens oft wenig Zeit, zweitens oft auch kein Interesse, sich mit Details zu beschäftigen. Sie wollen sich einen schnellen Überblick verschaffen und damit eine erste Entscheidungsgrundlage haben, ob sie sich selbst mit einer Unternehmung weiter auseinander setzen wollen oder andere beauftragen, sich damit zu beschäftigen. Dem entsprechend wichtig und vorentscheidend ist dieser Teil des Businessplans – auch wenn er nicht mehr als 1 – 2 Seiten umfassen sollte, was den Verfasser eines umfangreichen, vielleicht mehr als hundert Seiten dicken Businessplans, frustrieren mag („Wozu habe ich mich so geplagt?").

➤ *Kritische Erfolgsfaktoren*

Allerdings darf die Kürze der Executive Summary nicht täuschen, denn Personen, die Businesspläne beurteilen, haben sicherlich selbst schon viele erstellt und zudem über Dutzende, wenn nicht sogar hunderte Businesspläne entschieden. Sie wissen ganz genau, welche Faktoren den entscheidenden Ausschlag zum Erfolg oder Scheitern eines Projektes geben. Das sind zumeist keine fachlichen, sondern oft ganz simple, wirtschaftlich begründete Fragestellungen, die die Zielgruppe, die Marktsituation oder die veranschlagten Kosten betreffen, zB:

Beispiel

> - *Sind Sie sicher, dass es Kunden gibt, die dafür tatsächlich Geld ausgeben wollen? Ich würde nichts dafür bezahlen.*
> - *Was machen Sie, wenn der Marktführer Sie als unliebsamen Konkurrenten sieht und mit Kampfpreisen vom Markt drängen will, bevor Sie noch richtig gestartet haben?*
> - *Gibt es keine kostengünstigere Alternative, die annähernd gleiche Ergebnisse bringen könnte?*

Diese Liste könnte beliebig lange fortgesetzt und um zahlreiche Faktoren erweitert werden, wie zB Preispolitik, Personal- und Produktionskapazitäten, Vertriebsschiene, Standort u.v.m.

Derartige ausschlaggebende Größen werden **kritische Erfolgsfaktoren** genannt, da sie einen besonders großen Einfluss auf den Erfolg oder Misserfolg einer Unternehmung haben. Daher sollte man sich über diese im Klaren sein und prägnante Antworten darauf haben, bevor man einen Businessplan präsentiert. Die Chance, dass gerade dazu Fragen gestellt werden, ist relativ groß.

Ausgangslage / Ist-Analyse (Unternehmen, Umfeld, Team)

Nur wer weiß, wo er gerade steht, kann sich realistische Ziele setzen und entsprechende Umsetzungspläne schmieden. Daher ist eine fundierte IST-Analyse die Ausgangsbasis eines Businessplans.

Dabei ist das eigene Unternehmen sowie das Team unter die Lupe zu nehmen. Datenmaterial für die Analyse liefert unter anderem das Rechnungswesen, also die Bilanz, die GuV-Rechnung und die Kostenrechnung. Aus diesen Unterlagen lassen sich wichtige Schlüsse und Zahlen ableiten, zB welche Produkte den größten Umsatz bringen oder mit welchen Deckungsbeiträgen gerechnet werden kann.

Ebenso unabdingbar ist der Blick über den eigenen Tellerrand: Nicht nur das eigene Unternehmen, die eigene Abteilung, das eigene Projekt sind zu analysieren, sondern auch das Umfeld, in dem man sich bewegt, gehört einer kritischen Betrachtungsweise unterzogen. Dazu zählen die Konkurrenten, gesetzliche Rahmenbedingungen, Zukunftstrends u.v.m.

Marketingplan

Unternehmungen müssen letztendlich auch vermarktet werden, damit sie den Weg zum Kunden finden und wirtschaftlich zum Unternehmenserfolg beitragen. Ein fundierter Marketingplan sollte folgende Punkte schlüssig behandeln:

- die Bedürfnisse der Kunden berücksichtigen
- ein darauf abgestimmtes und passendes Produkt definieren
- ein Preismodell dazu erarbeiten / die Kosten dafür kalkulieren
- eine Strategie entwickeln, wie man die Unternehmung am besten kommuniziert, dh wie man diese an den Mann/die Frau bringen möchte.

Projektplan

Die Umsetzung einer Unternehmung erfordert eine detaillierte Planung der Zeit sowie der erforderlichen Ressourcen. In einem Projektplan werden die wesentlichen Projektschritte in Form von Meilensteinen und unter Berücksichtigung möglicher Engpassfaktoren dargestellt und erläutert.

Investitionsrechnung und Wirtschaftlichkeitsanalyse

Eine Unternehmung soll stets mehr einbringen, als sie kostet. Sie soll also „rentabel" sein. Dies darzulegen obliegt den Berechnungen und Ergebnissen der Investitionsrechnung und der Wirtschaftlichkeitsanalyse. Dazu gibt es eine Reihe verschiedener Verfahren, die von einfachen statischen Methoden, wie zB der Berechnung des Break-Even-Points, bis hin zu komplexen dynamischen Methoden, zB der Wahrscheinlichkeitsrechnung reicht.

Finanzplan

Die beste Idee, die rentabelste Investition kann nicht umgesetzt werden, wenn sie finanziell nicht leistbar ist. Oft stellt sich erst mitten in einer Unternehmung heraus, dass der finanzielle Atem zu kurz ist und die Notbremse gezogen werden muss.

Daher sollte unbedingt im vorhinein geklärt werden, ob genügend finanzielle Mittel für die Unternehmung bereit stehen.

Anlagen

Um den Kernbereich eines Businessplans nicht allzu umfangreich werden zu lassen, sollte man Zusatzinformationen in einem Anhang beifügen.

Beispiele für die Grundstruktur eines Businessplans

In der folgenden Tabelle finden Sie in Stichworten aufgelistet, wie ein Businessplan für folgende Vorhaben aufgebaut werden kann:

Beispiel

→ Unternehmensgründung
→ Überbrückungskredit für ein bestehendes Unternehmen
→ unternehmensinternes Projekt

	Unternehmensgründung	Überbrückungskredit für ein bestehendes Unternehmen	Unternehmensinternes Projekt
Executive Summary	Tolle Idee. Wir sind die ersten und einzigen am Markt, die dieses Produkt anbieten werden. Sämtliche Voraussetzungen sind gegeben. In spätestens drei Jahren ist die Gewinnzone erreicht.	Das langjährig erfolgreiche Unternehmen ist aufgrund des unerwarteten Konkurses eines Großkunden in vorübergehende Schwierigkeiten geraten. In spätestens zwei Jahren werden wieder Gewinne erzielt werden. Die Hälfte des Kredits kann besichert werden.	Die neue Anlage wird aufgrund höherer Kapazität und besserer Qualität die laufenden Lieferengpässe, die uns bereits viele Kunden gekostet haben, beseitigen. Die Investition hat sich in spätestens 24 Monaten amortisiert.
Ausgangslage, Ist-Analyse	Die gesamte Branche leidet unter dem Problem, dass … Im Zuge der Tätigkeit bei … ergab sich die Idee, wie das Problem behoben werden kann. Konkurrenzprodukte sind in absehbarer Zeit keine zu erwarten. Persönliche Voraussetzungen sind durch langjährige Branchenerfahrung vorhanden. Die kaufmännischen Kenntnisse wird meine Partnerin einbringen.	Das Unternehmen erzeugt seit 15 Jahren hoch qualitative Produkte; der Großteil davon befindet sich erst am Beginn des Lebenszyklus. Das Unternehmen konnte einen beachtlichen Kundenstamm aufbauen und sich mit 20 % Marktanteil einen festen Platz in einem expandierenden Markt sichern. Das Personal ist bestens ausgebildet und hoch motiviert. Die Geschäftsleitung verfügt über ausgezeichnete internationale Kontakte und ist mit der geplanten Erschließung neuer Länder bestens vertraut.	Die veraltete Anlage hat im Normalbetrieb nicht die erforderliche Kapazität, um die Aufträge fristgerecht zu erledigen. Außerdem ist sie extrem störungsanfällig, was zu ganztägigen Produktionsausfällen führt. Die Mitarbeiter sind in dieser Zeit zum Nichtstun verurteilt und müssen in Folge teure Überstunden leisten, um den Ausfall wieder wett zu machen.

	Unternehmens-gründung	Überbrückungskredit für ein bestehendes Unternehmen	Unternehmens-internes Projekt
Marketingplan	Der Bedarf ist enorm, da das Produkt hunderttausende Euro an Einsparungen für ein Unternehmen bringen kann. Es handelt sich um eine Produktinnovation, die sehr viel spezifisches Know-how erfordert. Es wird von etwaiger Konkurrenz nicht leicht kopiert werden können. Daher ist eine hochpreisige Positionierung möglich. Der Vertrieb erfolgt über Kundenbesuche; die Zielgruppe wird über PR-Berichte in Fachzeitschriften und durch Direct Mailings angesprochen.	Der Bedarf nach … ist noch auf Jahre hinaus gegeben. Es besteht insbesondere in den Ländern … ein großes Marktpotenzial. Die Produkte werden laufend an die Erfordernisse der Kunden angepasst. Die Hochpreispolitik kann aufgrund der herausragenden Qualität aufrecht erhalten werden. Das Vertriebspartnernetz verfügt über beste Kundenkontakte.	Es steht außer Zweifel, dass die durch die erhöhte Kapazität ermöglichten Stückzahlen auch verkauft werden können. Die Preise werden stabil bleiben, und die Verkäufer können den Kunden die nachgefragte Menge endlich fix zusagen. Die Kundenzufriedenheit und -treue wird sich dadurch wieder erhöhen.
Projektplan	Die Planungsphase wird in zwei Monaten abgeschlossen sein. Danach soll mit der Umsetzung begonnen werden. Die Meilensteine umfassen folgende 4 Phasen … Die Zwischenergebnisse werden zu folgenden Terminen … erreicht werden, mit der endgültigen Fertigstellung ist am … zu rechnen.	Nach Gewährung des Kredits wird unmittelbar mit der Eroberung der Zielmärkte … begonnen. Erste Rückflüsse sind zum Zeitpunkt … zu erwarten.	Die neue Maschine sollte sofort bestellt werden, da sie frühestens in vier Monaten geliefert werden kann. Die Inbetriebnahme dauert einen Monat. Dafür notwendig sind … Mitarbeiter mit folgenden Qualifikationen … Spätestens nach einem weiteren Monat könnte der Probebetrieb beginnen. Der Vollbetrieb wäre ab dem 6. Monat nach Bestellung gewährleistet.

	Unternehmens-gründung	Überbrückungskredit für ein bestehendes Unternehmen	Unternehmens-internes Projekt
Investitions-rechnung und Wirtschaftlich-keitsanalyse	Die jährlichen Fixkosten belaufen sich auf … Die variablen Kosten werden … betragen. Der Preis für das Produkt wird … betragen. Der Break-Even-Point ist bei … Stück erreicht.	Der Kredit in Höhe von … würde den Bestand des Unternehmens auf Jahre hinaus sichern können. Wenn der Kredit nicht gewährt wird, dann ist eine Insolvenz des Unternehmens nicht auszuschließen. Die Bank würde dabei nicht nur einen Teil des bestehenden Investitionskredites für … in Höhe von … verlieren, sondern zudem auch einen Kunden, der in Zukunft für die Bank weitere lukrative Geschäfte bringen könnte (zB für Exportgeschäfte).	Die Anschaffungskosten für die Maschine … betragen … Euro. Durch die höhere Kapazität können ca. … Stück mehr produziert werden. Zudem können die variablen Kosten um 20 % gesenkt werden; die Reparatur- und Wartungskosten können um 40 % verringert werden. Das bedeutet, dass sich die Investition in spätestens 24 Monaten amortisiert haben wird.
Finanzplan	Für den Start sind folgende Investitionen … in Höhe von … erforderlich. Wir verfügen über Eigenmittel in Höhe von … Wir benötigen einen Kredit in Höhe von … Im dritten Jahr erwarten wir bereits eine Rentabilität von … Prozent. Diese wird im vierten Jahr auf … % hinaufschnellen. Im fünften Jahr werden wir den Kredit zur Gänze zurückzahlen können.	Die Eigenkapitalquote beträgt … %, diese würde durch den zusätzlichen Kredit vorübergehend auf … % sinken. Die laufenden Ausgaben können durch den Cash flow abgedeckt werden. Spätestens in 18 Monaten kann mit der Tilgung des Kredits begonnen werden.	Uns ist bewusst, dass aufgrund der allgemeinen finanziellen Lage des Unternehmens die Investitionstätigkeit sehr zurückgeschraubt wurde. Aufgrund der kurzen Amortisationsdauer sehen wir jedoch für diesen Projektantrag gute Chancen.
Anhang	Im Anhang finden Sie: ➡ Lebenslauf ➡ Ergebnisse der Marktrecherchen ➡ Datenanalysen ➡ etc.	Im Anhang finden Sie: ➡ Jahresabschlüsse der letzten Jahre ➡ Lebensläufe der Geschäftsleitung ➡ Kundenlisten ➡ Presseberichte	Im Anhang finden Sie: ➡ Auflistung der Störungen / Ausfallstage im letzten Jahr ➡ technische Beschreibung der neuen Anlage ➡ Kostenvoranschlag

1.1.5. KRITERIEN ZUR BEURTEILUNG EINES BUSINESSPLANS – ERFOLGSFAKTOREN

Wie bereits erläutert, kann man zwei grundsätzliche Adressaten eines Businessplans unterscheiden:

- den Businessplan-Ersteller selbst
- Institutionen und Personen, von denen man Zusagen für eine finanzielle Unterstützung oder sonstige Ressourcen benötigt, denen man also den Businessplan „verkaufen" muss

Um bei letzteren erfolgreich zu sein, sollte bereits im vorhinein überlegt werden:

- Was sind die Ziele der Institution?
- Was sind die Ziele und die Bedürfnisse der entscheidenden Personen in der Institution?

Ziele von Institutionen:

> *Beurteilungskriterien*

- Banken verfolgen zwei Ziele: Einerseits wollen sie an möglichst viele Kunden Kredite vergeben, und an den Zinsen möglichst gut verdienen. Andererseits müssen sie danach trachten, dass ihr geborgtes Geld nicht verloren geht. Um letzteres zu gewährleisten, werden Sicherheiten eingeholt (Hypotheken, Bürgschaften etc.) und die Unternehmungen einer eingehenden Prüfung unterzogen – Grundlage dafür ist der Businessplan.
- Das oben Gesagte gilt im Grunde auch für Investoren, die ihr Geld in ein Unternehmen stecken sollen. Diese müssen davon überzeugt werden, dass ihre Investition eine dem Risiko entsprechende Rentabilität erreicht, also entsprechende Erträge aus Zinsen oder Gewinnbeteiligungen zu erwarten sind.
- Nationale und internationale Fördergeber möchten, dass mit den bereit gestellten Fördergeldern der bestmögliche Effekt für die angestrebten wirtschafts- und sozialpolitischen Ziele erreicht wird. In jedem Fall wollen sie gegenüber dem Steuerzahler nachweisen können, dass sie dessen Gelder gut verwalten und einsetzen.
- Geschäftsleitungen wollen, dass jedes einzelne Projekt dazu beiträgt, die übergeordneten unternehmerischen Ziele (Rentabilität, Liquidität) zu erreichen bzw. abzusichern.

Diese Ziele müssen sich auch im Businessplan wie ein roter Faden durchziehen. Es sollte immer wieder darauf Bezug genommen werden, welchen Beitrag das Projekt zur allgemeinen Zielerreichung leisten kann.

Nun zu den Zielen der Personen:

Von außen betrachtet, wird folgender Umstand häufig übersehen: auch Banker, Investoren, Beamte und Personen in den Führungsetagen sind Menschen; selbst wenn sie Betriebswirte sind. Dem entsprechend vertrauen auch sie sehr oft ihrem Bauchgefühl, wenn sie eine Entscheidung treffen müssen. Förderlich für ein „gutes Bauchgefühl" sind

→ Vertrauen erweckende Personen, die hinter dem Businessplan stehen und diesen präsentieren

→ Professionalität, die bereits auf den ersten Blick am Aufbau und der Strukturiertheit des Businessplans erkennbar ist

→ Prestige und Image durch die Realisierung einer Unternehmung

Beispiel

Beispiele dafür:

→ ein Banker, der sich auf die Fahnen heften kann, die Idee des Jahrhunderts ermöglicht zu haben, oder ein für die Gemeinde wichtiges Unternehmen und dessen Arbeitsplätze gerettet zu haben

→ ein Vorstandsdirektor, der in der Presseaussendung verkünden kann, dass unter seiner Leitung bereits Filialen in zehn neuen Ländern eröffnet wurden

→ ein EDV-Abteilungsleiter, der den MitarbeiterInnen stolz verkünden kann, dass das Unternehmen über die modernste und bedienungsfreundlichste EDV-Anlage der gesamten Region verfügt

Die meisten Chancen haben natürlich jene, die es schaffen, sowohl sachlich zu brillieren, als auch den „Nerv" (das individuelle Bedürfnis) des Entscheiders zu treffen.

Menschen haben allerdings auch – vielleicht durch negative Erfahrungen geprägt – Vorurteile. So werden Betriebswirte einem Techniker gerne unterstellen, dass er nur die technisch möglichst perfekte Problemlösung im Auge hat, jedoch die ökonomischen Ziele vollkommen außer Acht lässt.

Es lohnt sich daher, sich solcher Vorurteile bewusst zu sein und diese ganz gezielt im Businessplan selbst, aber auch bei der Präsentation durch gute Argumente zu entkräften.

Richtig eingesetzte betriebswirtschaftliche Begriffe (zB Break-Even-Point, Deckungsbeitrag etc.) werden sicherlich einen positiven Überraschungseffekt bei den Entscheidern bewirken.

Nutzen statt Eigenschaften

In den Kapiteln Marketing und Verkauf wird auf diese Thematik intensiver eingegangen; so viel aber vorweg: Kaufentscheidend ist stets der konkrete Nutzen eines Produktes oder eines Projektes. Man kauft zB einen Fotoapparat in der Regel nicht, weil dieser 8 Megapixel hat (= Eigenschaft), sondern weil diese vielen Pixel die Grundlage dafür liefern, dass man tolle Fotos schießen kann, an denen man wirklich Freude hat (= Nutzen).

Dem entsprechend sollte sich durch den Businessplan die Nutzenargumentation durchziehen.

Gestaltung des Businessplans

➤ *Gestaltungskriterien*

Auch wenn die Grundstruktur meistens dem Aufbau entsprechen wird, der weiter oben erläutert wurde, gibt es keine einheitliche Norm, wie Businesspläne auszusehen haben. Man tut gut daran, sich an die häufig bereits vorgegebenen Strukturen der Businessplan-Erstellung in den einzelnen Institutionen zu halten. Damit erleichtert man es den Entscheidern wesentlich, sich im Businessplan zurecht zu finden.

Das bedeutet: Bevor Sie zu Banken gehen, am besten fragen, ob diese eine Businessplan-Vorlage haben. Bei Förderanträgen wird dies sicher der Fall sein. In Unternehmen empfiehlt es sich, sich an vorgegebene Muster zur Erstellung eines Businessplans zu halten.

Der richtige Umfang

Ein zweiseitiger Businessplan wird in der Regel zu kurz sein und könnte ein Signal sein, dass man sich nicht ausführlich genug mit der Materie beschäftigt hat. Ein Hundert-Seiten-Band hingegen wird die Entscheider, angesichts des Zeitdrucks unter dem diese stehen, ebenfalls zum Seufzen bringen und nicht unbedingt positiv stimmen.

In der Regel sollten 5 bis 25 Seiten - je nach Komplexität und Umfang der Unternehmung - ausreichen, um Außenstehenden einen guten Einblick geben zu können.

Die richtige Sprache

Nur selten werden die Entscheider fachlich fundiert mitreden können. Daher ist es unbedingt erforderlich, dass unverständliche Fachausdrücke und technische Details – so weit möglich – vermieden bzw. für fachliche Laien einfach und verständlich aufbereitet werden.

Wie bereits erwähnt, vermitteln richtig verwendete betriebswirtschaftliche Begriffe einen professionellen Eindruck.

Weiters sollten zu lange, ineinander verschachtelte Sätze vermieden werden. Sie erschweren die Lesbarkeit und vermindern damit auch die Lust, sich näher mit der Materie auseinander zu setzen.

Rechtschreibfehler machen ein absolut schlechtes Bild und können einen substanziell guten Businessplan entwerten. Es sollte daher alles unternommen werden (Rechtschreibprogramm, Check durch Dritte), damit sich kein Einziger darin befindet.

Realistische Annahmen und richtige Zahlen

Ein Businessplan dient dazu, den Ersteller auf seinem Weg zu begleiten, um sicher an sein Ziel zu kommen. Eine Unternehmung sollte daher ausgewogen und wirklichkeitsnahe dargestellt werden, daher:

- ➡ Keine Übertreibungen! – Unbedingt realistische Annahmen treffen.
- ➡ Hilfreich ist es, ein Best Case / Base Case / Worst Case Szenario zu entwickeln, also das Vorhaben auf Basis ausgezeichneter, neutraler und schlechter Rahmenbedingungen durchzukalkulieren.
- ➡ Nachrechnen! Werden Rechenfehler entdeckt, können diese rasch als „Killerargument" wirken und die weitere positive Behandlung eines Businessplans bereits im Keim ersticken.

Visualisierung

Charts, Grafiken, Bilder etc. können wichtige Punkte und Zusammenhänge anschaulicher und attraktiver machen.

Grundlagen der Businessplan-Erstellung – Erfolgsfaktoren

> *Fehler bei der Businessplan-Erstellung*

Ablehnungsgründe

Die Gründe, warum ein Businessplan abgelehnt werden kann, sind mannigfaltig. Die „Hitliste" führen an:

- „zum falschen Zeitpunkt am falschen Ort!"
- das Vorhaben passt nicht in die bestehende Unternehmensstrategie und/oder nicht zur Unternehmensvision
- die Eigenschaften und Merkmale der Unternehmung werden zwar brillant beschrieben, der Nutzen ist jedoch nicht ersichtlich bzw. wird zu wenig herausgearbeitet
- das Kosten-Nutzen-Verhältnis ist nicht ausgewogen; die Kosten sind durch das Ergebnis nicht zu rechtfertigen
- die Detailverliebtheit der Businessplan-Präsentation versperrt den Blick für das Wesentliche
- undurchschaubare „Zahlenfriedhöfe", statt klarer und übersichtlicher Berechnungen

1. 1. 6. PROBLEME UND GRENZEN DER UNTERNEHMERISCHEN PLANUNG

Das Hauptproblem der Planung heißt Zukunft

Es könnte durchaus sein, dass sich die Zukunft ganz anders gestaltet, als im Businessplan angenommen, und auf dessen Grundlage eine Unternehmung projektiert wurde. Diesem Umstand sollte man sich stets bewusst sein.

In der Praxis passiert es nur zu oft, dass gerade jene, die sich besonders intensiv und sorgfältig auf eine Unternehmung vorbereitet haben, solche Änderungen nicht bemerken (wollen). Von den einmal genau kalkulierten, definierten und wohl durchdachten Daten und Zahlen wird dann nicht mehr abgegangen, „koste es, was es wolle" – im sprichwörtlichen Sinn.

> Probleme und Grenzen der unternehmerischen Planung

Woher kommen die (korrekten) Daten?

Auch die Vergangenheit und die Gegenwart können bei der Businessplan-Erstellung große Probleme aufwerfen – insbesondere das Einholen der erforderlichen Daten, um notwendige Annahmen treffen zu können, zB:

- Wie groß ist die Zielgruppe tatsächlich?
- Was sind deren wirklichen Bedürfnisse?
- Wie gut arbeitet die Konkurrenz?
- Welche Ziele verfolgen meine Partner, meine Mitarbeiter wirklich?
- Sind die Kosten tatsächlich richtig kalkuliert?

Die Erforschung des Marktes sowie der eigenen Situation kann sehr zeitaufwändig und auch teuer sein – besonders dann, wenn Studien gekauft oder Berater herangezogen werden müssen.

Das Internet bietet hier sicherlich eine leicht zugängliche Informationsquelle, allerdings kann man sich darin auch verlieren. Zudem ist allen erhobenen Daten – unabhängig von der Quelle – mit einer gesunden Portion Skepsis zu begegnen (gewählte Stichprobe, Verzerrung bei der Fragestellung etc.).

Damit sind die Ziele, Inhalte und der grundsätzliche Aufbau eines Businessplans erläutert. In weiterer Folge werden die wichtigsten Analyse- und Planungsinstrumente vorgestellt, die für dessen Erstellung notwendig sind.

1. 2. Analyse- und Planungsinstrumente

Lernziele:

➤ *Ziele und Aufbau der Stärken/Schwächen-Analyse erläutern können.*

➤ *Ziele und Aufbau der Chancen/Risiko-Analyse erläutern können.*

➤ *Ziele der SWOT-Analyse erläutern können.*

➤ *Ziele und Aufbau der Szenario-Analyse erläutern können.*

➤ *Ziele und Aufbau der Portfolio-Analyse erläutern können.*

➤ *Ziele und Aufbau der Lebenszyklus-Analyse erläutern können.*

➤ *Ziele und Aufbau der ABC-Analyse erläutern können.*

➤ *Den Begriff „Kreativitätstechnik" erläutern können.*

➤ *Den Begriff „Brainstorming" erläutern können.*

Lernziele

Die Betriebswirtschaft hat einige Instrumente entwickelt, die nicht nur für die betriebswirtschaftliche Analyse und Planung eines Unternehmens außerordentlich hilfreich sind, sondern auch in vielen privaten Bereichen eine wertvolle Unterstützung bieten können.

Wesentlichster Punkt: Die Anwendung dieser Instrumente zwingt dazu, Gedanken und Pläne, die sonst nur frei im Kopf herumschwirren, auf Papier zu bringen. Darauf basierend können sie dann in eine Ordnung gebracht und so visualisiert (optisch verdeutlicht) werden, dass oft schon auf einen Blick klar wird, welche Entscheidungen getroffen werden sollen.

Die Anwendung dieser Instrumente ist einerseits für die Planer selbst wichtig, andererseits wird sie bereits vielfach von Entscheidern verlangt bzw. vorausgesetzt, damit diese eine fundierte Basis für schnelle Entscheidungen haben.

Hinweis: Es wird hier eine reichhaltige Auswahl an Instrumenten vorgestellt, die – je nach Aufgabenstellung – sowohl in Businessplänen, in Projektplänen aber auch für einzelne Projekte angewendet werden. Je nach Komplexität der Problemstellung können mehrere dieser Instrumente kombiniert werden (zB bei der Erstellung eines Businessplans) oder auch nur ein einzelnes passendes Instrument ausgewählt werden (zB ABC-Analyse für das Projekt „Sommerfest für Stammkunden").

Die „Pizzeria Bossi" und der Unternehmer Bossi selbst, werden uns bei der Verdeutlichung dieser Instrumente unterstützen.

Analyse- und Planungsinstrumente

1. 2. 1. STÄRKEN/SCHWÄCHEN-ANALYSE (STRENGTHS/WEAKNESSES)

> *Stärken-Schwächen-Analyse*

Ein kluger Mann hat einmal gesagt: „Trachte im Leben stets danach, Deine Stärken zu stärken und Deine Schwächen zu schwächen."

Dieser Weisheit können sich wohl alle anschließen. Um diese Regel anwenden zu können, muss allerdings analysiert werden, wo tatsächlich die Stärken und wo die Schwächen liegen.

Die Durchführung einer Stärken/Schwächen-Analyse ist einfach und umfasst folgende Schritte:

➡ Schritt 1: Analyse der Stärken und der Schwächen
Zusätzlich kann man versuchen, die Wichtigkeit oder Ausprägung der einzelnen Stärken und Schwächen zu bestimmen, und diese ebenfalls zu kategorisieren.
Beispiel: 1 = sehr wichtig, 4 = unwichtig

➡ Schritt 2: Maßnahmen planen, um Stärken zu stärken und Schwächen zu beseitigen oder zu mildern

Pizzeria Bossi: Stärken/Schwächen-Analyse

STÄRKEN	WICHTIGKEIT	MASSNAHMEN, UM DIE STÄRKEN ZU STÄRKEN
Das Unternehmen ist sehr bekannt.	1	Die Gäste sollen durch Aktionen dazu ermuntert werden, noch mehr Mundpropaganda zu betreiben.
Herr Bossi ist bei den Gästen sehr beliebt; viele kommen seinetwegen ins Lokal.	1	Herr Bossi soll sich vorwiegend bei den Gästen aufhalten und die anderen Aufgaben, so weit möglich, delegieren.
Die Qualität der Pizzas wird gelobt.	1	Qualitätssicherungsmaßnahmen einsetzen.
Das Stammpersonal ist loyal und hoch motiviert.	1	Darauf achten, dass das gute Betriebsklima nicht gestört wird.
Das Lokal ist sehr günstig gelegen.	1	Keine Maßnahmen erforderlich.
Das exklusive Weinsortiment wurde von einem Gast gelobt.	3	Nachforschen, ob auch andere Gäste das so sehen.

Schwächen	Wichtigkeit	Massnahmen, um die Schwächen zu beseitigen
Die finanzielle Lage des Unternehmens ist angespannt.	1	Kapitalgeber finden.
Seit Jahren wurde die Speisekarte nicht erneuert.	1	Zumindest in der Tageskarte neue, zusätzliche Speisen anbieten und mittelfristig die Karte überarbeiten.
Herr Bossi „regiert" autokratisch.	1	Herr Bossi besucht ein Führungsseminar.
Die Fluktuation bei der Belegschaft ist hoch.	1	Mitarbeitergespräche führen, Maßnahmenplan erarbeiten und umsetzen.
Die Küchengeräte und der Pizzaofen sind reparaturanfällig.	2	Kostenvoranschläge für neue Geräte einholen.
Die Nachbarn beschweren sich wegen der Lärm- und Geruchsbelästigung.	2	Die Nachbarn ein Mal monatlich auf ein Gratis-Essen einladen.
Der Vorratskeller muss neu ausgemalt werden.	3	Kostenvoranschlag einholen.

Alleine die Auflistung dieser Punkte ergibt bereits ein sehr gutes Bild über die Innensicht des Unternehmens, sowie zweckmäßige Handlungsanleitungen für die Zukunft. Es ist allerdings auch zu berücksichtigen, was die Welt außerhalb des Unternehmens an positiven und negativen Überraschungen zu bieten hat.

Analyse- und Planungsinstrumente

1. 2. 2. CHANCEN/RISIKO-ANALYSE (OPPORTUNITIES/THREATS)

➤ *Chancen/Risiko-Analyse*

Eine zweite Grundregel lautet, dass man Chancen nutzen und sich gegen Risiken möglichst gut absichern bzw. diesen vorbeugen sollte.

Die Chancen/Risiko-Analyse kann nach dem gleichen Schema wie die Stärken/Schwächen-Analyse aufgebaut werden und umfasst folgende Schritte:

➟ Schritt 1: Analyse der Chancen und der Risiken

Hier kann man nach folgenden Maßstäben kategorisieren:

a) Wichtigkeit: Wie entscheidend ist die sich bietende Chance/das drohende Risiko für die Zukunft des Unternehmens?

b) Wahrscheinlichkeit: Wie wahrscheinlich ist es, dass die Chance/das Risiko tatsächlich eintritt?

1 = sehr entscheidend / sehr wahrscheinlich
4 = nicht entscheidend / sehr unwahrscheinlich

➟ Schritt 2: Maßnahmen planen, um Chancen zu nutzen und Risiken zu vermeiden

Pizzeria Bossi: Chancen/Risiko-Analyse

CHANCEN	WICHTIGKEIT	WAHRSCHEINLICHKEIT	MASSNAHMEN, UM DIE CHANCEN ZU NUTZEN
Das Konkurrenzunternehmen geht in Konkurs. Es besteht die Chance, dessen Kunden zu gewinnen und den ausgezeichneten Koch abzuwerben.	1	2	Intensive Werbemaßnahmen durchführen. Gespräche mit dem Koch anbahnen.
Ein großes Unternehmen mit 500 Mitarbeitern verlegt den Standort in die Nähe der Pizzeria Bossi.	1	1	Gespräche mit der Unternehmensleitung wegen Mittagsmenüs für die Mitarbeiter führen.
Im Internet kann ein spezieller Flaschenöffner günstig ersteigert werden.	4	2	Regelmäßig mitbieten.

Risiken	Wich- tigkeit	Wahr- schein- lichkeit	Massnahmen, um sich gegen Risiken zu wappnen
Eine amerikanische Pizzakette plant angeblich, ein Lokal in unmittelbarer Nähe zu eröffnen.	1	3	Intensive Marketing- und PR-Maßnahmen setzen, um die Pizzakette von diesem Plan abzubringen; sich besonders um Stammkunden kümmern.
Eine Steuerprüfung wurde angekündigt. Diese kann zu einer Steuernachzahlung von 30.000 Euro führen.	1	1	Termin mit der Steuerberaterin vereinbaren.
Die Kriminalität im Bezirk steigt an. Frauen trauen sich nur mehr in Begleitung zu kommen.	2	3	Parkplatz der Pizzeria besser ausleuchten.
Am Nachbargrundstück, das an den Gastgarten grenzt, wird ein neues Gebäude errichtet. Es wird mit einer Bauzeit von ca. 2 Jahren gerechnet.	1	2	Als Alternative den ungenützten Innenhof der Pizzeria herrichten. Mit dem Bauherrn sprechen und vereinbaren, dass die Wochenendruhe eingehalten wird, damit zumindest am Wochenende ein ungestörter Gastgartenbetrieb gewährleistet ist.

Analyse- und Planungsinstrumente

1. 2. 3. SWOT-ANALYSE

> SWOT-Analyse

Aufmerksame Leser werden schon ahnen können, was hinter der Abkürzung SWOT-Analyse steckt: dabei handelt es sich um eine geschickte Kombination der

- Stärken/Schwächen-Analyse (**S**trengths/**W**eaknesses), die die innerbetriebliche Situation eines Unternehmens beleuchtet (= interne Analyse), und der
- Chancen/Risiko-Analyse (**O**pportunities/**T**hreats), die den Fokus auf das Unternehmensumfeld legt (= externe Analyse).

Beide Analysen werden in einer so genannten SWOT-Matrix vereinigt, die wie folgt aufgebaut ist:

SWOT-Analyse		INTERNE ANALYSE	
		Stärken (Strengths)	Schwächen (Weaknesses)
EXTERNE ANALYSE	Chancen (Opportunities)	S-O-Strategien: Verfolgen von neuen Chancen, die gut zu den Stärken des Unternehmens passen.	W-O-Strategien: Schwächen eliminieren, um neue Chancen zu nutzen.
	Gefahren/Risiken (Threats)	S-T-Strategien: Stärken nutzen, um Bedrohungen abzuwenden.	W-T-Strategien: Verteidigungsmaßnahmen entwickeln, um vorhandene Schwächen nicht zum Ziel von Bedrohungen werden zu lassen.

Die beiden wichtigsten Handlungsfelder bieten

- die gute Chancen / gute Stärken – Kombination
- die große Gefahren / große Schwächen – Kombination

SWOT-Analyse: Pizzeria Bossi

SWOT-ANALYSE		INTERNE ANALYSE	
		STÄRKEN (STRENGTHS)	SCHWÄCHEN (WEAKNESSES)
EXTERNE ANALYSE	CHANCEN (OPPORTUNITIES)	S: Die Pizzeria Bossi ist als attraktiver Arbeitgeber bekannt. O: Das Konkurrenzunternehmen geht in Konkurs und es besteht die Chance, den hervorragenden Pizzakoch „anzuheuern". ➟ einmalige Gelegenheit nutzen und Koch anstellen	W: Die Pizzeria Bossi hat eine geringe Liquidität. O: Das angrenzende Geschäftslokal wird frei. ➟ keine Aktivität
	GEFAHREN (THREATS)	S: Die Pizzeria Bossi hat einen Zustelldienst. T: Immer mehr Leute wollen Pizzas zu Hause oder im Büro essen. ➟ Zustell-Service ausbauen	W: Die Pizzeria Bossi kann aufgrund hoher Kosten einen Preiswettkampf nicht gewinnen. T: Eine Pizzakette plant in unmittelbarer Nähe ein neues Lokal (mit Dumpingpreisen) zu eröffnen. ➟ durch Werbemaßnahmen die Kunden noch mehr auf die hervorragende Qualität hinweisen

1. 2. 4. SZENARIO-ANALYSE (SZENARIO-TECHNIK)

➤ *Szenario-Analyse*

Unternehmer, aber natürlich auch alle anderen Personen, die hochaktiv sind und Unternehmungen jeglicher Art in Angriff nehmen, zeichnen sich häufig durch eine hervorragende Eigenschaft aus: sie sind Positivdenker.

- Unternehmensgründer sehen die Millionen, in denen sie bald wie Dagobert Duck ein Bad nehmen werden, bereits vor ihren Augen.
- Mitarbeiter, die einen Geistesblitz haben, sehen sich ob der Genialität der Idee schon ganz oben auf der Karriereleiter.
- Hausbauer sehen das mehrstöckige Haus mit Swimmingpool und elektrischer Markise als erfüllbaren Traum bereits vor sich.

Würde es solche Leute nicht geben, dann gäbe es auch keine Unternehmen, keine Innovationen und keine wunderschönen Häuser.

Allerdings darf nicht vergessen werden, dass tausende Unternehmen in den Konkurs schlittern, zehntausende Projekte scheitern und viele Hausbauer ihr Traumhaus im halb fertigen Zustand wieder verkaufen müssen. Für sie hätte eine einfache Szenario-Analyse schon viel Kummer und Leid verhindern können.

Die Szenario-Analyse ähnelt sehr der Chancen-Risiko-Analyse. Das Wesen der Szenario-Analyse besteht darin, sich ein paar Stunden oder Tage Zeit zu nehmen und ernsthaft darüber nachzudenken, was bei einer Unternehmung alles gut, aber insbesondere auch, was alles schief gehen kann. Alles weitere ist dann wieder eine einfache Technik, die folgendermaßen aussehen kann:

Schritt 1: Erstellung eines Best Case Szenarios

Zuerst kann man sich ausmalen, wie der günstigste Verlauf einer Unternehmung aussehen könnte. Nachdem man alles Positive aufgelistet hat, könnte man wieder mehr Realismus walten lassen und versuchen, eine Einschätzung zu treffen, wie wahrscheinlich es ist, dass diese Szenarien tatsächlich eintreten (= Schätzung der Eintrittswahrscheinlichkeit), zB:

    1 = sehr wahrscheinlich
    4 = sehr unwahrscheinlich

Besonderes Augenmerk wird dann jenen Szenarien geschenkt, die eine hohe Eintrittswahrscheinlichkeit haben.

Dann kann man sich Gedanken darüber machen, was man selbst dazu beitragen kann, um den „Best Case" Wirklichkeit werden zu lassen.

Pizzeria Bossi: Best Case Szenario

BEST CASE SZENARIO	EINTRITTSWAHR-SCHEINLICHKEIT	MÖGLICHE VERSTÄRKUNGS-MASSNAHMEN
Pizzas werden wieder zum Mode-Essen..	3	Neue Pizzaprodukte entwickeln und dadurch den Umsatz weiter steigern.
Zwei Konkurrenten gehen in Konkurs.	3	Neukunden gewinnen; Pizzakoch abwerben.
Die Konjunktur verläuft bestens. Die Leute haben genug Geld zum Ausgeben.	1	Besonders exklusive Angebote offerieren, zB Fischwochen.
Man kann die verkaufte Pizzamenge um 10 % und den Preis um 20 % erhöhen.	3	Marketing

Schritt 2: Worst Case Szenario

Nach der Fertigstellung des Best Case Szenarios sollte man allerdings noch genug Kraft haben, um den fast wichtigeren Teil der Szenario-Analyse in Angriff zu nehmen: und zwar die Auflistung aller möglichen Schreckensszenarien, die im schlimmsten Fall eintreten können. Diese Sammlung an Grausamkeiten wird Worst Case Szenario genannt.

Wie beim Best Case Szenario kann man dann eine Schätzung der Eintrittswahrscheinlichkeit vornehmen, zB:

    1 = sehr wahrscheinlich
    4 = sehr unwahrscheinlich

Danach kommt noch ein weiterer wesentlicher Schritt, nämlich sich zu überlegen, was man tun kann,

- um den Eintritt einzelner Szenarien überhaupt zu verhindern bzw.
- welche Maßnahmen man setzen kann, um einen Schaden möglichst gering zu halten.

Analyse- und Planungsinstrumente – Szenario-Analyse

Pizzeria Bossi: Worst Case Szenario

WORST CASE SZENARIO	EINTRITTSWAHR-SCHEINLICHKEIT	MÖGLICHE MASSNAHMEN
Durch das weiter steigende Gesundheitsbewusstsein werden Pizzas weniger attraktiv.	2	Neue Pizzaprodukte entwickeln, zB „Pizza light"-Linie.
Die amerikanische Pizzakette „Superpizza" eröffnet ein Lokal in unmittelbarer Nachbarschaft.	2	Preise senken, Stammkunden pflegen. Größere Auswahl anbieten, neue Zielgruppen ansprechen.
Mit der Konjunktur geht es bergab. Die Arbeitslosigkeit steigt und die Leute haben kein Geld für Restaurants.	4	Billigpizzas zum Abholen anbieten.
Das Lokal brennt vollkommen aus.	4	Brandsicherungsmaßnahmen treffen. Eine ausreichende Versicherung abschließen.
Die Menge an verkauften Pizzas sinkt um 20 %, obwohl die Preise um 15 % reduziert wurden.	2	Zielgruppe analysieren und neue Kunden gewinnen. Spezielle Angebote entwickeln, zB Zustellung von Mittagsmenüs.

Schritt 3: Base Case Szenario

Zuletzt kann man versuchen, aus den beiden Best und Worst Case Szenarien ein möglichst realistisches Szenario abzuleiten. Dieses wird Base Case Szenario genannt.

Pizzeria Bossi: Base Case Szenario

Die Menge an verkauften Pizzas bleibt gleich. Die Preise können um 5 % erhöht werden.

1. 2. 5. PORTFOLIO-ANALYSE

Portfolio-Analysen sind ein wunderbares Tool zur strategischen Entscheidungsfindung und können im Unternehmen in vielfältigen Bereichen und unterschiedlichen Ausprägungen zum Einsatz kommen.

➤ *Portfolio-Analyse*

Diesem wichtigen betriebswirtschaftlichen Planungsinstrument werden wir uns zuerst am Beispiel eines „Wichtig-Dringend-Portfolios" nähern, des jedem helfen kann, seine Zeit zu managen.

Wichtig-Dringend-Portfolio

Viele werden folgendes Problem kennen: Der Tag ist einfach zu kurz, um sich um alles, was ansteht, kümmern zu können und die so genannten „To Do's" alle abzuarbeiten. Dieses Problem wird vielfach dadurch verstärkt, dass

- man sich oft sofort und sehr intensiv mit einer Aufgabenstellung beschäftigt, die in Wahrheit nur ein „Mini-Problem" darstellt, und
- dann meistens die Zeit fehlt, sich den tatsächlich großen Herausforderungen zu stellen, die mit größter Dringlichkeit zu bewältigen wären.

Bei dieser Problematik kann das „Wichtig-Dringend-Portfolio" helfen. Dazu sind folgende Schritte notwendig:

- Schritt 1: Auflistung der To Do's
- Schritt 2: Benotung der Wichtigkeit der To Do's
- Schritt 3: Benotung der Dringlichkeit der To Do's

Pizzeria Bossi: Bossi's Tagesplanung

Ohne die Portfolio-Analyse hätte Herr Bossi den Tag folgendermaßen verbracht:

- *9.00 Uhr*   *Termin mit dem Restaurantmöbel-Vertreter*
- *10.30 Uhr*   *Besuch des Handy-Geschäfts um die Ecke*
- *11.00 – 14.00 Uhr*   *normaler Restaurantbetrieb*
- *15.30 Uhr*   *noch schnell auf die Weinmesse hetzen und schauen, was es Neues gibt*
- *18.00 – 24.00 Uhr*   *Restaurantbetrieb*

> und dann ... ach da war ja noch etwas!!! Die Vorbereitung auf den Termin mit der Steuerberaterin wegen der Steuerprüfung. Aber dafür ist Herr Bossi jetzt wirklich zu müde.

Diese mangelhafte Planung kann Herrn Bossi viele tausend Euro (und damit vielleicht sogar das Unternehmen) kosten. Mit der Portfolio-Analyse kann ihm dieses Schicksal erspart bleiben.

Herrn Bossi's „Wichtig-Dringend-Portfolio"

Herr Bossi nimmt eine Bewertung der Wichtigkeit und der Dringlichkeit seiner To Do's folgendermaßen vor:

Aufgaben, To Do's	Wichtigkeit 4 ... sehr wichtig 1 ... nicht wichtig	Dringlichkeit 4 ... sehr dringend 1 ... nicht dringend
auf den morgigen Termin mit der Steuerberaterin vorbereiten - Steuerprüfung naht	4	4
Termin mit dem Vertreter wegen neuer Bezüge für die Sessel wahrnehmen	2	1
Besuch der Weinmesse am Nachmittag	2	4
Infos für neues Handymodell einholen	1	1

Aus dieser Tabelle ergibt sich bereits eine klare Handlungsanleitung für Herrn Bossi, die lautet:

> sich sofort und ausschließlich auf die Steuerprüfung vorbereiten
>
> den Termin mit dem Vertreter verschieben
>
> Weinmesse dieses Mal nicht besuchen
>
> den Handykauf ohnehin eine Weile ad acta legen (das gerade erst vor zwei Monaten gekaufte wird es wohl noch eine Weile tun)

Durch die zweidimensionale Darstellung auf einer so genannten xy-Matrix wird die Tabelle noch plakativer und aussagekräftiger.

- Auf der y-Achse, die von unten nach oben zeigt, wird die Wichtigkeit der To Do's dargestellt.
- Auf der x-Achse, die von links nach rechts zeigt, wird die Dringlichkeit der To Do's veranschaulicht.
- Die Fläche, die sich durch die beiden Achsen ergibt, wird dann in vier Bereiche (Quadranten) unterteilt.
- Im Quadranten rechts oben finden sich jene To Do's, die sowohl wichtig als auch dringend sind: diesen muss oberste Priorität eingeräumt werden.
- Links unten befinden sich jene To Do's, die weder wichtig noch dringend sind und daher vernachlässigt werden können.
- Der Quadrant links oben beinhaltet jene To Do's, die zwar wichtig sind, jedoch auf später verschoben werden können.
- Rechts unten befinden sich die dringlichen To Do's, die allerdings keine hohe Wichtigkeit haben. Hier ist in jedem Fall die schnelle Entscheidung zu treffen, ob man sich darum kümmert, oder es vielleicht sogar ganz bleiben lässt.

Marktattraktivität/Wettbewerbsstärke-Portfolio

Das in der Betriebswirtschaft am häufigsten verwendete Portfolio-Konzept ist das Marktattraktivitäts-/Wettbewerbsstärke-Portfolio. Es dient einem Unternehmen als Entscheidungsgrundlage dafür, welche Produkte für das Unternehmen eine strategisch sehr wichtige Position haben und welche Produkte eher zu vernachlässigen oder ganz zu eliminieren sind.

Hinweis für Spezialisten: Beim vorgestellten Modell handelt es sich um eine Kombination der Portfolio-Modelle von der Boston Consulting Group (BCG) und von McKinsey.

Pizzeria Bossi: Marktattraktivität/Wettbewerbsstärke-Portfolio

Wir konzentrieren uns auf 4 Produkte der Pizzeria Bossi und beurteilen deren Marktattraktivität sowie die Wettbewerbsstärke.

	MARKTATTRAKTIVITÄT 4 ... SEHR HOCH 1 ... SEHR GERING	WETTBEWERBSSTÄRKE 4 ... SEHR HOCH 1 ... SEHR GERING	KURZE ERLÄUTERUNG
Standardpizza (SP)	1	4	Die Pizzeria Bossi macht die anerkannt besten Pizzas in der Stadt. Trotzdem sind die Preise vom Markt vorgegeben. Die Kunden reagieren sehr sensibel auf jede Preiserhöhung.
Kunstpizza (KP)	4	4	Die Idee, die Pizzas nach berühmten Bildmotiven mit exquisiten Zutaten zu belegen, kommt sehr gut an. Die Gäste sind auch bereit, dafür den doppelten Preis zu bezahlen. Das bekommt man schließlich nur in der Pizzeria Bossi.
Catering (CT)	4	1	Die Pizzeria Bossi bietet seit kurzem auch Catering für Firmenfeiern, Weihnachtsfeiern etc. an. Damit können ausgezeichnete Preise erzielt werden. Allerdings ist die Konkurrenz groß.
Exklusivweine (EW)	1	1	Weine um 400 Euro die Flasche werden maximal drei Mal jährlich bestellt. Die Vinothek um die Ecke bietet ein besseres Angebot.

Aus dieser Einschätzung heraus wird nun wiederum eine zweidimensionale Grafik erstellt. Auf der y-Achse wird die Marktattraktivität eingetragen, auf der x-Achse die Wettbewerbsstärke.

Die verschiedenen Produkte werden dann entsprechend der vergebenen Punkte eingezeichnet.

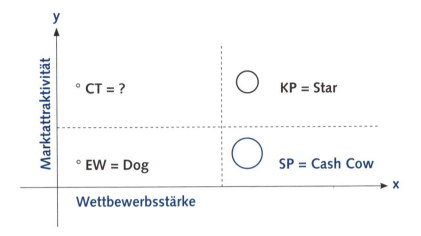

Berühmt wurde dieses Portfolio unter anderem deshalb, weil man für die einzelnen Produktkategorien sehr einprägsame Namen bzw. Symbole gefunden hat, nämlich Cash Cow, Star, Fragezeichen, Dog. Aus dem Portfolio lassen sich sehr klare Handlungsanleitungen für die jeweiligen Produkte ableiten, die auf einen Blick ersichtlich sind. Diese sind in der folgenden Tabelle am Beispiel der Pizzeria Bossi zusammengefasst:

	Bewertung	Produkt	Strategie
Cash Cow (rechts unten)	geringe Marktattraktivität, aber hohe Wettbewerbsstärke	Standardpizza	Im Portfolio belassen. Von dem, was man die Jahre über aufgebaut hat, profitieren. Allerdings keine allzu großen Investitionen mehr tätigen (zB aufwändige Werbekampagnen).
Star (rechts oben)	hohe Marktattraktivität und hohe Wettbewerbsstärke	Kunstpizza	Solche Produkte hätte man gerne mehr, da sie zukunftsträchtig und sehr Erfolg versprechend sind. Diese Position gilt es abzusichern und auszubauen.
? (links oben)	hohe Marktattraktivität, aber geringe Wettbewerbsstärke	Catering	Hier muss eine Entscheidung getroffen werden. Entweder investieren, damit man hinsichtlich der Wettbewerbsstärke aufholen kann (im Portfolio nach rechts rutschen), oder bleiben lassen.
Dog (links unten)	geringe Marktattraktivität und geringe Wettbewerbsstärke	Exklusivweine	Sofort aus dem Programm nehmen. Keine Kapazitäten dafür binden.

Zusatzaspekt: Quantitative Bedeutung

Vielleicht ist Ihnen aufgefallen, dass die Kreise im Portfolio unterschiedlich groß gezeichnet wurden. Damit kann man eine weitere wichtige Komponente veranschaulichen. Das ist in unserem Fall der erzielte Umsatz.

Aus dem großen Kreis bei den Standardpizzas erkennt man, dass diese den weitaus größten Anteil am Umsatz haben und man sich daher hüten sollte, dieses Produkt zu vernachlässigen oder gar vorzeitig aus dem Programm zu nehmen. Der kleine Kreis bei den Exklusivweinen zeigt hingegen, dass diese Produktgruppe so gut wie keinen Umsatz erwirtschaftet. Ein weiterer Grund, diese sofort zu eliminieren.

So weit der grundlegende Aufbau der Portfolio-Analyse, der leicht nachvollziehbar ist. Schwieriger wird es allerdings, wenn man in die Detailanalyse übergeht und sich folgende essentielle Fragen stellen muss: Wie beurteilt man,

- ob ein Markt tatsächlich attraktiv ist?
- was die Wettbewerbsstärke ausmacht?

Eine Auswahl an Beurteilungskriterien bietet folgende Aufzählung:

Kriterien der Marktattraktivität

- Marktvolumen
- Marktpotenzial
- Marktwachstum
- Marktqualität
- Zahl und Größe der Konkurrenten
- Markteintrittsbarrieren für neue Mitbewerber
- Kunden (Zahl, Größe, Volumen der Nachfrage), Kundenverhalten
- erforderliche Intensität der Marktbearbeitung
- Profitabilität, Deckungsbeiträge
- exogene Einflüsse (zB gesetzliche Auflagen, Wetterabhängigkeit etc.)

Kriterien der Wettbewerbsstärke

- Produktattraktivität
- Know-how / Erfahrung
- kostengünstige Produktion
- Kapazitäten
- Kapitalkraft
- Investitionsmöglichkeiten
- Distributionskanäle / Logistik
- Service / Kundendienst
- Einkauf

1. 2. 6. LEBENSZYKLUS-ANALYSE

(Fast) jedes Produkt geht den Weg alles Irdischen und durchläuft verschiedene Lebensphasen:

> Lebenszyklus-Analyse

- Phase 1: Zuerst ist ein schwieriger Anfang zu meistern und die Einführung am Markt zu überstehen; man spricht von der **Einführungsphase**, der gegebenenfalls eine **Entwicklungsphase** vorangeht.
- Phase 2: Ist das gelungen, dann wird die **Wachstumsphase** eingeläutet. Das Produkt verkauft sich erfolgreich und die Umsätze steigen.
- Phase 3: Irgendwann wird ein Plafond erreicht, an dem eine Steigerung der Verkaufszahlen bzw. des Umsatzes nicht mehr möglich ist. Das Produkt ist perfekt am Markt etabliert. Wenn es gut geht, kann diese Position (die meist mit einem hohen Marktanteil einher geht) möglichst lange gehalten werden; das Produkt befindet sich in der **Reifephase**.
- Phase 4: Ist der Großteil der Zielgruppen mit dem Produkt versorgt, ist der Markt gesättigt; man spricht daher von der **Sättigungsphase**.
- Phase 5: Es folgt die **Rückgangsphase**; die Nachfrage sinkt weiter. Bald wird das Produkt veraltet sein und kein Hahn mehr danach krähen.
- Phase 6: Nun folgt die logische Konsequenz: Das Produkt muss sterben und wird vom Markt genommen, man spricht von der **Eliminierungsphase**.

Der Lebenszyklus eines Produktes wird durch folgende Grafik veranschaulicht:

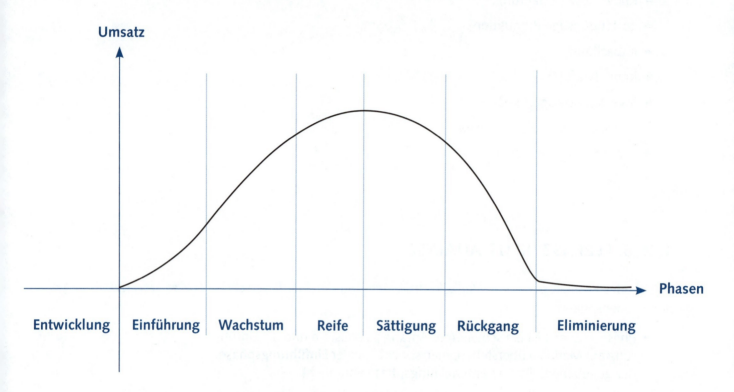

Unternehmen müssen stets darauf achten, nicht zu viele Produkte im Programm zu haben, die ihren Zenit bereits überschritten haben und sich in der Sättigungs- bzw. Rückgangsphase befinden, denn sonst droht, dass auch das Unternehmen als Ganzes „veraltet" und sich nicht mehr lange am Markt halten kann. Daher muss neben dem Bewährten auch stets Ausschau nach Neuem gehalten werden. Die Innovationskraft eines Unternehmens ist ein ganz wesentlicher Wettbewerbsfaktor, oder drastischer formuliert: ein „Überlebensfaktor".

Jedenfalls ist ein guter und ausgewogener Mix an Produkten erforderlich, denn wenn sich zu viele Produkte in der Aufbauphase befinden, könnte dies dazu führen, dass der finanzielle Atem ausgeht und das Unternehmen auf der Strecke bleibt.

Pizzeria Bossi: Lebenszyklus-Analyse

Eine Lebenszyklus-Analyse für die Produktpalette der Pizzeria Bossi könnte folgendermaßen gestaltet sein:

PHASE PRODUKTE	EINFÜHRUNG	WACHSTUM	REIFE	SÄTTIGUNG	ELIMINIERUNG
STANDARDPIZZA				X	
KUNSTPIZZA		X			
CATERING	X				
EXKLUSIVWEINE					X
ZIGARETTEN				X	
SCHNÄPSE				X	

Für die Pizzeria Bossi bedeutet das, dass sich zu viele Produkte am Ende des Lebenszyklus befinden und auch das Hauptprodukt (= Standardpizza) seinen Zenit bereits überschritten hat. Es besteht somit dringender Handlungsbedarf.

Die Dynamisierung und die Globalisierung der Märkte hat dazu geführt, dass sich die Produktlebenszyklen in den letzten 20 Jahren radikal verkürzt haben. In den 50er – 80er Jahren des vorigen Jahrhunderts hat es reihenweise Produkte gegeben, die mit marginalen Veränderungen über Jahrzehnte hinweg verkauft werden konnten. Eines der Paradebeispiele ist der VW-Käfer, der 1938 zum ersten Mal verkauft wurde und dessen Produktion (in der „Urvariante") erst im Jahr 2002 eingestellt wurde. In diesem Zeitraum wurden beachtliche 22 Millionen Käfer verkauft.

Heute muss man oft mit Lebenszyklen von nur wenigen Monaten, wenn nicht sogar Wochen rechnen.

- Als Paradebeispiel kann hier wohl das Handy gelten. Handys, die heute dem modernsten Stand der Technik entsprechen, sind in spätestens 6 Monaten nicht mehr aktuell. Nach einem Jahr gehören sie endgültig „zum alten Eisen".
- Software-Produkte, die heute in Europa auf den Markt kommen, sind in wenigen Wochen bereits als Raubkopie am internationalen Markt erhältlich.
- Eine neue Schuhgeneration, deren Entwicklung vielleicht sogar mehrere Millionen Euro gekostet hat, wird innerhalb kürzester Zeit von den Konkurrenten analysiert und von diesen eventuell sogar in verbesserter Form auf den Markt gebracht.

Das bedeutet, dass Unternehmen immer weniger Zeit haben, um die Kosten für die Entwicklung, Produktion und Vermarktung neuer Produkte wieder zu verdienen. Daher bekommen in manchen Branchen nur mehr jene Produkte eine Chance umgesetzt zu werden, die sich bereits in wenigen Wochen wieder amortisieren können (= sämtliche Kosten abdecken und einen Gewinnaufschlag verdienen).

Beispiele

Produkte in der Entwicklungsphase

- *Autos mit Wasserstoffantrieb*
- *künstliches Auge*

Produkte in der Wachstumsphase

- *Flachbild-Fernsehgeräte*
- *Schönheitschirurgie*

Produkte in der Reifephase

- *DVD-Player*
- *Digitalkameras*

Produkte in der Sättigungsphase

- *Festnetztelefon: wird durch das Mobiltelefon ersetzt*
- *Tabak: wird durch gesetzliche Regelungen zurück gedrängt*
- *Schweinefleisch: durch Gesundheitsbewusstsein in der Defensive*

Produkte, die bereits den gesamten Lebenszyklus durchlaufen haben (sozusagen tot sind)

- *Telegramm: abgelöst durch e-Mail, Telefon*
- *Schreibmaschine: durch den Computer abgelöst*
- *Walkman mit Kassetten: ersetzt durch Musikhandys oder MP3-Player*

1. 2. 7. ABC-ANALYSE

Ein ebenfalls sehr einfaches, aber äußerst wirkungsvolles Planungsinstrument ist die ABC-Analyse. Sie kann einen wertvollen Beitrag dazu leisten, dass man sich tatsächlich darum kümmert, was wichtig ist. Die unwichtigen Dinge werden entweder nach hinten gereiht oder sogar ganz gestrichen. Die ABC-Analyse kann beinahe in jedem Lebensbereich eingesetzt werden, sie ist aber insbesondere für die wichtigsten strategischen Entscheidungen eines Unternehmens von Bedeutung.

▶ *ABC-Analyse*

Die Bezeichnung ABC kommt von den drei Kategorien, die zur Einteilung der zu analysierenden Objekte oder Aktivitäten herangezogen werden:

- A ... sehr wichtig
- B ... wichtig
- C ... nicht wichtig

Pizzeria Bossi: Bossi's ABC-Analyse seiner To Do's

Wir nehmen wieder die To Do-Liste von Herrn Bossi zur Hand, dieses Mal allerdings zeitlich erweitert. Folgende To Do's warten auf Herrn Bossi, den Inhaber und Geschäftsführer der „Pizzeria Bossi", kommende Woche:

- *Mitarbeitergespräche führen, neuen Handytarif verhandeln, Termin mit der Steuerberaterin, Besuch der Weinmesse, neue Visitenkarte entwerfen und drucken lassen, Weihnachtsfest organisieren, Speisekarte überarbeiten, neuen PC anschaffen, Kreditgespräch bei der Bank*

Aus der Fülle der Aufgaben ist wohl jetzt schon klar, dass nicht alles in einer Woche zu bewältigen ist. Der Engpassfaktor schlechthin bei Herrn Bossi ist der Faktor Zeit.

- *Daher muss sich Herr Bossi insbesondere auf jene Aufgaben konzentrieren, die tatsächlich entscheidend sein können. Diese haben höchste Priorität und werden als A-Aufgaben bezeichnet.*
- *Wenn danach noch Zeit bleibt, kann er sich weiteren Aufgaben widmen, die zwar auch wichtig sind, aber keine so hohe Bedeutung wie die A-Aufgaben haben. Diese werden B-Aufgaben genannt.*
- *Alle anderen Aufgaben sollten wirklich nur mehr dann in Angriff genommen werden, wenn es weder A- noch B-Aufgaben gibt. Das sind letztlich die C-Aufgaben. Allerdings ist kaum anzunehmen, dass Herr Bossi zu diesen kommen wird, da für die Geschäftsleitung stets neue Aufgaben hinzu kommen, die sicherlich A- oder B-Status haben. Daher sollte man die C-Aufgaben von vornherein vergessen oder an andere delegieren.*

Analyse- und Planungsinstrumente – ABC-Analyse

Nach diesem ABC-Schema geht Herr Bossi nun bei seiner Zeitplanung vor. Zuerst werden seine Aufgaben mit einem Buchstaben versehen, und dann in die richtige Reihenfolge gebracht.

Mitarbeitergespräche führen	A
Termin mit der Steuerberaterin	A
Weihnachtsfest organisieren	A
Speisekarte überarbeiten	B
Kreditgespräch bei der Bank	B
Besuch der Weinmesse	B
neuen Handytarif verhandeln	C
neuen PC anschaffen	C
neue Visitenkarte entwerfen und drucken lassen	C

Herr Bossi weiß jetzt tatsächlich, was er in welcher Reihenfolge zu tun hat. Leider ist seine Lieblingsbeschäftigung „neue Visitenkarte entwerfen", der er sich gerne als erstes gewidmet hätte, auf den letzten Platz gerutscht.

Mit der ABC-Analyse kann man allerdings nicht nur seine individuelle Zeitplanung vornehmen, sondern sehr schnell alle wichtigen Unternehmensbereiche durchleuchten. Zwei Beispiele dafür sind die Kostenanalyse und die Kundenanalyse.

Kostenanalyse

Pizzeria Bossi: Herrn Bossi's falscher Triumph

Nachdem Herr Bossi die Nachricht bekommen hat, dass im letzten Jahr ein Verlust erwirtschaftet wurde, ist ihm klar, was jetzt getan werden muss: die Kosten müssen gesenkt werden.

Da kommt ihm die hohe Telefonrechnung, die heute 'reingeflattert ist, gerade recht. Nach umfangreichen Recherchen und Verhandlungen kann er schließlich einen neuen Vertrag abschließen, der die Kosten um 30 % senken wird.

Kann Herr Bossi mit diesem Resultat zufrieden sein?

Die Antwort lautet „Nein" und wird durch eine ABC-Analyse schnell begründet. Werden nämlich nach dem Prinzip der ABC-Analyse sämtliche Kosten des Unternehmens aufgelistet, sieht man sofort, dass die Telefongebühren lediglich 0,1 % der Gesamtkosten ausmachen und daher eindeutig C-Kosten sind.

Kostenanalyse der Pizzeria Bossi:

KOSTENPOSITION	KOSTEN IN EURO	KATEGORIE
Personal (fix angestellt)	220.000	A
Einkauf Speisen + Getränke	200.000	A
Aushilfspersonal	40.000	B
Betriebskosten	15.000	B
Lieferwagen, Benzin	4.000	C
Versicherungen	3.000	C
Telefonkosten	500	C

Herr Bossi hätte mit dem selben Aufwand ein Vielfaches an Kostenersparnis erreichen können, wenn er sich zB Maßnahmen überlegt hätte

- *wie das Personal effektiver eingesetzt werden kann oder*
- *wie bei den Lieferanten bessere Einkaufskonditionen erzielbar sind.*

Würde er die Einkaufskosten um nur 2 % senken, könnte er damit bereits ein Vielfaches des Effektes erzielen, den er durch die 30 %ige Verringerung der Telefonkosten erreicht hat.

- *Senkung der Einkaufskosten um 2 % ➡ Effekt: 4.000 Euro*
- *Senkung der Telefonkosten um 30 % ➡ Effekt: 150 Euro*

Die oben geschilderte ABC-Analyse wird klar verdeutlichen können, warum Betriebswirte (Controller, Unternehmensberater) das Personal als erstes unter die Lupe nehmen, wenn Kosten einzusparen sind. Die Personalkosten sind eben in vielen Unternehmen – insbesondere in der Dienstleistungsbranche – der Hauptkostenfaktor schlechthin.

Kundenanalyse

Pizzeria Bossi: Die falschen Gäste

Herr Bossi möchte eine 10-Jahres-Feier organisieren und sich bei seinen Gästen bedanken, indem diese einen Abend lang gratis bei ihm schlemmen können. Er versendet an alle seine Gäste, die bei ihm in der Datenbank gespeichert sind, eine Einladung. In kürzester Zeit sind 200 Antwortkarten gekommen und die Platzkapazität ist erschöpft, was Herrn Bossi auch sehr freut.

Nach einer genaueren Analyse der Anmeldungen erkennt er jedoch, dass die meisten davon gar nicht zu den Stammgästen zählen. Viele werden es auch nach dieser Veranstaltung wohl kaum werden. Zudem hat er sich bereits den Unmut vieler seiner Stammgäste zugezogen, die sich zu spät angemeldet haben oder angenommen haben, dass sie auf alle Fälle – auch ohne sich anzumelden – gerne willkommen sind. Diese reagieren äußerst ungehalten, als Herr Bossi ihnen erklären muss, dass bereits alle Plätze belegt sind. Einige davon haben auch offen gesagt, dass sie sich nicht mehr so schnell wieder blicken lassen werden. Es gäbe ja zum Glück auch andere gute Pizzerias in der Stadt.

Auch in diesem Fall hätte eine vorher durchgeführte ABC-Analyse viele Probleme verhindern können. Die Kunden werden nach dem bereits bekannten Schema in A-, B- oder C-Kunden eingeteilt (sehr wichtig, wichtig, weniger wichtig).

Natürlich muss man sich im vorhinein Gedanken machen, nach welchen Kriterien die Auswahl zu treffen ist. Geht man ausschließlich nach den erzielten Umsätzen vor, nach Deckungsbeiträgen oder berücksichtigt man auch die so genannten „weichen" Faktoren, wie zB Imagewirkung, wenn ein Prominenter beim Fest dabei ist, Qualität der Kundenbeziehung u.v.m.

Pizzeria Bossi: ABC-Analyse der Kunden

KUNDEN	KUNDENKATEGORIE	BEGRÜNDUNG
Elisabeth Huber	A	Umsatz, kommt jede Woche
Martin Pauer	A	Umsatz, isst regelmäßig zu Mittag
Günter Berger	A	bester Freund vom Koch
Bürgermeister	A	Image
Franz Maier	B	kleinere Umsätze, kommt aber regelmäßig
Karli Schuster	B	sorgt für gute Stimmung
Jutta Schneider	C	kommt selten
Johann Bucher	C	nicht sehr sympathisch

Nach der erfolgten Analyse kann Herr Bossi zuerst die A-Kunden einladen, danach die B-Kunden, und nur dann, wenn noch freie Kapazitäten verfügbar sind, sich überlegen, ob er auch C-Kunden dazu nimmt.

Für Verkäufer kann eine ABC-Analyse ihrer Kunden überlebenswichtig sein. Viele Verkäufer scheitern nämlich daran, dass sie ihre ohnehin viel zu knapp bemessene Ressource „Zeit" an Kunden vergeuden, die ihnen wenig bringen. Meist fehlt dann die Zeit, sich den wichtigen A-Kunden zu widmen.

Weitere Anwendungsbereiche der ABC-Analyse sind:

- Analyse der Produktpalette:
  Hat man zu viele C-Produkte im Angebot, die eigentlich mehr Aufwand verursachen, als sie an Umsatz bringen?
- Analyse des Lagers:
  Hat man zu viele Ersatzteile auf Lager, die höchstens ein Mal jährlich benötigt werden, die aber viel wertvollen Platz verstellen?

1. 2. 8. KREATIVITÄTSTECHNIKEN

▶ *Kreativitätstechniken*

Besondere Herausforderungen bedürfen oft außergewöhnlicher Lösungen. Um solche zu finden, ist Kreativität gefragt. Um dieser freien Lauf zu lassen, müssen allerdings Wege eingeschlagen werden, bei denen die reine Vernunft vorerst bewusst ausgeklammert wird und der Phantasie keine Grenzen gesetzt werden. Kreativitätstechniken können eine Anleitung dazu geben, wie man hervorragende Lösungswege entdecken kann.

Der Tod einer jeden kreativen Lösung ist das Alltagsgeschäft, in dem man versinkt. Immer größerer Zeitdruck und Stress eröffnen kaum noch die Möglichkeit, sich zurückzulehnen und einmal die Seele baumeln zu lassen. Das ist nicht nur schade, sondern auch gefährlich, da viele der besten Ideen der Menschheit sicher in genau diesen Entspannungsphasen entstanden sind.

Daher lautet die wohl wichtigste Grundregel der kreativen Lösungsfindung: Sich bewusst vom Alltagsgeschäft abkoppeln, sich Zeit nehmen und zudem an einen Ort zurückziehen, wo man ungestört sein kann. Der berühmte „Blick aus der Vogelperspektive" und „über den eigenen Tellerrand" kann bereits einiges bewirken.

Wenn mehrere Gehirne kreativ arbeiten, kommt mit hoher Wahrscheinlichkeit noch mehr heraus, als wenn man im stillen Kämmerchen alleine vor sich hin grübelt. Daher macht es durchaus Sinn, mehrere Personen einzuladen, um an derartigen Kreativitätssitzungen teilzunehmen. Bei dieser Zusammenarbeit ist es jedoch – bei allem Ideenreichtum – wichtig, Regeln zu definieren, um Missverständnisse und chaotische Zustände zu vermeiden.

Brainstorming

▶ *Brainstorming*

Eine der wichtigsten Kreativitätstechniken ist das so genannte Brainstorming (= „Gehirnsturm"). Dabei versammeln sich mehrere Personen, die zu einem bestimmten Thema ihre Gedanken einbringen.

Das Brainstorming hat folgende einfache Grundregeln:

- Grundregel 1: Jeder darf sagen, was immer ihm einfällt. Alles ist erlaubt – jeder Gedanke, sei er auch noch so absurd, darf und soll eingebracht werden.
- Grundregel 2: Niemand darf den anderen unterbrechen. Es ist auch strengstens verboten, einen Kommentar (ein Feedback) zur Aussage eines anderen abzugeben.

➡ Grundregel 3: Alle Ideen und Gedanken werden festgehalten mitgeschrieben.

➡ Grundregel 4: Erst wenn dieser „Brainstorm" beendet ist, werden die Aussagen analysiert und einer Prüfung unterzogen. Dazu kann dann wieder ein Analyse-Instrument, wie zB die ABC- oder die Portfolio-Analyse, zur Unterstützung herangezogen werden.

Zum Festhalten von Ideen eignen sich ganz besonders

➡ ein Flipchart, auf der ein Schriftführer mit notiert, oder noch besser

➡ Moderationskarten, die auf eine Pinwand geheftet werden.

Beides hat neben dem Vorteil, dass eingebrachte Gedanken und Geistesblitze nicht vergessen werden, auch noch das große Plus, dass die gesammelten Ideen von allen betrachtet werden können und sich dann weitere Assoziationen ergeben.

Bossi's PinkSaucen – eine verrückte Idee?

Nach dem Gespräch mit der Steuerberaterin ist Herrn Bossi klar, dass er gegenüber seiner Frau, die das Unternehmen von Anfang an mit aufgebaut hat, und seinen beiden wichtigsten Mitarbeitern – Frau Pfeffer und Herrn Salz – Farbe bekennen muss. Diese sind in ihrer ersten Reaktion natürlich ziemlich fassungslos. Statt gegenseitiger Schuldzuweisungen wird jedoch schnell beschlossen, dass man jetzt gemeinsam nach Erfolg versprechenden Lösungen suchen muss. Um diese auch rasch zu finden, bucht Frau Bossi ein Appartement in einem Hotel am Land, in das sich die vier mehrere Tage zurückziehen, und wo sie nichts und niemand stören kann. Sogar die Handys werden ausgeschaltet. Den Fernseher lassen sie aus dem Zimmer abtransportieren und statt dessen ein Flipchart und zwei Pinwände aufstellen. Dann schaltet Frau Pfeffer ihren Laptop ein, und es geht ans Werk. Herr Bossi eröffnet die Sitzung und erklärt, wie wichtig es ihm ist, dass nunmehr alle gemeinsam an Lösungen arbeiten und sich überlegen, wohin die Reise gehen könnte.

Im Laufe der nächsten Stunde müssen die anderen allerdings erkennen, dass sich Herr Bossi sehr schwer tut, sich von den bisherigen Konzepten zu lösen. Außerdem kann er sich auch von seiner Chefrolle nicht wirklich trennen und unterbricht auch nur den Ansatz einer Idee, die von den anderen eingebracht wird.

Bevor seinen Mitarbeitern endgültig der Kragen platzt und sie kurz davor stehen, im Streit auseinander zu gehen, übernimmt Frau Bossi das Kommando und stellt das Modell des Brainstormings zur Ideenfindung vor.

Das funktioniert dann ausgezeichnet und im Laufe der weiteren Tage kristallisiert sich eine vollkommen neue Geschäftsidee heraus:

Während des letzten Urlaubs in Thailand hat Frau Bossi ein Gewürz entdeckt, das der Tomatensauce für die Pizza einen unvergleichlichen Geschmack verleiht. Die Pizzagäste sind von diesem außergewöhnlichen Aroma rundweg begeistert. Allerdings wissen sie nicht, dass das vorwiegend mit der Sauce zusammenhängt. Sie sehen die Pizza als Ganzes und schreiben eher dem exquisiten Belag die Begründung dafür zu.

Will man die Aufmerksamkeit auf die Tomatensauce lenken, muss man sich also etwas einfallen lassen. Eine Idee, dies zu erreichen wäre, die Tomatensauce mit Lebensmittelfarbe einzufärben. Nach langen Diskussionen einigen sie sich auf die eher gewagte Farbe „Pink". Das bedeutet, dass fast die gesamte Pizza in diesem gewagten Farbton erstrahlen wird, was zwar sicherlich gewöhnungsbedürftig ist, jedoch den Vorteil hätte, dass man sich dadurch von den anderen, herkömmlichen Pizzerias abheben könnte.

Damit jedoch noch nicht genug der Ideen:

Natürlich bietet es sich an, die Tomatensauce nicht nur für Pizzas, sondern auch für alle anderen Gerichte (Pastas etc.) zu verwenden. Schließlich könnte man aus Bossi's PinkSauce ein eigenes Geschäftsfeld machen, indem man diese abfüllt und

- *anderen Pizzerias anbietet (die sich außerhalb der Reichweite der Kunden der Pizzeria Bossi befinden)*
- *oder auch an Private (direkt oder über den Handel) verkauft.*

Leider wird das Gewürz aus einer geschützten Pflanze gewonnen, die außerhalb ihres natürlichen Lebensraumes nicht gezüchtet werden kann. Daher kann Frau Bossi nur ganz geringe Mengen davon bekommen, die kaum ausreichen, um den Eigenbedarf in der Pizzeria abzudecken. Folglich wäre es ideal, wenn man die Pflanzenextrakte im Labor chemisch herstellen könnte. Interesse halber hat Frau Bossi auch schon einmal an einem Universitätsinstitut für Nahrungsmittelwissenschaften nachgefragt, ob das möglich wäre. Nach einer ersten Analyse ist Professor Sauer davon überzeugt, dass eine solche Herstellung durchaus möglich sein sollte (garantieren kann er es jedoch nicht). Dazu wäre eine umfangreiche Forschungs- und Laborarbeit notwendig, die er mit einem Budget von 30.000 Euro allerdings gerne übernehmen könnte.

Mit dieser Zahl schwindet die Begeisterung, in die sich alle bereits hineingesteigert haben und man ist schnell wieder auf dem Boden der Realität angelangt. Denn zusätzlich wäre eine Abfüllanlage und weitere Geräte notwendig, die einen gesamten Investitionsbedarf in Höhe von fast 100.000 Euro ergeben.

Angesichts der tristen finanziellen Situation, in der sich die Pizzeria Bossi befindet, finanziert das sicher keine Bank, sind alle überzeugt.

Frau Bossi will sich allerdings nicht entmutigen lassen. Ab heute wird sie alles daran setzen, die Idee „Bossi's PinkSaucen" zum Erfolg zu führen, notfalls auch ohne ihren Mann.

In den beiden vorangegangenen Kapiteln wurden die

- Grundlagen der Businessplan-Erstellung sowie
- Analyse- und Planungsinstrumente

erläutert.

In den folgenden Kapiteln werden die einzelnen Elemente eines Businessplans dargestellt. Dazu gehören:

- die Ist-Analyse
- der Projektplan
- der Marketingplan

Als roter Faden für die Ausarbeitung des Businessplans wird sich die neue Produktidee (= Projekt) „Bossi's PinkSaucen" durch das Fallbeispiel ziehen.

EASY BUSINESS IM TELEGRAMM-STIL

Lernziele

Ziele, Methoden und Instrumente der Businessplan-Erstellung

Folgende kurze und prägnante Beschreibungen und Stichworte zu den Lernzielen der EBC*L Stufe B bieten Ihnen einen komprimierten Überblick zu den behandelten Themen.
Das in den Lernzielen und Prüfungen der Stufe B geforderte „ERLÄUTERN" der betriebswirtschaftlichen Begriffe und Zusammenhänge wird damit jedoch nur sehr bedingt abgedeckt. Dazu dient das Studium der Fachtexte und der Praxis-Beispiele in diesem Buch. Versuchen Sie zusätzlich, auch selbst gewählte Beispiele aus der Praxis zu finden – dies steigert Ihren Lernerfolg.

➤ Die Ziele eines Businessplans sowie Anlässe und Bereiche, für die Businesspläne erstellt werden, nennen und erläutern können.

Ziele sind:
- Erfolg planbar machen
- Sinnlose Projekte verhindern, sinnvolle Projekte zum Leben erwecken
- Die beste Alternative wählen
- Finanziers informieren und überzeugen

Anlässe und Bereiche:
- Gründung eines Unternehmens
- Suche nach Fremd- oder Eigenkapital
- Beantragung von nationalen und internationalen Förderungen
- Konzeption/Präsentation unternehmensinterner Ideen und Projekte
- Planung privater Projekte

➤ Mögliche Adressaten eines Businessplans und deren Ziele und Interessen erläutern können.

- Banken: Zinsen und Sicherheit
- Investoren: Rentabilität des Investments, Gewinnbeteiligung
- Geschäftsleitung: Erreichen übergeordneter Unternehmensziele
- Nationale und internationale Fördergeber: bestmöglicher Effekt für wirtschafts- und sozialpolitische Ziele

➤ Fragen und Themen, sowie den grundlegenden Aufbau und die Struktur eines Businessplans erläutern können.

Fragen:
- Wohin wollen wir? Was wollen wir erreichen? (Strategische Planung)
- Wie können wir die Ziele erreichen? (Operative Planung)

Themen: siehe dazu „Anlässe und Bereiche" für einen Businessplan

Aufbau:
- Executive Summary (Kurzzusammenfassung der Unternehmung)
- Ausgangslage / Ist-Analyse (des Unternehmens, des Umfelds, des Teams)
- Marketingplan
- Projektplan
- Investitionsrechnung und Wirtschaftlichkeitsanalyse
- Finanzplan
- Anlagen

➤ Kriterien, die zur Beurteilung von Businessplänen durch Entscheidungsträger herangezogen werden, sowie entscheidende Regeln und Fehler bei der Erstellung von Businessplänen erläutern können.

Kriterien:
- Ist der Nutzen klar erkennbar?
- Ist ein gutes Kosten-Nutzen-Verhältnis gegeben?
- Passt das Projekt in die gesamte Unternehmensstrategie?
- Kann dem Businessplan-Ersteller Vertrauen entgegen gebracht werden (Qualifikation, Auftreten etc.)?
- Ist ein schneller Überblick möglich (klare Struktur, gute Visualisierung etc.)?
- Prestige und Image (Idee des Jahrhunderts, Eroberung neuer Märkte, modernste Technik usw.)

Regeln für die erfolgreiche Erstellung:
- richtiger Umfang
- richtige Sprache: keine unverständlichen Fachausdrücke und technischen Details
- realistische Annahmen
- richtige Zahlen: Berechnungen müssen stimmen
- Rechtschreibung muss passen
- Visualisierung
- keine Detailverliebtheit - versperrt den Blick aufs Wesentliche

Die Missachtung dieser Regeln (bzw. Betrachtung unter negativen Vorzeichen) führt zu den typischen Fehlern einer Businessplanerstellung: zu langer Umfang, abgehobene Sprache, unrealistische Annahmen, Berechnungsfehler etc.

➤ Den Begriff „Kritische Erfolgsfaktoren" erläutern können.

Grundlegende Fragestellungen bzw. Faktoren, die zum Gelingen oder aber Scheitern eines Projektes beitragen können:
- Gibt es genug Kunden, die tatsächlich Geld für ein Produkt/ein Projekt ausgeben wollen?
- Wie ist es um die Konkurrenz bestellt?
- Gibt es kostengünstigere Alternativen, die annähernd die gleichen erwünschten Ergebnisse bringen könnten?
- Sind genügend Kapazitäten vorhanden, um das Projekt durchziehen zu können?
- Verfügt das Personal über die erforderlichen Qualifikationen?
- Ist der Standort geeignet?
- Ist die Preispolitik durchdacht?
- etc.

➤ Möglichkeiten zur attraktiven und übersichtlichen Gestaltung eines Businessplans erläutern können.
- Klar strukturierter Aufbau und logische Gliederung
  (siehe dazu auch: Regeln für die erfolgreiche Erstellung)
- Visualisierung durch Tabellen, Grafiken, Vergleichsrechnungen, Fotos etc.
- Beifügen aussagekräftiger Anlagen

➤ Probleme und Grenzen der unternehmerischen Planung erläutern können.
- Das Hauptproblem besteht in der unsicheren Zukunft: Getroffene Annahmen über Kunden, Konkurrenz, Kosten, Umfeld etc. können sich vollkommen anders entwickeln, als geplant.
- Ein weiteres Problem liegt in der Beschaffung relevanter und richtiger Daten, auf denen ein Businessplan basiert.

➤ **Ziele und Aufbau der Stärken/Schwächen-Analyse erläutern können.**

Intensive Beschäftigung mit den Stärken und Schwächen eines Unternehmens
(= Interne Analyse)

- Schritt 1: Analyse der Stärken und der Schwächen
Zusätzlich kann man versuchen, die Wichtigkeit bzw. Ausprägung der einzelnen Stärken und Schwächen zu bestimmen und diese ebenfalls zu kategorisieren, zB: 1 = sehr wichtig 4 = unwichtig
- Schritt 2: Maßnahmen planen, um Stärken zu stärken und Schwächen zu beseitigen oder zu mildern.

➤ **Ziele und Aufbau der Chancen/Risiko-Analyse erläutern können.**

Intensive Beschäftigung mit den Chancen und Risiken, die sich einem Unternehmen bieten können (Externe Analyse)
- Schritt 1: Analyse der Chancen und der Risiken
Hier kann man zwei Kategorisierungen vornehmen:
1. Wichtigkeit: Wie entscheidend ist die sich bietende Chance/das Risiko für die Zukunft des Unternehmens?
2. Wahrscheinlichkeit: Wie wahrscheinlich ist es, dass die Chance/das Risiko tatsächlich eintritt? 1 = sehr entscheidend / sehr wahrscheinlich 4 = nicht entscheidend / sehr unwahrscheinlich
- Schritt 2: Maßnahmen planen, um Chancen zu nutzen und Risiken zu vermeiden

➤ **Ziele der SWOT-Analyse erläutern können.**

SWOT steht für: Strengths / Weaknesses und Opportunities / Threats.
Die SWOT-Analyse kombiniert die Stärken/Schwächen-Analyse mit der Chancen/Risiken-Analyse (siehe oben).

➤ **Ziele und Aufbau der Szenario-Analyse erläutern können.**

Hier werden mögliche Zukunftsszenarien schriftlich festgehalten. Dabei können drei mögliche Szenarios erarbeitet werden:

- Best Case Szenario: Was passiert im bestmöglichen Fall?
- Worst Case Szenario: Was passiert im ungünstigsten Fall?
- Base Case Szenario: Was passiert im realistischen Fall?

Die einzelnen Szenarien und daraus abgeleitete Maßnahmen können in Kategorien unterteilt werden, zB nach Wahrscheinlichkeit oder Wichtigkeit. Wie wahrscheinlich ist es, dass ein bestimmtes Szenario eintritt? 1 = sehr wahrscheinlich / 4 = sehr unwahrscheinlich
Wie wichtig ist die Umsetzung einer bestimmten Maßnahme? 1 = sehr wichtig / 3 = unwichtig

➤ **Ziele und Aufbau der Portfolio-Analyse erläutern können.**

Dieses Instrument dient dazu, eine strategische Positionierung von Produkten (oder Märkten) auf einer zweidimensionalen Grafik darzustellen, wobei x-Achse und y-Achse einen wichtigen Beurteilungsmaßstab abbilden. Beurteilt wird zB die Marktattraktivität und die Wettbewerbsstärke, woraus sich folgende (Produkt-)Kategorien ableiten lassen:

- Cash Cow: Marktattraktivität gering / Wettbewerbsstärke hoch
- Star: Marktattraktivität hoch   / Wettbewerbsstärke hoch
- Fragezeichen: Marktattraktivität hoch   / Wettbewerbsstärke gering
- Poor Dog: Marktattraktivität gering / Wettbewerbsstärke gering

Da die strategische Situation auf einen Blick ersichtlich ist, können aus dem Portfolio klare Schlussfolgerungen gezogen und Handlungsanleitungen erarbeitet werden.

> Ziele und Aufbau der Lebenszyklus-Analyse erläutern können.

Die Einteilung eines Produktes erfolgt danach, in welchem Lebenszyklus es sich befindet. Dabei werden folgende Phasen unterschieden:

- Phase 1: Entwicklungs- und Einführungsphase.
- Phase 2: Wachstumsphase
- Phase 3: Reifephase
- Phase 4: Sättigungsphase
- Phase 5: Rückgangsphase
- Phase 6: Eliminierungsphase

Werden mehrere Produkte eines Unternehmens auf diese Weise analysiert, ergeben sich wichtige Aufschlüsse darüber, ob das Unternehmen überwiegend bereits neue Produkte im Programm hat oder ob es eher veraltete Produkte führt. In letzterem Fall ist die Suche nach neuen Produkten bzw. die Weiterentwicklung dringend erforderlich.

> Ziele und Aufbau der ABC-Analyse erläutern können.

Wichtiges Planungsinstrument, um knappe Ressourcen möglichst effizient einsetzen zu können und Prioritäten herauszuarbeiten. Knappe Ressourcen können beispielsweise sein: Zeit, Geld, Lagerfläche, Betreuungsaufwand für Kunden etc.
Jene Bereiche, die analysiert werden, beispielsweise Produkte, Kosten, Kunden, Aufgaben etc. werden zB nach drei Kriterien eingeteilt:
A = sehr wichtig
B = wichtig
C = weniger wichtig
Nachdem die Einteilung vorgenommen wurde und eine schriftliche Reihung erfolgt ist (zB nach A-Kunden, B-Kunden, C-Kunden), sollte offensichtlich sein, dass der Großteil der Ressourcen der A-Gruppe gewidmet wird; falls dann noch Ressourcen frei sind, diese für die B-Gruppe zur Verfügung stehen und man sich nur dann der C-Gruppe widmet, wenn es noch immer freie Ressourcen gibt.

> Den Begriff Kreativitätstechnik erläutern können.

Kreativitätstechniken sollten dann eingesetzt werden, wenn Probleme bzw. Herausforderungen nicht mehr mit bislang bewährten Methoden bewältigt werden können. Zu diesem Zweck sollte man sich vom Alltagsgeschäft abkoppeln, um – alleine oder auch im Team - den berühmten Blick „über den eigenen Tellerrand" zu werfen und nach herausragenden Lösungswegen zu suchen. Eine der wichtigsten Kreativitätstechniken ist das Brainstorming.

> Den Begriff Brainstorming erläutern können.

Brainstorming kann mit „Gehirnsturm" übersetzt werden. Ziel ist es, den Gedanken freien Lauf zu lassen und dadurch kreative Lösungen zu fördern. Für das Brainstorming gibt es folgende einfache Grundregeln:
- Grundregel 1: Jeder darf sagen, was immer ihm einfällt. Alles ist erlaubt: jeder Gedanke, sei er auch noch so absurd, darf und soll eingebracht werden.
- Grundregel 2: Niemand darf den anderen unterbrechen. Es ist auch strengstens verboten einen Kommentar (ein feed back) zur Aussage eines anderen abzugeben.
- Grundregel 3: Alle Ideen und Gedanken werden notiert und mit geschrieben.
- Grundregel 4: Erst wenn dieser „Brainstorm" beendet ist, werden die Aussagen analysiert und einer Prüfung unterzogen. Dazu kann dann wieder ein Analyse-Instrument wie zB die ABC- oder die Portfolio-Analyse zur Unterstützung herangezogen werden.

PROJEKTPLANUNG

Groblernziele:

➤ Ziele und Aufbau einer Projektplanung sowie die wesentlichen Begriffe der Projektplanung erläutern können.

2. 1. Grundlagen

Lernziele:

➤ Ziele und Aufbau eines Projektplans erläutern können.

➤ Den Begriff „Zielplanung" erläutern können.

➤ Den Begriff „Ressourcenplanung" erläutern können.

➤ Den Begriff „Projektteam" erläutern können.

➤ Den Begriff „Meilensteine" erläutern können.

➤ Den Begriff „Aktivitätenplan" und "Zeitplanung" erläutern können.

➤ Möglichkeiten, einen Projektplan darzustellen, erläutern können.

➤ Fehler bei der Erstellung eines Projektplans erläutern können.

Bossi's PinkSauce: Projektplanung

Mit großem Verkaufsgeschick gelingt es Frau Bossi, ihren Mann von der Idee, die PinkSauce in größerem Stil herzustellen, zu überzeugen. Nunmehr geht es um die Planung der einzelnen Maßnahmen zur konkreten Umsetzung.

Ihr angepeiltes Ziel ist es, spätestens in 10 Monaten mit dem Verkauf der PinkSauce zu beginnen. Sie weiß, dass dies ein ambitioniertes, aber auch ein erreichbares Ziel ist. Angesichts des Umfangs dieses Monsterprojekts ist ihr vollkommen klar, dass ein langer Weg mit hunderten einzelnen Schritten auf sie wartet – und ohne einen Projektplan zu haben, die Gefahr groß ist, dass sie vom richtigen Weg abkommt.

Daher beginnt sie gleich damit, die ersten Planungsschritte zu definieren und legt folgende wichtige Meilensteine fest:

➠ *Meilenstein 1: Den Businessplan endgültig und detailliert (mit Zielen, Unternehmens- und Umfeldanalyse, Kosten, Ertragsprognose, Liquiditätsplanung, Kennzahlen-Berechnungen, etc.) fertig stellen und aufbereiten.*

➠ *Meilenstein 2: Die Bank überzeugen, dass sie den notwendigen Kredit zur Durchführung des Projekts gewährt.*

➠ *Meilenstein 3: Stop-or-Go-Entscheidung; falls Go, dann*

➠ *Meilenstein 4: Bestimmen, wer beim Projekt mitarbeiten wird und wer welche Aufgaben übertragen bekommt.*

Grundlagen

> Meilenstein 5: Start der Umsetzungsplanung und Beginn mit den ersten Aktivitäten
> Meilenstein 6: Start der Produktion
> Meilenstein 7: Event anlässlich der Produktvorstellung

Das Projekt soll ab sofort gestartet werden und der Meilenstein 7 in spätestens 10 Monaten erreicht sein.

2. 1. 1. ZIELE UND AUFBAU EINES PROJEKTPLANS

Mit der Idee und Umsetzung einer völlig neuen Produktlinie handelt es sich bei Frau Bossi's Vorhaben um ein äußerst umfangreiches Projekt, das fast schon einer Unternehmensneugründung nahe kommt. Da selbst kleinste Projekte scheitern können, wenn zuvor keine ausreichende Planungsarbeit geleistet wurde, ist die professionelle Planung bei komplexen Projekten ohnehin eine unabdingbare Voraussetzung für den Erfolg. Diesem Umstand Rechnung tragend, wurde in Unternehmen schon immer Planung betrieben. Erst in den letzten Jahren hat sich allerdings die Erkenntnis durchgesetzt, dass die Kernkompetenz „professionelle Projektplanung" nicht nur der Führungsebene vorbehalten sein sollte, sondern dass jeder Mitarbeiter in einer Schüsselfunktion darüber verfügen sollte.

Unter dem Begriff „Projektmanagement" werden Dutzende, teils sehr umfangreiche Bücher und Seminare zu dieser Thematik angeboten. Hier wollen wir uns darauf beschränken, die wesentlichsten Grundzüge und häufig verwendete Begrifflichkeiten der Projektplanung vorzustellen.

Hinweis

Literaturhinweis: Ein empfehlenswertes Buch zu diesem Thema wurde von Christoph Berger und Karin Schubert unter dem Titel „Projektmanagement" erstellt (Manz Verlag).

Frau Bossi hat mit ihrem ersten Projektplan schon wesentliche Elemente der Projektplanung berücksichtigt. Sie hat Folgendes definiert und festgelegt:

➤ *Aufbau eines Projektplans*

- ein Projektziel
- einen Projektstart und ein Projektende
- die Projekt-Auftraggeber und die Finanziers (wer ein Projekt absegnen und für die Finanzierung sorgen muss)
- eine Zeitplanung mit den wichtigsten Meilensteinen

- die Zusammensetzung des Projektteams bzw. der Projektmitarbeiter und Verteilung der Aufgaben
- wann mit den ersten Umsetzungsaktivitäten begonnen werden soll.

Dazu einige Erläuterungen:

Der Zweck eines **Projekts** ganz allgemein ist die Lösung einer (komplexen) Aufgabenstellung, die

- konkrete Ziele verfolgt
- zeitlich begrenzt ist (mit definiertem Anfang und Ende)
- und sich häufig dadurch auszeichnet, dass sie für eine Organisation „neuartig" ist und ein einmaliges Ereignis darstellt (also nicht zum Regelbetrieb gehört).

Mögliche **Auslöser** von Projekten sind

- neue strategische Entscheidungen
- aufgetretene Probleme
- interne Verbesserungsvorschläge
- neue Ideen
- neue Technologien

Ist eine Projektidee geboren, dann sind folgende weitere Ablaufschritte notwendig:

- Vornahme einer Durchführbarkeitsanalyse
  - Welche Ressourcen an Personal, Zeit, Know-how, Sachmitteln und Finanzen sind erforderlich?
- Vornahme einer Wirtschaftlichkeitsanalyse
  - Rechnet sich das Projekt?
- Formulierung eines schriftlichen Projektantrags
- Vorlage des Projektantrags bei einem Projekt-Auftraggeber (Unternehmensleitung, Finanziers)
- Stop-or-Go Entscheidung (auch Go-or-No-Go Entscheidung)

Nachdem die strategische Entscheidung für ein Projekt gefallen ist, kann mit der operativen Planung (= **Umsetzungsplanung**) begonnen werden. Dabei erfolgt die Zusammenstellung des Projektteams, Aufgaben und Aktivitäten sowie genaue Zeitabläufe werden definiert.

2. 2. Planungsschritte

2. 2. 1. ZIELPLANUNG

Wesentliches Element eines jeden Projekts ist es, dass die Ziele ganz klar definiert und mit dem Auftraggeber des Projekts und gegebenenfalls den Finanziers abgestimmt sind. Werden die Ziele nicht festgelegt und schriftlich formuliert, sind Probleme sowohl mit dem Auftraggeber als auch mit den Projektmitarbeitern vorprogrammiert.

➤ *Zielplanung*

Die Ziele sollten – wie auch später im Kapitel Unternehmensanalyse ausgeführt – die SMART-Kriterien erfüllen, also:

- **S** spezifisch sein, dh die Ziele müssen konkret und klar formuliert sein
- **M** messbar sein, dh das Erreichen der Ziele sollte messbar sein; das ist nur möglich, wenn sie auch quantifiziert sind
- **A** attraktiv sein, dh es sollte sich für alle Beteiligten lohnen, sich für die Ziele zu engagieren
- **R** realistisch sein, dh es muss im Bereich des Möglichen liegen, die Ziele tatsächlich zu erreichen. Unerreichbare Ziele werden von vornherein nicht ernst genommen und können demotivierend wirken; allerdings sollen Ziele auch nicht zu unterfordernd formuliert sein.
- **T** terminisiert sein, dh der zeitliche Rahmen soll abgesteckt sein. Es muss klar definiert sein, bis wann ein Ziel erreicht werden soll.

Es kann auch Sinn machen, eindeutig zu definieren, was NICHT Ziel eines Projekts sein soll (= Nicht-Ziele). Das ist hilfreich, um sich vor übertriebenen Erwartungen und Vorgaben zu schützen.

Beispiel

Sollte eine unmittelbare Umsatzsteigerung nicht das Ziel des Projekt „Durchführung einer Image-Kampagne" sein, dann sollte dies auch im vorhinein festgelegt werden.

2.2.2. RESSOURCENPLANUNG

> *Ressourcenplanung*

Zur Durchführung eines Projekts ist zur Verfügung zu stellen:

- Personal mit entsprechendem Know-how sowie Zeitreserven
- Sachmittel
- finanzielle Mittel

Den konkreten Bedarf und Umfang dieser Ressourcen gilt es zu definieren, und mit einem entsprechenden **Projektbudget** abzusichern.

2.2.3. PROJEKTTEAM

> *Projektteam*

Projekte können zwar auch von Einzelpersonen durchgeführt werden, allerdings wird es meist mehrerer Mitarbeiter bedürfen, die als Team gemeinsam ein Projekt bearbeiten und abschließen.

Wird ein Team mit einem Projekt beauftragt, ist es erforderlich, einen Projektleiter / Projektmanager zu bestimmen, der für die Durchführung, aber auch für das Ergebnis die Verantwortung übernimmt. Dieser muss unbedingt mit entsprechenden Kompetenzen ausgestattet sein. Dazu gehört auch die Möglichkeit, Ergebnisse von den einzelnen Projektmitarbeitern einfordern zu können und im Falle der Nicht-Erbringung Konsequenzen zu ziehen (zB Ausschluss einzelner Mitglieder aus dem Projektteam).

Für die einzelnen Mitarbeiter eines Projekts sind konkrete Aufgaben zu definieren.

2.2.4. UMSETZUNGSPLANUNG

Die Umsetzungsplanung beinhaltet die Festlegung von Meilensteinen, die Zeit- und Terminplanung sowie die ausführliche Aktivitätenplanung.

> *Meilensteine, Zeit- und Aktivitätenplan*

Als Eckpunkte der Projektumsetzung werden so genannte **Meilensteine** definiert, die den Projektablauf in verschiedene Phasen unterteilen und wichtige (Zwischen) Ergebnisse markieren, die es zu erreichen gilt. Für diese Meilensteine werden dann Zeitvorgaben zur Fertigstellung (Termine) definiert, wobei es durchaus sinnvoll sein kann, Pufferzeiten einzuplanen, um unvorhersehbare Projektverzögerungen einzukalkulieren. Meilensteine dienen während eines Projekts auch zur Kontrolle, ob das Projekt „im Plan" liegt.

Sind die Meilensteine identifiziert, erfolgt eine detaillierte **Aktivitätenplanung**, die festlegt,

- welche Aktivitäten (Arbeitspakete, Aufgaben)
- von wem
- bis wann (detaillierte Zeitplanung)

umzusetzen sind.

2. 2. 5. DARSTELLUNG EINES PROJEKTPLANS

Zur Veranschaulichung der Umsetzungspläne dienen Tabellen und Diagramme, die entweder mit einfachen Softwareprogrammen (zB Excel) oder mit eigens dafür konzipierten, komplexen Projektplanungsprogrammen erstellt werden können.

> Darstellung eines Projektplans

Mögliche Gliederung einer Zeit- und Aktivitätenplanung in Tabellenform:

Beispiel

Laufende Nummer (Schritte)	Arbeitspakete Aufgaben Aktivitäten	Start	Ende	Von wem (1)	Von wem (2)	Von wem (3)	Von wem (4)

Häufig müssen Projektaufgaben
- parallel bearbeitet und erledigt werden und
- sind voneinander abhängig.

Um solche Überlappungen und Abhängigkeiten aufzuzeigen, werden Balkenpläne verwendet.

Planungsschritte – Darstellung eines Projektplans

Beispiel

Um Aktivität 5 starten zu können, müssen die Aktivitäten 2 und 4 bereits abgeschlossen sein.

Beispiel

Balkenplan:

Aktivitäten \ Monate	1	2	3	4	5	6	7	8
Aktivität 1	■	■	■	■	■	■	■	■
Aktivität 2		■	■	■				
Aktivität 3			■	■	■	■	■	
Aktivität 4			■	■	■			
Aktivität 5						■	■	■

Erläuterung:

➥ *Aktivität 1 zieht sich über den gesamten Zeitraum des Projekts.*

➥ *Aktivität 2 beginnt im 2. Monat und endet im 4. Monat*

➥ *Aktivität 5 beginnt nach Abschluss der Aktivitäten 2 und 4, beginnt also im 6. Monat und endet im 8. Monat*

2. 3. Fehler bei der Projektplanung

2. 3. 1. GRÜNDE FÜR DAS SCHEITERN VON PROJEKTEN

Die Gründe für das Scheitern von Projekten sind vielfältig:

- Es werden bereits bei der Zielformulierung entscheidende Fehler gemacht.
- Die Finanziers oder die Betroffenen (zB andere Abteilungen) werden unzureichend informiert und eingebunden, was Widerstände verursachen kann.
- Es fehlt die Unterstützung seitens des Managements.
- Der Projektmanager hat keine ausreichenden Kompetenzen, um das Projekt durchführen zu können (zB Entscheidungsbefugnisse) und/oder verfügt nicht über die notwendigen Qualifikationen, wie fachliches Know-how oder soziale Kompetenz (zB um die Projektmitarbeiter motivieren zu können).
- Das Projektteam ist falsch zusammengestellt. Es fehlt bei einzelnen Mitgliedern an den fachlichen Voraussetzungen oder an der erforderlichen Motivation (zB weil sie das Projekt neben der Alltagsarbeit nur als zusätzliche Belastung sehen, und keinen individuellen Nutzen darin erkennen können).
- Die Projektplanung ist unrealistisch (zeitlich und finanziell). Das führt zu Motivationsproblemen, weil den Zielen (Meilensteinen) ständig hinterher gehinkt wird und die Pläne trotzdem nicht an die neuen Gegebenheiten angepasst werden.
- Projekte werden von der Umwelt abgelehnt und torpediert, da deren Interessen davon beeinträchtigt werden könnten.

> *Fehler bei der Projektplanung*

2. 3. 2. ERFOLGSKRITERIEN FÜR EIN PROJEKT

Zum umfassenden Thema Projektmanagement gibt es speziell konzipierte Kurse und umfangreiche Fachliteratur, in denen insbesondere auch folgende Themen weiter vertieft werden:

Hinweis

- Projektstart: Worauf man bei der entscheidenden Startphase eines Projekts besonders achten sollte (zB Einbindung der Projektmitarbeiter).
- Personelle Aspekte: Welche fachlichen und persönlichen Fähigkeiten ein Projektleiter haben sollte und wie man Projektteams motivieren, kontrollieren und steuern kann.
- Projektmarketing: Wie man ein Projekt vor dem Start und während der Projektlaufzeit intern gut verkaufen kann, um möglichst viel Unterstützung zu bekommen und mögliche Projektgegner positiv zu stimmen.
- Projektcontrolling: Wie man während des Projekts verfolgen kann, ob das Projekt im Plan liegt und wie auf Krisenfälle reagiert werden kann.
- Projektabschluss: Wie der Abschluss eines Projekts gestaltet werden soll, um Erkenntnisse für zukünftige Projekte zu gewinnen.

EASY BUSINESS IM TELEGRAMM-STIL

Projektplanung

Folgende kurze und prägnante Beschreibungen und Stichworte zu den Lernzielen der EBC*L Stufe B bieten Ihnen einen komprimierten Überblick zu den behandelten Themen.
Das in den Lernzielen und Prüfungen der Stufe B geforderte „ERLÄUTERN" der betriebswirtschaftlichen Begriffe und Zusammenhänge wird damit jedoch nur sehr bedingt abgedeckt. Dazu dient das Studium der Fachtexte und der Praxis-Beispiele in diesem Buch. Versuchen Sie zusätzlich, auch selbst gewählte Beispiele aus der Praxis zu finden – dies steigert Ihren Lernerfolg.

Lernziele

➤ Ziele und Aufbau eines Projektplans erläutern können.

Für die professionelle Planung und Vorbereitung eines Projekts ist ein schriftlich festgelegter Projektplan unabdingbar und Grundlage dafür, die definierten Projektziele mit einem bestmöglichen Input-Output-Verhältnis zum gewünschten Zeitpunkt fertig stellen zu können.

Der Aufbau eines Projektplans beinhaltet:
- Projektziel
- Ressourcenplanung
- Zeitplanung mit den wichtigsten Meilensteinen
- Umsetzungsplanung
- Projektteam samt Verteilung der Aufgaben
- Finanziers (= diejenigen, die das Projekt absegnen und die Ressourcen zur Verfügung stellen müssen)

➤ Den Begriff Zielplanung erläutern können.

Ziele sollten nach den sog. SMART-Kriterien formuliert werden:
- S spezifisch sein, dh konkret und klar formuliert sein
- M messbar sein, dh es muss erkennbar sein, wann die Ziele erreicht sind
- A attraktiv sein; dh es muss sich für alle Beteiligten lohnen, sich für die Ziele zu engagieren
- R realistisch sein, dh es muss im Bereich des Möglichen liegen, die Ziele tatsächlich zu erreichen
- T terminisiert sein, dh es muss klar sein, wann die Ziele erreicht sein sollen

Es macht zudem Sinn festzulegen, was nicht Ziel eines Projekts sein soll (= Festlegung der Nicht-Ziele).

➤ Den Begriff Ressourcenplanung erläutern können.

Zur Durchführung eines Projekts müssen Ressourcen zur Verfügung gestellt werden:
- Personal mit entsprechendem Know how sowie Zeitreserven
- Sachmittel
- finanzielle Mittel

Den konkreten Bedarf und Umfang dieser Ressourcen gilt es zu definieren, und mit einem entsprechenden Projektbudget abzusichern.

➤ Den Begriff Projektteam erläutern können.

Ein Projektteam besteht aus
- einem Projektleiter / Projektmanager
- Projektmitarbeitern

Es ist wichtig, bereits vor dem Projektstart Aufgabenbereiche und Kompetenzen genau zu definieren.

EBC*L – Businessplan

Zentraler Erfolgsfaktor ist der Projektleiter. Zur erfolgreichen Projektdurchführung benötigt der Projektmanager
- Projektmanagement-Kenntnisse
- betriebswirtschaftliches Know how
- Produkt-spezifisches Wissen

sowie
- Ausdauer und Belastbarkeit
- eine ganzheitliche und nachhaltige Denkweise
- soziale und kommunikative Fähigkeiten

➤ Den Begriff Meilensteine erläutern können. Die Begriffe Aktivitätenplan und Zeitplanung erläutern können

Für die Umsetzungsplanung eines Projekts ist die Festlegung von Meilensteinen äußerst wichtig. Darunter versteht man die wichtigsten Eckpunkte eines Projekts bzw. das Erreichen bestimmter (Zwischen)Ergebnisse. Anhand dieser wird kontrolliert, ob sich ein Projekt „im Plan" befindet.

Im Rahmen der Aktivitäten- und der Zeitplanung wird detailliert festgelegt,
- WELCHE Aktivitäten (Arbeitspakete, Aufgaben)
- von WEM
- bis WANN (detaillierte Zeitplanung)

umzusetzen sind.

➤ Möglichkeiten, einen Projektplan darzustellen, erläutern können.

Beispiel 1: Tabellarische Gliederung der Aktivitäten- und Zeitplanung

Laufende Nummer (Schritte)	Arbeitspakete Aufgaben Aktivitäten	Start	Ende	Von wem (1)	Von wem (2)	Von wem (3)	Von wem (4)

Beispiel 2: Balkenplan: hier wird die Zeitkomponente der jeweiligen Aktivitäten mit Balken und Farben dargestellt.

➤ Fehler bei der Erstellung eines Projektplans erläutern können.

- bereits bei der Zielformulierung werden entscheidende Fehler gemacht.
- Finanziers oder Betroffene (zB andere Abteilungen) werden unzureichend informiert und eingebunden – als Folge werden Projekte von der Umwelt abgelehnt und torpediert
- Projektmanager hat keine ausreichenden Kompetenzen (zB Entscheidungsbefugnisse)
- Projektteam ist falsch zusammengestellt (zB fehlende Qualifikation und Motivation)
- Projektplanung ist unrealistisch (zeitlich und finanziell)

IST-ANALYSE

Groblernziele:

➤ *Die Ist-Situation als Ausgangslage eines Businessplans erläutern können.*
➤ *Ziele und Methoden zur Unternehmensanalyse erläutern können.*
➤ *Ziele und Methoden zur Umfeldanalyse (Branche, Wettbewerb) erläutern können.*

EBC*L – Businessplan

3. 1. IST-Analyse – Überblick

Am Beginn jeder betriebswirtschaftlichen Planung sollte eine fundierte Ist-Analyse erfolgen. Nur wer weiß, wo er steht, hat eine vernünftige Basis, um sich erreichbare Ziele zu setzen und die dafür erforderlichen Maßnahmen zu planen. Es macht wenig Sinn, sich das Ziel zu setzen, in zwei Jahren den Weltmarkt erobern zu wollen, wenn man heute noch ein hoch verschuldetes Kleinunternehmen ohne herausragende Geschäftsidee hat.

Die IST-Analyse umfasst eine

- Analyse des Unternehmens
- Analyse der Branche, in der man sich bewegt
- Analyse der Konkurrenz

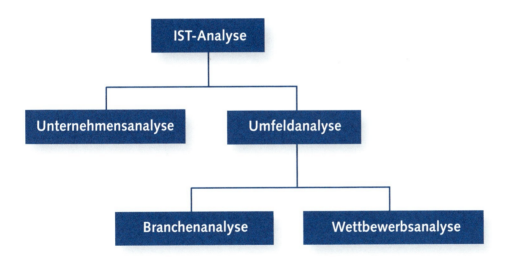

Mit dieser Thematik sollen sich nicht nur Unternehmensgründer und die Geschäftsleitung beschäftigen, sondern auch alle, die der Geschäftsleitung ein Projekt vorschlagen wollen. Nur wenn ein Projekt in den gesamtstrategischen Rahmen eines Unternehmens passt, wird es eine Chance haben, tatsächlich umgesetzt zu werden.

So wird der Vorschlag eines teuren Investitionsprojekts beim Chef kaum Anklang finden, wenn die finanzielle Lage des Unternehmens gerade sehr angespannt ist.

3. 2. Unternehmensanalyse

Lernziele:

➤ *Die Geschäftsidee und die strategischen Geschäftsfelder eines Unternehmens erläutern können.*

➤ *Den Begriff „USP" (Unique Selling Proposition) erläutern können.*

➤ *Den Begriff „Corporate Vision" erläutern können.*

➤ *Den Begriff „Corporate Identity" erläutern können.*

➤ *Strategische Ziele eines Unternehmens nennen und erläutern können.*

➤ *Finanzielle Ziele eines Unternehmens nennen und erläutern können.*

➤ *Kriterien, die bei der Zielformulierung beachtet werden sollen, erläutern können.*

➤ *Den Begriff „Shareholder Value" erläutern können.*

➤ *Den Begriff „Stakeholder Value" erläutern können.*

➤ *Den Begriff „Corporate Social Responsibility" (CSR) erläutern können.*

➤ *Die Rechtsform eines Unternehmens und daraus resultierende Vertretungs- und Entscheidungsbefugnisse zuordnen können.*

➤ *Faktoren zur Beschreibung eines Unternehmerteams bzw. Projektteams nennen und erläutern können.*

➤ *Faktoren zur Standortanalyse nennen und erläutern können.*

Lernziele

Die zahlreichen Fragen, mit denen man sich im Rahmen der **Unternehmensanalyse** (= Innensicht eines Unternehmens) auseinander setzen sollte, können in folgende vier Schwerpunkt-Bereiche untergliedert werden:

1. Was macht das Unternehmen eigentlich aus?

- Was ist die grundlegende Geschäftsidee?
- Was sind die Haupterfolgsfaktoren des Unternehmens? Was ist die „USP" (= Unique Selling Proposition) des Unternehmens? Wodurch zeichnet sich diese gegenüber allen anderen aus?
- Welche strategischen Geschäftsfelder hat das Unternehmen?
- Worin besteht die Corporate Identity, die Corporate Vision und die Corporate Mission des Unternehmens?
- Was sind die strategischen Ziele?
- Was sind die finanziellen Ziele?

2. Wer steckt hinter dem Unternehmen?

➡ Wer sind die Eigentümer / Shareholder und welche Erwartungen haben diese an das Unternehmen?

➡ Welche Personen/Interessensgruppen (= Stakeholder) sind außer den Eigentümern noch direkt oder indirekt vom Unternehmen betroffen? Was sind deren Erwartungen an das Unternehmen?

➡ Welchen rechtlichen Rahmenbedingungen unterliegt das Unternehmen? (Rechtsform, Vertretungs- und Entscheidungsbefugnisse)

3. Welche personellen und standortbedingten Voraussetzungen sind gegeben?

➡ Wie ist das Team des Unternehmens aufgestellt? Wer hat die Geschäftsleitung inne? Über welche Kompetenzen verfügen die Geschäftsleitung und die Mitarbeiter?

➡ Wo befindet sich das Unternehmen? Ist der Standort geeignet, um allen Ansprüchen gerecht zu werden?

4. Wie steht es um die finanziellen Rahmenbedingungen?

➡ Ist das Unternehmen jederzeit liquide? Wie gut ist es um die (Eigen-)Kapitalausstattung des Unternehmens bestellt?

➡ Gibt es eine ausreichende und weitsichtige Finanzplanung?

Für geplante Unternehmensgründungen gelten alle diese Fragen natürlich in die Zukunft gerichtet, zB:

Was soll die USP des Unternehmens ausmachen? Welche Erwartungen werden die Eigentümer an das Unternehmen haben? Wer soll im Team vertreten sein? Wie wird das Unternehmen finanziert?

In weiterer Folge werden die fachlichen Begriffe und Zusammenhänge zu den oben aufgeworfenen Fragen erläutert und im Anschluss daran an den beiden Beispielen „Pizzeria Bossi" und „Bossi's PinkSaucen" praxisorientiert angewendet, um noch besser zu verdeutlichen, warum diese grundlegenden Fragen so wichtig sind.

(Hinweis: Die finanziellen Rahmenbedingungen werden ausführlich im Band „Kennzahlen" der EBC*L Stufe A und im Band „Investitionsrechnung und Finanzierung" der EBC*L Stufe B behandelt.)

3. 2. 1. WAS MACHT DAS UNTERNEHMEN EIGENTLICH AUS? GESCHÄFTSIDEE, STRATEGISCHE GESCHÄFTSFELDER, WERTE UND ZIELE

Um nachhaltig erfolgreich zu sein, braucht jedes Unternehmen eine stets aktuelle **Geschäftsidee**. Bei der Analyse der Geschäftsidee und der daraus resultierenden Produkte und Dienstleistungen gilt es, stets die Bedürfnisse der Kunden zu beachten und die Konkurrenz im Auge zu behalten.

▶ *Geschäftsidee*

Die Geschäftsidee (= Produkt oder Dienstleistung) soll einem nicht nur selbst gefallen, sondern es muss auch **Kunden** geben, die bereit sind, Geld dafür auszugeben.

Dieses Grundprinzip wird durch folgendes Sprichwort verdeutlicht: „Der Köder muss nicht dem Fischer, sondern dem Fisch schmecken." (Diese Erkenntnis gilt allerdings nur bedingt, denn natürlich wird man ein Produkt nur dann glaubwürdig verkaufen können, wenn man selbst mit voller Überzeugung dahinter steht.)

Der zweite wesentliche Aspekt, der zu beachten ist, ist die **Konkurrenz**. Man wird gegen die Mitbewerber nur dann bestehen können, wenn man entweder besser, schneller, schöner, billiger, moderner oder freundliche als diese ist.

Auf den Punkt gebracht: Das Unternehmen bzw. dessen Geschäftsidee sollte möglichst einzigartig sein und sich in besonderer Weise von der Konkurrenz abheben. Für diese Einzigartigkeit gibt es natürlich auch einen englischen Begriff, nämlich **Unique Selling Proposition,** kurz **USP**. In der deutschen Fachsprache wird dieses Wort auch als „Alleinstellungsmerkmal" übersetzt.

▶ *USP*

Management Talk: Was ist die USP Ihres Produkts/Ihres Projekts?

Zumeist wird ein Unternehmen in mehreren Bereichen außergewöhnlich sein wollen: Leistbarkeit, Qualität, Freundlichkeit, Schnelligkeit usw. Wenn man jedoch in allen Kategorien einzigartig sein möchte, ist die Gefahr groß, dass man es in keiner davon wirklich schafft. Es wird daher Ziel führender sein, einen oder wenige Erfolgsfaktoren herauszuarbeiten, denen sich das Unternehmen dann mit voller Kraft widmet: zB Verzicht auf Schnelligkeit zu Gunsten hervorragender Qualität – die Kunden müssen zwar etwas länger warten, dafür bekommen sie ein exzellentes Ergebnis.

▶ *Erfolgsfaktoren*

Unternehmen bieten naturgemäß nicht nur ein Produkt an, sondern eine ganze Produktpalette, die sogar tausende Einzelprodukte umfassen kann. Dabei lassen sich Produktgruppen herausfiltern, die für das Unternehmen von überragender Bedeutung sind. Diese werden **strategische Geschäftsfelder** genannt. Auf sie wird auch das Hauptaugenmerk gelegt.

▶ *strategische Geschäftsfelder*

Beispiel

Produkte, die nicht in diese strategischen Geschäftsfelder passen, sind der Gefahr ausgesetzt, aus dem Programm eliminiert zu werden, sobald die Verkaufszahlen enttäuschend sind.

> *Strategische Geschäftsfelder eines Autohändlers könnten sein:*
> - *Neuwagenverkauf*
> - *Gebrauchtwagenverkauf*
> - *Zusatzgeschäft: Reparatur und Verkauf von Einzelteilen*
>
> *Diese Leistungen werden allerdings nur dann erbracht, wenn sie nicht zu viele Ressourcen von den beiden – für den Geschäftserfolg entscheidenden – strategischen Geschäftsfeldern abziehen.*

Werte- und Zielsystem eines Unternehmens

➤ *Werte- und Zielsystem*

In früheren Jahren hat man sich um ein Werte- und Zielsystem für ein Unternehmen nicht allzu viele Gedanken gemacht. Dieses wurde sehr oft durch charismatische Unternehmer-Persönlichkeiten mitgetragen. So wie der Unternehmer als Person wahrgenommen wurde, so wurde auch das Unternehmen als Ganzes wahrgenommen: Galt der Unternehmer als innovativer Geist, dann wurde diese Eigenschaft auch dem Unternehmen zugeschrieben. Galt der Unternehmer als extrem konservativ, so war es auch sein Unternehmen.

Heute gehen immer mehr Unternehmen dazu über, sich ein eigenes Werte- und Zielsystem zu geben, um das Unternehmen auf Kurs zu halten und alle Beteiligten in die gewünschte Richtung zu lenken. Ist keine allgemeine Richtung vorgegeben, wird die Versuchung groß sein, den Weg des geringsten Widerstandes zu beschreiten. Als negative Folge droht ein Zick-Zack-Kurs, der es durchaus mit sich bringen kann, rechtliche Vorschriften zu umgehen, die Umwelt mit Füßen zu treten, die Mitarbeiter einem ständigen Leistungsstress auszusetzen, Lieferanten unter Druck zu setzen und vieles mehr.

Solche Vorgehensweisen sind nicht nur ethisch verwerflich, sondern erweisen sich langfristig als Irrweg. Insbesondere dann, wenn diese Praktiken öffentlich gemacht werden und das Image des Unternehmens Schaden daran nimmt. Berühmte Beispiele dafür sind Unternehmen, die wegen Tanker-Unfällen, Kinderarbeit und Bilanzskandalen in die Schlagzeilen geraten sind.

Unternehmensskandale wie diese haben nicht nur das Fernbleiben der Kunden zur Folge, sondern lösen auch bei den Mitarbeitern negative Gefühle aus. Wer arbeitet schon gerne in einem Unternehmen, das sich auf Kosten der Zukunft unserer Kinder bereichert?

Diese Negativbeispiele zeigen, wie sinnvoll es ist, ein Wertesystem für ein Unternehmen aufzustellen. Früher hat man dazu oft **Leitbild** gesagt, heute wird dafür meist folgender englischer Begriff verwendet:

> Leitbild, Corporate Vision

➟ Corporate Vision

Darunter versteht man klar definierte Ziele, die man gemeinsam erreichen will, und Wertmaßstäbe, die beim Erreichen dieser Ziele eingehalten werden sollen.

Beispiel

> *Kein anderes Unternehmen soll eine bessere Qualität anbieten können, als wir. Die Kunden sollen lächeln, wenn sie an uns denken und jeden einzelnen Mitarbeiter als ihren hilfsbereiten Freund sehen ... Natürlich steht die Erreichung einer möglichst hohen Rentabilität im Fokus des Unternehmens, allerdings wollen wir dabei die Umwelt schonen, die Bedürfnisse der Mitarbeiter respektieren und ihnen auch ein Leben abseits des Berufs ermöglichen. Wir sind uns unserer sozialen Verantwortung bewusst und werden, wann immer sich die Gelegenheit bietet, Programme für benachteiligte Gruppen der Gesellschaft unterstützen.*

➟ Corporate Mission

> Corporate Mission

Im Rahmen der Corporate Mission wird bereits konkreter ausformuliert, welche Ziele man mit dem Unternehmen erreichen möchte.

Beispiel

> *Wir zählen heute zum größten Anbieter am inländischen Markt. Unser Unternehmen und unsere Produkte haben bei der Zielgruppe einen Bekanntheitsgrad von 80 %. Diese Position wollen wir halten. Wir sind davon überzeugt, dass unsere Produkte auch weltweit den Kunden einen tatsächlichen Mehrwert bieten und ihnen das Leben erleichtern können. In einem nächsten Schritt wollen wir daher Zielgruppen in ganz Europa ansprechen, und ihnen die Möglichkeit geben, von den einzigartigen Vorteilen unseres Produkts zu profitieren. Mit unseren internationalen Vertriebspartnern streben wir in drei Jahren einen europaweiten Marktanteil von 30 % an.*

➟ Corporate Identity

> Corporate Identity

Werden Corporate Vision und Corporate Mission auch tatsächlich und dauerhaft gelebt, dann bekommt das Unternehmen sowohl nach innen als auch nach außen eine wahrnehmbare, eigene Identität. Unter Corporate Identity versteht man das Selbstverständnis bzw. das Erscheinungsbild eines Unternehmens, das einerseits an die Außenwelt (= Kunden, Lieferanten, Banken etc.) und andererseits an die eigenen MitarbeiterInnen kommuniziert wird. Die Corporate Identity (= Persönlichkeit, Identität eines Unternehmens) wird maßgeblich geprägt vom Leitbild und den festgelegten Werten eines Unternehmens, von den Produkten, den Mitarbeitern, dem Management und der Kommunikationspolitik.

Unternehmensanalyse – Was macht das Unternehmen eigentlich aus?

Die Mitarbeiter, die Kunden und alle anderen Beteiligten können dann sofort ein „Gefühl" bzw. ein gewisses Image mit dem Unternehmen verbinden, wenn sie dessen Namen hören (= Corporate Image, Fremdbild eines Unternehmens). Man kann nur hoffen, dass positive Assoziationen geweckt werden, denn um schlechte Gefühle wieder wegzubekommen (zB minderwertige Qualität, Unzuverlässigkeit), bedarf es kräftiger und sehr kostspieliger Anstrengungen (siehe auch Kapitel „Kommunikationspolitik - Corporate Image").

➤ *Corporate Design*

Corporate Design

Damit ein Unternehmen sowohl von innen als auch von außen als Einheit wahrgenommen wird, sind einzigartige optische Elemente und ein stimmiges Auftreten eine notwendige Voraussetzung. Dazu gehören der Markenname, das Logo, eine/mehrere Firmenfarben, vielleicht sogar eine Firmenuniform und ein Firmenlied.

Nachdem das allgemeine Erscheinungsbild durch Leitbilder, Missionen und Designs vorgegeben ist, sollten die Ziele des Unternehmens festgelegt werden. Bei der Zielsetzung kann man zwischen **strategischen** und **finanziellen Zielen** unterscheiden:

➤ *Strategische Ziele*

Typische **strategische Ziele** können wie folgt formuliert werden:

- Wir wollen innerhalb von zwei Jahren zum Marktführer werden.
- Unser Marktanteil soll sich innerhalb von zwei Jahren verdoppeln.
- Unser Unternehmen soll in zwei Jahren in 20 Ländern vertreten sein.
- Unser Unternehmen muss seine Stellung als Innovationsführer der Branche ausbauen.
- Wir wollen uns in zukunftsträchtigen Märkten bewegen und uns von den rückläufigen Märkten rechtzeitig verabschieden.

➤ *Finanzielle Ziele*

Noch konkreter wird es, wenn es um die Formulierung der **finanziellen Ziele** geht, die ein Unternehmen erreichen möchte. Dabei werden folgende übergeordnete Ziele im Mittelpunkt stehen:

- Erreichen einer angemessenen Rentabilität
- Sicherung der Liquidität
- Sicherung der Wettbewerbsfähigkeit durch eine hohe Produktivität

Diese Ziele werden dann mit entsprechenden **Kennzahlen** unterlegt:

- Die Eigenkapitalrentabilität des Unternehmens sollte mindestens 12 % betragen.
- Der ROI soll nicht unter 8 % fallen.

EBC*L – Businessplan

Was macht das Unternehmen eigentlich aus? – Unternehmensanalyse

→ Die Liquidität 1. Grades soll stets über 100 % liegen. Die Eigenkapitalquote soll nicht geringer als 25 % sein.

→ Die Umsatzrentabilität soll stets 15 % über derjenigen des unmittelbaren Konkurrenten liegen.

Diese übergeordneten Ziele können durch verschiedene **Unterziele** erreicht werden, wie zB:

→ Erhöhung des Umsatzes um 20 %

→ Senkung der Personalkosten um 15 %

→ Steigerung der Mitarbeiterzufriedenheit um 30 %

Ziel-Interdependenzen

Aus den oben angeführten Zielen ist bereits ersichtlich, dass diese sehr oft in einem bestimmten Zusammenhang stehen, was unterschiedliche Auswirkungen haben kann:

Beispiele

→ **Konkurrierende Ziele**
Die Erreichung eines Ziels geht auf Kosten eines anderen Ziels. Man muss sich entscheiden, welches Ziel wichtiger ist.
Beispiel: *Eine Senkung der Personalkosten wird kaum mit einer Steigerung der Mitarbeiterzufriedenheit einhergehen können.*

→ **Komplementäre Ziele**
Die Erfüllung eines Ziels unterstützt das Erreichen eines anderen Ziels.
Beispiel: *Die Verbesserung des Images eines Unternehmens führt zu einer höheren Mitarbeiter-Zufriedenheit.*

→ **Neutrale Ziele**
Die Ziele stehen in keinem Zusammenhang.
Beispiel: *Die Senkung der Verwaltungskosten hat keinen Einfluss auf die Senkung der Materialkosten.*

Bei der Formulierung von Zielen kann man weiters folgende Unterscheidung treffen:

➤ *Zielarten*

→ **Absolutziel**
Die Zielvorgaben werden in absoluten Zahlen formuliert.
Beispiel: *Das Umsatzziel für nächstes Jahr beträgt 1 Million Euro.*

→ **Relativziel**
Diese Ziele beziehen sich auf einen Vergleichsmaßstab.
Beispiel: *Wir müssen um 10 % geringere Kosten haben, als die Konkurrenz.*

> *Zielformulierung*

Ziele sind nur so gut, wie sie formuliert worden sind, daher sollten folgende wichtige Kriterien, die unter der englischen Abkürzung SMART Bedeutung erlangt haben, unbedingt beachtet werden:

- **specific = spezifisch**
  Ziele sollten konkret und klar formuliert sein.
- **measurable = messbar**
  Das Erreichen der Ziele sollte messbar sein. Das ist nur möglich, wenn sie auch quantifiziert sind.
- **achievable = attraktiv**
  Es sollte sich für alle Beteiligten lohnen, sich für die Ziele zu engagieren.
- **realistic = realistisch**
  Es muss im Bereich des Möglichen liegen, die Ziele tatsächlich zu erreichen. Unerreichbare Ziele werden von vornherein nicht ernst genommen und können demotivierend wirken; allerdings sollen Ziele auch nicht zu unterfordernd formuliert sein.
- **timed = terminisiert**
  Der zeitliche Rahmen soll abgesteckt sein. Es muss klar definiert sein, bis wann ein Ziel erreicht werden soll.

In manchen Fachbüchern findet man auch die Begriffe „attainable" (statt „achievable") oder „relevant" (statt „realistic") - bzw. in der deutschen Literatur „erreichbar" (statt „attraktiv") bzw. „relevant" (statt „realistisch").

Ziele werden von Personen bzw. Personengruppen formuliert. Damit kommen wir zum zweiten Fragenblock der Ist-Analyse eines Unternehmens.

3. 2. 2. WER STECKT HINTER DEM UNTERNEHMEN? WELCHE INTERESSEN SIND MIT DEM UNTENEHMEN VERBUNDEN?

Hier handelt es sich natürlich um eine ganz wesentliche Frage. Denn es macht einen Unterschied, ob der Eigentümer des Unternehmens

- eine einzelne Person ist, die das Unternehmen schon in der fünften Familiengeneration betreibt und dieses auch als Lebenswerk betrachtet
- ein Investmentfonds ist, dessen Fondsmanager danach gemessen werden, in kürzester Zeit die bestmögliche Rendite zu erzielen
- eine karitative Organisation ist, deren Wertmaßstab nicht der Gewinn ist, sondern die Anzahl an Menschen, denen sie in Afrika das Leben retten kann.

Wer steckt hinter dem Unternehmen? – Unternehmensanalyse

Sie alle eint jedoch ein gemeinsames Interesse, nämlich das **Wirtschaftlichkeitsprinzip**, das bekanntermaßen lautet:

➡ Mit möglichst wenig Input einen möglichst hohen Output zu erzielen.

Die Eigentümer eines Unternehmens werden heute oft auch **Shareholder** genannt, was so viel bedeutet wie Anteilseigner (Teilhaber, Gesellschafter, Aktionär). Der Wert (= der Gewinn), den diese aus dem Unternehmen ziehen wollen, wird **Shareholder Value** genannt.

▶ *Shareholder Value*

Dieser Begriff ist in den letzten Jahren heiß diskutiert worden, weil insbesondere Aktionäre von Aktiengesellschaften (oft vertreten durch Fonds) **ausschließlich die Gewinnmaximierung** als Ziel vor Augen haben – und das in einer sehr kurzfristigen Perspektive. Aktien von Unternehmen, die nicht jedes Quartal nachweisen können, dass sie eine Mindestrendite erwirtschaften, werden sofort abgestoßen und durch andere ersetzt. Der Arbeitsplatz des Einzelnen und die Zukunft ganzer Regionen spielen bei diesen Überlegungen keine oder nur eine sehr untergeordnete Rolle.

Dass ein derartiges Denken nicht nur Gewinner, sondern auch viele Verlierer zur Folge hat, ist täglich in den Zeitungen zu lesen. Daher ist diese Sichtweise immer mehr unter Beschuss geraten und die großen Konzerne, deren Zentralen den erwirtschafteten Shareholder Value als entsprechend lukrativ und medienwirksam propagiert haben, gleich dazu.

Daher versuchen letztere, neben den Interessen der Shareholder, nunmehr auch die Interessen der so genannten **Stakeholder** (= **Stakeholder Value**) verstärkt zu berücksichtigen. Unter Stakeholder versteht man Personen oder Institutionen, die von einem Unternehmen direkt oder indirekt betroffen sind. Das können sein:

▶ *Stakeholder Value*

➡ MitarbeiterInnen: möchten ein gutes Gehalt, ein angenehmes Betriebsklima, eine interessante Arbeit, einen sicheren Job

➡ Kunden: erwarten ein optimales Preis-Leistungs-Verhältnis

➡ Betriebsräte: wollen wieder gewählt werden

➡ Bank: will einträgliche Zinsen und gut abgesicherte Kredite

➡ Lieferanten: wollen Kunden, die verlässlich die Rechnungen bezahlen

➡ der Staat, die Gemeinde: wollen möglichst hohe Steuereinnahmen

➡ Konsumentenschutz-Organisationen: möchten Kunden vor schlechten Produkten und unlauteren Geschäftspraktiken schützen

➡ Menschenrechts-Organisationen: wollen Kinderarbeit und Ausbeuterei verhindern

➡ Nachbarn: möchten ohne Geruchs- und Lärmbelästigung leben

► Corporate Social Responsibility (CSR)

Die Berücksichtigung sozialer und ökologischer Interessen in der Unternehmenspolitik wird mit dem englischen Begriff **Corporate Social Responsibility (CSR)** bezeichnet.

Es macht nicht nur aus moralischen Gründen Sinn, die Wünsche und Bedürfnisse der Stakeholder in die strategischen Überlegungen mit einzubeziehen. Stakeholder können massiven Einfluss auf ein Unternehmen ausüben, und diese möglicherweise sogar zu Fall bringen.

Beispielsweise haben weltweite Aufrufe von Umweltschutzorganisationen (zB Greenpeace) oder anderer sogenannter NGOs (Non Governmental Organisations) Produkte bestimmter Unternehmen nicht zu kaufen, weil diese Meere und Flüsse zerstören oder vor Kinderarbeit und ausbeuterischen Praktiken nicht zurückschrecken, auch schon Weltkonzerne ins Wanken gebracht.

Der rechtliche Rahmen

► Rechtsform

Unternehmen benötigen einen Namen, eine Rechtsform und Personen, die das Unternehmen nach außen hin vertreten. Diese Themen werden im Rahmen der EBC*L Stufe A intensiver behandelt.

Hier soll nur auf den Aspekt eingegangen werden, welche ersten Rückschlüsse die Rechtsform auf die Interessen jener Personen zulässt, die hinter dem Unternehmen stehen:

Handelt es sich um ein Einzelunternehmen, eine OG oder eine KG, dann kann man davon ausgehen, dass zumindest einer der Eigentümer im Falle von finanziellen Schwierigkeiten des Unternehmens, seinen Kopf hinhalten muss, da er persönlich und unbeschränkt für die Schulden des Unternehmens haftet. Er wird somit alles daran setzen, dass das Unternehmen erfolgreich ist und bleibt und ein Konkurs vermieden werden kann.

Die wichtigen Vertretungs- und Entscheidungsbefugnisse sind bei diesen Rechtsformen sehr oft auf die Einzelunternehmer und die Gesellschafter beschränkt.

Die Rechtsform Gesellschaft mit beschränkter Haftung, GmbH, schränkt im Prinzip das Haftungsrisiko ein. Allerdings wird es bei kleineren GmbHs meistens jemanden geben, der zumindest für die Bankschulden persönlich haftet.

Bei großen internationalen GmbHs, die in vielen Fällen Tochtergesellschaften eines Konzerns sind, wird das persönliche Haftungsthema keine Rolle spielen. Das gleiche gilt für Aktiengesellschaften.

Wer steckt hinter dem Unternehmen? – Unternehmensanalyse

Bei kleinen GmbHs wird der größte und einflussreichste Gesellschafter meistens auch der Geschäftsführer sein, der alle wichtigen Entscheidungen trifft und das Unternehmen nach außen hin vertritt.

Bei größeren GmbHs wird es häufig so sein, dass die Geschäftsführer Angestellte des Unternehmens sind, die von den Hauptgesellschaftern berufen werden. Alltagsentscheidungen werden dann von den Geschäftsführern getroffen. Bei wichtigen Entscheidungen werden diese allerdings das OK der Gesellschafter einholen müssen.

Noch komplexer sind die Entscheidungsverhältnisse in Aktiengesellschaften, AGs. Hier können drei Instanzen auf die Entscheidungsfindung Einfluss nehmen: die Hauptversammlung, der Aufsichtsrat und der Vorstand (der das Unternehmen nach außen hin vertritt).

Damit kommen wir zu zwei weiteren Faktoren, die für den Erfolg eines Unternehmens entscheidend sein können: das **Team** und der **Standort**.

3. 2. 3. WELCHE PERSONELLEN UND STANDORT-BEDINGTEN FAKTOREN SIND GEGEBEN?

Das **Team** eines Unternehmens (oder auch eines Projekts) muss die Ziele mittragen und letztendlich auch umsetzen können. Entsprechend großes Gewicht ist daher auf die Analyse des **Teams** zu legen, das nach verschiedensten Kriterien beurteilt wird, wie zB nach folgenden:

➤ *Team*

- Anzahl
- Ausbildung
- Erfahrung
- Zugehörigkeit zum Unternehmen (Beschäftigungsdauer)
- Demografie (Alter, Geschlecht, Nationalität)

Ob der **Standort** eine große Rolle spielt, hängt von der Branche ab, in der sich ein Unternehmen bewegt. Ist das Unternehmen auf Laufkundschaft angewiesen, können sogar wenige Meter entscheiden, ob das Unternehmen eine Zukunft hat oder nicht:

➤ *Standort*

Beispiel: *Ein Friseur, dessen Geschäft direkt in der Fußgängerzone liegt, hat definitiv die besseren Karten als sein Konkurrent, der in einer Seitengass, 30 Meter abseits der Flaniermeile, angesiedelt ist.*

Beispiel

Für ein Produktionsunternehmen kann es bedeutsam sein, dass sein Standort nahe an den Rohstoffen, Energiequellen oder Verkehrswegen liegt.

Bei einem Softwareunternehmen hingegen, wird der Standort eine untergeordnete Rolle spielen. Dies umso mehr, da die heutige Informationstechnologie alle Möglichkeiten bietet, mit Mitarbeitern, aber auch mit Kunden über tausende Kilometer hinweg zu kommunizieren.

Einen guten Standort macht in vielen Branchen der Faktor „billige Arbeitskraft" aus, wie die Beispiele der kostengünstigen Programmierer in Indien oder der preiswerten Call Center-Kräfte in Osteuropa zeigen.

Zu berücksichtigende Standortfaktoren können daher sein:

- Kundennähe
- Qualifikation der Mitarbeiter
- Personalkosten
- Rohstoffe
- Energiekosten
- Verkehrsanbindung
- gesetzliche Abgaben und Steuerbelastung
- Umweltschutz-Auflagen
- politische Situation u.v.m.

PIZZERIA BOSSI: UNTERNEHMENSANALYSE

Gemeinsam mit Frau Bossi, Herrn Salz und Frau Pfeffer geht Herr Bossi daran, sein Unternehmen unter die Lupe zu nehmen. Dabei orientieren sie sich am Fragenkatalog, den die Steuerberaterin Herrn Bossi mitgegeben hat:

<u>Was ist die Geschäftsidee der Pizzeria Bossi, worin besteht die USP und was sind die strategischen Geschäftsfelder?</u>

Die Geschäftsidee bzw. der Unternehmenszweck ist für alle schnell beantwortet: Wir wollen hervorragende Pizzas backen und konzentrieren uns daher ganz auf diese Speise. Lieber perfekte Pizzas machen, als eine Riesen-Vielfalt auf der Speisekarte anzupreisen und alles nur „so-la-la" zuzubereiten.

Unternehmensanalyse

Den Gästen wollen wir ein schönes und gemütliches Ambiente bieten. Sie sollen sich bei uns wohl fühlen. Zudem soll der vor drei Jahren begonnene Pizza-Zustellservice den Leuten ermöglichen, unsere köstlichen Pizzas auch zu Hause genießen zu können.

Unsere beiden strategischen Geschäftsfelder sind daher:

- *Pizzas und Getränke*
    - *im Restaurant*
    - *mit Zustellservice*

Die Frage nach der USP – „Was können wir, was andere nicht können?" – ist schnell erklärt. Durch unsere Geheimrezeptur machen wir die anerkannt besten Pizzas der Welt. Dies wurde uns auch im Test eines Gourmetführers bestätigt.

<u>*Was ist die Corporate Identity, die Vision und die Mission des Unternehmens?*</u>

Alle vier sind sich einig – auch wenn es bislang nicht extra niedergeschrieben wurde: In der Pizzeria Bossi macht die Person des „Herrn Bossi" einen Großteil der Identität des Unternehmens (Corporate Identity) aus. Herr Bossi selbst steht bei seinen Kunden dafür,

- *dass die Pizzas einen stets ausgezeichneten Geschmack haben*
- *dass nur die beste Qualität bei den Zutaten verwendet wird*
- *dass Kundenwünsche erfüllt werden – mögen sie auch noch so ausgefallen sein*
- *dass das Restaurant von der Küche bis zum Keller blitzblank ist*

Zudem hat sich Herr Bossi auch als Person einen Namen gemacht. Seine – für Pizzabäcker – außergewöhnliche Kochmütze trägt er fast Tag und Nacht. Mit dieser war er auch schon des öfteren in der lokalen Presse abgebildet.

Die Stamm-Mannschaft hat die Unternehmenswerte auch stets mitgetragen. Nachdem vor drei Jahren der Betrieb allgemein vergrößert und um den Pizza-Zustellservice erweitert wurde, ist es fraglich, ob dies noch immer bei allen MitarbeiterInnen der Fall ist – insbesondere deshalb, da Herr Bossi auch für nicht mehr sehr zeitgemäße Werte steht, wie zB autokratische Entscheidungen, Sturheit und cholerische Ausbrüche.

Shareholder (Value)

Herr und Frau Bossi sind Hauptgesellschafter des Unternehmens. Weitere Gesellschafterin des Unternehmens ist Frau Knoblauch. Sie hat sich vor fünf Jahren als Stille Gesellschafterin mit 100.000 Euro am Unternehmen beteiligt. Ihre Erwartungen an das Unternehmen sind schnell erklärt: Sie möchte Jahr für Jahr eine schöne Gewinnausschüttung erzielen und erwartet sich jedes Jahr rund 10.000 Euro. Das entspricht einer Rendite (= Eigenkapitalrentabilität) von 10 %, was ihrer Meinung nach sehr bescheiden sei. Herr Bossi ist da etwas anderer Meinung: 10.000 Euro zu kassieren, ohne einen Finger dafür krumm machen zu müssen, bezeichnet er als alles andere als bescheiden. Frau Knoblauch hat allerdings stets klar gemacht, dass sie anderenfalls sofort von ihrem vertraglich fixierten Recht Gebrauch machen würde, aus dem Unternehmen auszusteigen und sich das Geld (= ihre Kapitaleinlage) auszbezahlen zu lassen. Das könnte sich Herr Bossi jedoch nicht leisten; diese liquiden Mittel könnte er nicht aufbringen.

Bislang konnte Frau Knoblauch sehr zufrieden sein. Herr Bossi konnte Jahr für Jahr diese 10.000 Euro an sie überweisen; in den besten Zeiten waren es sogar rund 15.000 Euro.

Dieses Jahr wird es angesichts des negativen Jahresergebnisses leider sehr trist aussehen. Wie wird Frau Knoblauch auf diese Hiobsbotschaft reagieren? Wird sie das Geld tatsächlich aus dem Unternehmen abziehen? Das würde zweifelsohne den Untergang des Unternehmens bedeuten.

Die Shareholder „Herr und Frau Bossi" haben natürlich auch ihre Erwartungen an das Unternehmen:

- *Auch sie erwarten sich eine vernünftige Verzinsung für ihr eigenes Kapital, das im Unternehmen steckt.*

- *Da sie im Unternehmen Tag für Tag mitarbeiten, möchten sie auch dafür einen angemessenen Lohn bekommen. Sie könnten ja sonst ihre wertvolle Zeit und ihr ganzes Know-how einem anderen Restaurant gegen gute Bezahlung zur Verfügung stellen. Angebote hätten sie ja genug.*

- *Allerdings kommt bei den Bossis dazu, dass die „Pizzeria Bossi" ihr Lebenswerk ist und – neben ihren Kindern – ihr gesamter Lebensinhalt. Daher wollen sie alles daran setzen, dass die Gegenwart, aber auch die nahe und ferne Zukunft ihres Unternehmens gesichert ist.*

Stakeholder (Value)

Stakeholder gibt es bei der Pizzeria Bossi eine Menge, wie sie bei der Auflistung bald bemerken:

- *die Kunden, die MitarbeiterInnen, die Bank, die Lieferanten, der Staat und die Gemeinde*
- *leider auch die Nachbarn: Diese wollen ihre Ruhe (und daher auch keinen Gastgarten, wie sich im Vorjahr gezeigt hat), keine Geruchsbelästigungen, freie Parkplätze und keine zugeparkten Ausfahrten. Auch die Polizei will nicht jeden Tag wegen Ruhestörungsklagen gerufen werden.*

Rechtsform, Vertretung

Die Rechtsform seit Beginn des Unternehmens vor 10 Jahren, ist eine GmbH.

Das Unternehmen wird ausschließlich von Herrn Bossi als Geschäftsführer vertreten. Ausschließlich er unterzeichnet die Verträge, erteilt schriftliche Aufträge und nimmt diese an. Alle wichtigen Entscheidungen trifft ebenfalls er.

Herr Bossi hat seinen MitarbeiterInnen nur sehr eingeschränkte Handlungsvollmachten – und diese ausschließlich mündlich – erteilt.

Sie dürfen beispielsweise Pizzabestellungen entgegen nehmen und das Geld kassieren. Die Erteilung einer Prokura war für ihn nie ein Thema.

Team

An der Spitze des Unternehmens steht Herr Bossi. Er ist Inhaber des Unternehmens und hat auch die Geschäftsleitung inne. Er ist die treibende Kraft, was die Vision und die Ziele des Unternehmens angeht. Er hat eine Ausbildung als Koch. Seine betriebswirtschaftlichen Kenntnisse bezeichnet er sogar selbst als „eher dürftig". Trotzdem glaubt er, über gute Managementqualitäten zu verfügen. Ansonsten hätte er das Unternehmen nicht 10 Jahre lang erfolgreich über die Runden gebracht.

Frau Bossi hat eine Ausbildung als Bäckerin. Zudem hat sie sich stets (privat) weiter gebildet und unter anderem EDV-Kurse und auch eine betriebswirtschaftliche Ausbildung absolviert.

Herr Salz ist Kellner. Er hat eine ausgezeichnete Ausbildung absolviert. Ihm kann fachlich keiner was vormachen. Zudem ist er bei den Kunden außerordentlich beliebt. Viele Stammkunden kommen nur wegen ihm und

würden das Restaurant wohl nicht so regelmäßig besuchen, wenn es ihn nicht mehr gäbe.

Alle drei sind von Beginn an dabei. Sie sind alle um die 45 Jahre alt, arbeiten an die 60 Stunden und mehr. Sie sind so gut wie nie krank und Urlaube werden selten zur Gänze verbraucht.

Das übrige Team besteht aus 7 MitarbeiterInnen – eher angelernte Kräfte. Wie in der Gastronomie üblich, herrscht hier ein Kommen und Gehen (hohe Fluktuation).

Auf den Punkt gebracht: Die Stamm-Mannschaft besticht durch hohe Motivation, Loyalität, Verlässlichkeit und Know-how und ist für das Unternehmen unentbehrlich.

Die anderen Mitarbeiter haben nur eine geringe Verbundenheit mit dem Unternehmen. Die Folge ist, dass die Arbeit eher nur nach Vorschrift erfolgt und die Fluktuation hoch ist, was immer wieder zu Engpässen führt, bis neue MitarbeiterInnen gefunden werden.

Standort

Das Geschäftslokal befindet sich in einer Kleinstadt – zwar nicht in Bestlage, aber durchaus sehr guter Lage.

- Vorteile:
  - die Kleinstadt und deren Vororte gelten eher als reiche Region; die Bewohner verfügen über ein gehobenes Einkommen
  - die Pizzeria befindet sich in einer Wohngegend, wo auch viele Büros angesiedelt sind (daher sowohl private Kundschaft als auch Firmen)
  - das Lokal ist sehr gut mit öffentlichen Verkehrsmitteln erreichbar
  - die Lieferanten befinden sich alle in unmittelbarer Nähe
- Nachteile:
  - keine Fußgängerzone
  - Nachbarn sind sehr lärmsensibel; daher auch kein Gastgarten möglich (Problem im Sommer)
  - Parkplätze sind am Abend Mangelware
  - dank geringer Arbeitslosigkeit ist es schwierig, Personal zu finden, das zu den in der Gastronomiebranche üblichen Konditionen arbeiten will

3. 3. Branchenanalyse

Lernziele:

Lernziele

➤ *Entwicklungen und Trends, denen eine Branche unterliegen kann, nennen und erläutern können.*

➤ *Faktoren zur Branchenanalyse nennen und erläutern können.*

➤ *Die Begriffe „Marktpotential", „Marktvolumen", „Marktdurchdringung", „Marktanteile" erläutern können.*

➤ *Den Begriff „Marktnische" erläutern können.*

➤ *Den Begriff „Markteintrittsbarriere" erläutern können.*

➤ *Den Begriff „Substitutionsprodukt" erläutern können.*

Nach der Ist-Analyse des eigenen Unternehmens (= Innensicht), muss auch der Blick über den eigenen Tellerrand vorgenommen und das **Umfeld** analysiert werden (= Außensicht). Wie wichtig es ist, **Branche und Konkurrenz** im Auge zu behalten, wird durch folgende Medien-Schlagzeilen verdeutlicht:

➡ In der IT-Branche setzt sich der Trend zur Auslagerung der Programmiertätigkeit ins billige Ausland weiter fort.

➡ Die Telekommunikationsbranche ist durch die Übernahme des Unternehmens XY durch AZ vollkommen neu strukturiert worden.

➡ Für den Handel konnte die Gewerkschaft um 3 % höhere Löhne durchsetzen.

➡ Die gesamte Bankenwelt des Landes wurde durch einen Bilanzskandal erschüttert.

➡ Die Papierindustrie konnte durch verstärkte Umweltschutzmaßnahmen ihr Image in der Bevölkerung deutlich verbessern.

➡ Die Versicherungsbranche leidet nach wie vor unter einigen wenigen Vermittlern, die unseriöse Praktiken beim Verkauf der Versicherungsprodukte anwenden. Maßnahmen dagegen sind nunmehr beschlossen worden.

Dieses Beispiel spiegelt auch einen **gesellschaftlichen Trend** wider, der eindeutig in die Richtung geht, dass auch Konsumenten immer profitorientierter – und aus Sicht der Unternehmen – skrupelloser denken und handeln. Zahlreiche Kunden haben heute kein schlechtes Gewissen mehr, wenn sie im Fachgeschäft teure Beratungsleistung in Anspruch nehmen, allerdings nicht bereit sind, dafür auch etwas mehr zu bezahlen. Das ist aus Sicht eines Unternehmens zwar bedauerlich, darüber zu jammern und sich zu bemitleiden wird jedoch kaum helfen. Wer sich an diese Entwicklung nicht anpasst, wird verlieren.

➤ *Trends*

Ein bereits spürbarer **demografischer Trend**, der fast alle Branchen beeinflusst, ist die Überalterung der Gesellschaft die zur Folge hat, dass sowohl die Kunden als auch die Mitarbeiter immer älter werden.

Ebenso zu beachten sind **sozialpolitische Trends**, wie zB der Umstand, dass es zwar allgemein mehr Reichtum gibt, dieser allerdings ungerechter verteilt ist. Für ein Unternehmen kann diese Teilung in zwei große gesellschaftliche Schichten beispielsweise bedeuten, dass es sich entweder auf die kaufkräftige exklusive Kundenschicht konzentriert oder auf jene Kunden, die sich nur geringe Preise bei ihren Ausgaben leisten können (= Discountpreis-Strategie).

Natürlich können sich Branchen auch nicht von der jeweils aktuellen **wirtschaftlichen Entwicklung** abnabeln. Eine allgemein gute Konjunktur wird sich auf eine Branche insgesamt positiv auswirken – umgekehrt genauso. Außer man gehört zu einer Branche, die davon profitiert, wenn es anderen schlecht geht (zB Sozialhilfe).

Beispiel

Die Ereignisse rund um 9/11 haben zu massiven Einbrüchen in der Tourismus- und Reisebranche geführt; die Geschäfte der Anbieter von Sicherheitssystemen für Flughäfen und Flugzeuge hingegen florierten.

3. 3. 1. BRANCHEN UND TRENDS

Die Entwicklung des Unternehmensumfelds ist genauso entscheidend wie die eigene Entwicklung. Was nutzt es, wenn man der Beste auf einem Schiff ist, das bereits im Sinken ist?

Beispiel: Der beste Fotofilmerzeuger der Welt wird trotz noch so perfekter Produkte keine Chance gegen die Digitalfotografie haben.

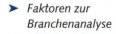
▶ *Faktoren zur Branchenanalyse*

Daher ist die Analyse der Branche, in der ein Unternehmen tätig ist, ausgesprochen wichtig. Als Branche oder Wirtschaftszweig bezeichnet man eine Gruppe von Unternehmen, die ähnliche Produkte herstellen oder ähnliche Dienstleistungen erbringen. Den Branchen übergeordnet ist der Wirtschaftssektor, der allgemein in drei Bereiche (Sektoren) untergliedert wird:

- ➡ Primärer Sektor: Landwirtschaft
- ➡ Sekundärer Sektor: Produktion
- ➡ Tertiärer Sektor: Handel und Dienstleistung

Eine Branche kann nach verschiedensten Kriterien betrachtet und analysiert werden; einige davon sind:

- Marktstruktur und Entwicklung auf Kundenseite
- Marktstruktur und Entwicklung auf Anbieterseite
- Rolle der Lieferanten und Wiederverkäufer (Händler)
- Technologische Entwicklungen
- allgemeine gesellschaftliche und soziale Trends

Beispiel für die Struktur auf Kundenseite: Immer mehr Familien haben ein Zweitauto, da die Frau berufstätig ist oder die Mobilität mit Kindern ansonsten eingeschränkt wäre.

Beispiel für die Struktur auf der Angebotsseite: Mittlerweile bieten auch Lebensmittelketten Nah- und Fernreisen an, deren Verkauf lange Zeit nur den Reisebüros vorbehalten war.

Eine Branche unterliegt permanenten Veränderungen. Ebenso wenig kann sie sich den **Trends** entziehen, die durch **neue Technologien** vorgegeben werden. So hat beispielsweise das Internet den Handel vor vollkommen neue Herausforderungen gestellt. Denn der Anteil der Konsumenten, die sich in einem Fachgeschäft beraten lassen und dann günstig über ein Internetportal einkaufen, nimmt täglich zu.

▶ *Trends*

3. 3. 2. MARKTANALYSE

Zu den wesentlichen Punkten der Branchenanalyse gehört eine Abschätzung

▶ *Marktpotential, Marktvolumen, Marktanteil*

- des **Marktpotentials:** maximal denkbare Aufnahmefähigkeit des Marktes für ein Produkt
- des **Marktvolumens:** derzeit von allen Anbietern gemeinsam bereits genutzter Anteil des Marktpotentials
- des **Marktanteils:** prozentualer Anteil der einzelnen Mitbewerber am Marktvolumen

$$\text{Marktanteil in \%} = \frac{\text{Absatz des eigenen Unternehmens}}{\text{Marktvolumen}} \times 100$$

Beispiel

Branchenanalyse – Marktanalyse

Beispiel

> ➡ *Die Stadt XY verfügt über 10.000 Personen, die als potentielle Käufer eines Geländewagens in Frage kommen (= Marktpotential).*
> ➡ *2.000 Personen haben bereits einen Geländewagen (= Marktvolumen).*
> ➡ *500 davon haben sich dabei für die Marke AZ entschieden. Deren Marktanteil beträgt daher 25 %.*

Diese Werte sind nicht nur wichtig um das Marktpotential für das eigene Unternehmen einzuschätzen, sondern dienen auch dazu festzustellen, wie erfolgreich das eigene Unternehmen im Vergleich zu anderen Mitbewerbern agiert hat.

Beispielsweise könnte die Freude darüber, dass man den Absatz um 20 % gesteigert hat, dadurch getrübt werden, dass andere Mitbewerber den Absatz um 50 % steigern konnten. Das hat dann gleichzeitig zum Sinken des eigenen Marktanteils von 30 % auf 20 % geführt.

Wichtig ist zudem die Abschätzung, in welchem **Lebenszyklus** sich die Branche insgesamt befindet.

➤ *Marktdurchdringung*

Handelt es sich um einen Markt, der gerade erschlossen wird und sich somit in der Wachstumsphase befindet, oder hat die Branche die besten Zeiten schon hinter sich? Im ersten Fall wird die **Marktdurchdringung** (= prozentueller Anteil der Zielgruppe, die bereits über das Produkt verfügt) noch gering sein. Daher wird das noch nicht ausgeschöpfte Marktpotenzial genügend Spielraum bieten, sodass die Anbieter noch ohne weiteres gut nebeneinander leben können. Vermutlich kann einer alleine den ganzen Markt auch gar nicht bedienen.

In einem großteils bereits **gesättigten Markt** sinkt jedoch das **Marktpotential**. Die Unternehmen stehen dann vor dem Problem, dass sie Kapazitäten aufgebaut haben und diese nicht mehr auslasten können. Somit bleiben ihnen nur zwei Alternativen: Kapazitäten abbauen oder versuchen, der Konkurrenz die Kunden abspenstig zu machen.

Was Unternehmen in dieser Phase natürlich am wenigsten brauchen können, sind Neueinsteiger, die den ohnehin schon engen Markt noch schwieriger machen würden. Dem entsprechend aggressiv werden Neueinsteiger begrüßt. Sie müssen damit rechnen, dass ihnen die Platzhirsche die ersten Monate mit besonderen Preisaktionen und verstärkten Werbeaktivitäten die Suppe gehörig versalzen.

Im Zuge einer Marktanalyse sollte daher festgestellt werden, wie hoch das **Marktvolumen** derzeit ist und wie hoch dieses in Zukunft sein könnte. Letztere Einschätzung wird **Marktpotential** genannt und beschäftigt sich mit folgender zentralen Frage: Gibt es eine große Menge an Personen/Unternehmen, die das Produkt/die Dienstleistung nachfragen? – Oder handelt es sich eher um

eine kleine Marktnische mit wenigen, dafür aber vielleicht sehr potenten Nachfragern?

Insbesondere für Klein- und Mittelbetriebe müssen nicht immer die Märkte mit einem großen Marktpotential die besten sein – und zwar aus einem ganz einfachen Grund: Diese Märkte werden sehr oft von großen Unternehmen besetzt, die dann ihre Economies of Scale-Vorteile ausnutzen können (= Mengenvorteile durch hohe Produktion, riesige Einkaufsmengen etc.). Kleinere Unternehmen können hier kaum mithalten und haben dann naturgemäß nur eingeschränkte Chancen.

Für Kleinunternehmen können daher die sogenannten **Marktnischen**, in denen sie es sich gut bequem machen können, ideal sein. Unter Marktnischen versteht man kleine Teilmärkte mit eher wenigen Nachfragern (und eher wenig Marktpotential), dafür aber auch weniger Konkurrenz.

▶ *Marktnische*

Beispiele für Marktnischen:

➡ *Schuhe für Personen mit Schuhgröße 55 und mehr*
➡ *Kochbücher in Blindenschrift*
➡ *Süßspeisen für Extremallergiker*

Beispiel

Wie einfach oder schwer das Leben für Unternehmen einer Branche wird, hängt auch davon ab, wie schwierig es für weitere Unternehmen ist, in diesen Markt einzusteigen. In manchen Märkten sind **Markteintrittsbarrieren** kaum gegeben. Ein Imbissstand wird beispielsweise sehr schnell eröffnet werden können. Andere Märkte zeichnen sich hingegen durch sehr hohe Eintrittsbarrieren aus. Das können beispielsweise sein:

▶ *Markteintrittsbarrieren*

➡ *technologische Barrieren (zB hoher Forschungsaufwand in der Pharmaindustrie)*
➡ *rechtliche Barrieren (zB Patente, strenge gesetzliche Auflagen für den Betrieb eines Unternehmens)*
➡ *Standort-relevante Barrieren (zB überdurchschnittlich hohe Mietpreise)*
➡ *u.v.m.*

Beispiel

Bei der Analyse einer Branche sollte auch bedacht werden, dass Konkurrenz nicht nur durch Unternehmen besteht, die das Gleiche herstellen, sondern dass diese auch aus einer ganz anderen Ecke kommen kann. Aus betriebswirtschaftlicher Sicht geht es dabei darum, wie leicht ein Produkt durch ein anderes **substituiert** (= ersetzt) werden kann **(Substitutionsprodukte)**.

▶ *Substitutionsprodukt*

Das derzeit wohl bekannteste Beispiel dafür ist das Mobiltelefon: Ganze Branchen werden durch dieses kleine Ding ihre Existenzberechtigung verlieren (bzw. haben das bereits), da deren Produkte durch die Zusatzfunktionen des Handys substituiert werden. Das Handy ist neben seiner Hauptfunktion als Telefon auch Kamera, Radio, MP3 Player, Wecker, Pulsmessgerät und vieles mehr. Eine absolut unerfreuliche Entwicklung für die Fotokamera- und Weckererzeuger dieser Welt – aber auch für all jene, die diese Erzeugnisse verkaufen wollen (Uhrenhandel, Fotohandel etc.).

3. 4. Wettbewerbsanalyse

Lernziele:

➤ Die Begriffe „Monopol", „Oligopol", „Polypol" erläutern können.

➤ Faktoren zur Wettbewerbsanalyse nennen und erläutern können.

➤ Die Ziele, Methoden und Grenzen des Benchmarkings erläutern können.

Lernziele

In jeder Branche spielen die beteiligten Anbieter und deren Verhalten am Markt eine wesentliche Rolle. Das Marktverhalten wird entscheidend davon mitgeprägt, wie viele Anbieter sich den Markt aufteilen bzw. um welche der folgenden Marktformen es sich handelt (siehe dazu auch EBC*L Stufe A):

- Monopol (ein einziges Unternehmen beherrscht den Markt)
- Oligopol (einige wenige Anbieter teilen sich den Markt auf)
- Polypol (sehr viele Unternehmen sind am Markt präsent)

➤ *Monopol, Oligopol, Polypol*

Allerdings muss die Anzahl der Markt-Teilnehmer noch keine endgültige Aussage über das grundsätzliche Verhalten der Teilnehmer geben. So kann eine Oligopol-Situation für die Anbieter sehr gemütlich sein, wenn sich die wenigen Unternehmen auf ein wenig aggressives Verhalten einigen; das heißt weder in der Preispolitik noch in der Werbung aggressiv auftreten. Diese Abstimmungen, auch Kartelle genannt, können sogar zu unerlaubten Absprachen (Preise etc.) führen. Beispiele für eine solche Marktform ist der Bankensektor.

➤ *Faktoren zur Wettbewerbsanalyse*

Ein Oligopol kann jedoch zum „Schlachtfeld" werden, wenn auch nur ein Player die Strategie einschlägt, seine Konkurrenten möglichst schnell vom Markt verdrängen zu wollen. Dann werden regelrechte Preiskriege geführt, die sogar so weit gehen können, dass die Produkte unter den eigenen Kosten verkauft werden. Vielfach schreckt man auch vor diffamierenden Werbekampagnen nicht zurück, um die Konkurrenz auf sehr plakative Art und Weise schlecht zu machen.

Gewinner solcher beinharten Wettbewerbe sind meistens die Konsumenten. Die Mitarbeiter hingegen werden eher zu den Verlierern zählen, denn auf deren Schultern lastet der Wettbewerbsdruck.

Naturgemäß wird es nicht gleich große Anbieter am Markt geben, sondern es wird Unternehmen geben, die einen großen **Marktanteil** haben

Wettbewerbsanalyse

(= Anteil am gesamten Marktvolumen in Prozent ausgedrückt) und es wird Unternehmen geben, die sich mit einigen wenigen Prozent Marktanteil begnügen müssen.

Häufig wird es so sein, dass „die Großen" vorgeben, was am Markt geschieht; das heißt wie sich die Preise entwickeln und welche Qualitätsmaßstäbe gesetzt werden. Kleinere Marktteilnehmer haben die strategischen Optionen den Marktführern zu folgen, oder aber eine konträre Politik einzuschlagen, um sich entsprechend besser von diesen abheben zu können.

3. 4. 1. BENCHMARKING

➤ *Benchmarking*

Es gehört zum Wesen der Marktwirtschaft, dass letztendlich nur die Besten überleben und die weniger Guten sich nicht auf Dauer am Markt halten können. Will man bestehen, muss man zumindest in einer der Disziplinen „Produktivität, Innovation, Schnelligkeit, Flexibilität" (oder sonstigen Bereichen) einen Vorteil gegenüber der Konkurrenz aufweisen können.

Infolgedessen wird der unmittelbare Konkurrent sehr genau und zumeist sehr argwöhnisch unter die Lupe genommen. Er wird entweder belächelt oder gefürchtet. Jeder einzelne Schritt, den der Konkurrent setzt, wird analysiert und interpretiert: Was könnte er jetzt wieder im Schilde führen? Wie sollen wir darauf reagieren?

Die dabei verwendeten Begriffe ähneln vielfach jenen, die auch in kriegerischen Auseinandersetzungen verwendet werden: „Die Schlacht um den Kunden", „Guerilla-Taktik", etc.

Sinnvollerweise sollte sich ein Unternehmen konstruktiv mit den Konkurrenten auseinandersetzen; insbesondere dann, wenn diese offensichtlich besser sind, als das eigene Unternehmen – und einem vielleicht ständig die Kunden vor der Nase wegschnappen.

Dies ist durchaus vergleichbar mit einem Tennisspieler, der ständig von seinem Partner in Grund und Boden gespielt wird. Er sollte auch analysieren, was sein Gegenüber besser macht.

Auch im Wirtschaftsleben ist es üblich, sich ein ausgezeichnetes Konkurrenzunternehmen als Maßstab heranzuziehen und dessen Stärken und Schwächen zu analysieren. Maßstab heißt auf Englisch „Benchmark". Das Vergleichen, Orientieren an den Besten, wird in der betriebswirtschaftlichen Literatur **Benchmarking** genannt.

Folgende Fragen sind für das Benchmarking relevant:

- Wie stehen wir im Vergleich zu anderen?
- Warum sind andere besser? Was können wir von anderen lernen?
- Welche Maßnahmen sind notwendig, um bald selber zu den Besten zu zählen?

Als Benchmark können dabei verschiedenste Aspekte eines Unternehmens dienen: das Produkt, das Personal, der Einkauf, die Produktion, die Innovationskraft, das Management und vieles mehr.

Grundlage für diese Vergleiche ist die Errechnung von Kennzahlen zur Produktivität, Rentabilität und Liquidität. Kennzahlen bieten gute Vergleichsmöglichkeiten.

Eine wichtige Regel, die beim Benchmarking leider oft missachtet wird, lautet: „Nicht Äpfel mit Birnen vergleichen."

Beim Kennzahlen-Vergleich muss daher genau darauf geachtet werden, wie diese Zahlen berechnet werden:

> - *In der Presse steht zu lesen, dass das Konkurrenzunternehmen eine Umsatzrentabilität von 20 % hat. Für das eigene wurde lediglich ein Wert von 10 % errechnet.*
>   - *Die Panik könnte unbegründet sein, wenn das Konkurrenzunternehmen zB den Jahresüberschuss vor Steuern als Gewinnmaßstab herangezogen hat, das einen hohen außerordentlichen Ertrag aus dem Verkauf von Liegenschaften ausweist, man selbst allerdings das Betriebsergebnis herangezogen hat.*
> - *Das selbe Unternehmen meldet, dass ein Pro-Kopf-Umsatz von 200.000 Euro erwirtschaftet wurde. Beim eigenen Unternehmen errechnet sich ein Wert von lediglich 150.000 Euro*
>   - *Auch hier kann die Optik verfälscht sein, wenn zB das Konkurrenzunternehmen das Leasingpersonal nicht einbezogen hat – sonst würde das Ergebnis ganz anders aussehen.*

Beispiel

Benchmarking kann nicht nur zwischen verschiedenen Unternehmen betrieben werden, sondern ist auch unternehmensintern möglich und wichtig: Abteilungen, Filialen aber auch einzelne MitarbeiterInnen sollen wissen, wo sie stehen und – natürlich – von den Besseren lernen können.

Besonders wichtig ist ein intensives Benchmarking für Jungunternehmer. Sie sollten genau analysieren, welche Fehler die „Platzhirsche" machen und was sie selbst besser machen können.

PIZZERIA BOSSI: UMFELDANALYSE

Die Pizzeria Bossi gehört zur Gastronomiebranche. Das ist die klassische Dienstleisterbranche, die es schon tausende Jahre lang gibt und auch immer geben wird. Die Dienstleistungsbranche zeichnet sich dadurch aus, dass keine dauerhafte Leistung verkauft werden kann, sondern diese stets von Neuem zu erbringen ist. Im Mittelpunkt steht – noch mehr als bei anderen – der Faktor Mensch, also das Personal. Mit dessen Qualität steht und fällt der Erfolg des Unternehmens – darüber sind sich Herr Bossi und seine Mitstreiter einig.

Die Gastronomiebranche hat sehr hohe Insolvenzraten zu beklagen. Restaurants, die länger als 10 Jahre überleben, gehören fast schon zur Ausnahme. Die Gründe dafür sind vielfältig, und eine der Hauptursachen liegt in der fehlenden betriebswirtschaftlichen Planung. Diese Tatsache ist häufig das Resultat mangelnden betriebswirtschaftlichen Know-hows vieler Ex-Köche und Ex-Kellner, die sich zutrauen, einen Betrieb nur mit ihrem fachlichen Wissen führen zu können.

Die Umsätze der Gastronomiebetriebe hängen stark von der wirtschaftlichen Gesamtsituation ab, was sich sehr einfach erklärt: Haben die Leute genug Geld in der Tasche (am Konto), dann leisten sie sich viel eher ein gutes Essen in einem Restaurant, als wenn sie sich mit einem geringeren Einkommen nach der Decke strecken müssen, und dann natürlich überwiegend zu Hause essen und auf die Tiefkühlpizza zurückgreifen.

Weiters zeichnet die Branche aus, dass es eine unendliche Vielfalt an verschiedenen Restauranttypen gibt, die sich auch grundlegend voneinander unterscheiden, zB nach folgenden Kriterien:

- *Größe: kleine Restaurants mit 5 Tischen / große Restaurants mit 500 Sitzplätzen*
- *Ausrichtung, Angebot: heimische Kost / italienisch / asiatisch / mexikanisch ... um nur einige zu nennen*
- *Preispolitik: Die Palette reicht vom Schnellimbiss, wo man für eine Pizzaschnitte nur 2 Euro bezahlt, bis hin zum Exklusivrestaurant, wo man gut und gerne 200 Euro pro Person für ein Abendessen ausgeben kann.*
- *Qualität: Viele Restaurants – auch günstige – sind bestrebt, beste Qualität zu bieten, einige wiederum nehmen es damit nicht allzu genau.*
- *Personal: die mangelnde Managementqualität der Führung eines Unternehmens wurde bereits angesprochen. Gutes Personal zu bekommen ist schwierig, weil die Entlohnung in der Gastronomiebranche schlecht, der geforderte Arbeitseinsatz allerdings sehr hoch ist.*

Eine wesentliche Rolle spielt auch, dass es viele schwarze Schafe gibt, die durch die Umgehung gesetzlicher Vorschriften eine unfaire Konkurrenzsituation für all jene Betriebe schaffen, die sich an die Vorschriften halten. Dazu zählen:

- *billige Arbeitskräfte (zumeist aus dem Ausland), die unangemeldet beschäftigt werden*
- *Arbeitszeitregelungen, die nicht eingehalten werden*
- *Schwarzgeldgeschäfte (= Umsätze werden nicht angegeben), um Steuern zu hinterziehen*

Einige allgemeine Trends, denen die Gastronomiebranche unterworfen ist, sind folgende:

- *Gesellschaftliche Trends:*
  - *Zwei-Klassengesellschaft: Es gibt immer mehr Wohlhabende, aber auch immer mehr arme Leute, die sich kaum noch ein Essen in einem Restaurant leisten können – die Einkommensschere klafft immer weiter auseinander.*
  - *Trend zu gesundem Essen*
  - *Frauen sind berufstätig und haben dadurch weniger Zeit, um selbst zu kochen.*
  - *Konsumenten lieben die Abwechslung und werden dadurch immer unberechenbarer. Stammkunden zu halten wird immer schwieriger.*
  - *Trend zum „Selber kochen mit Freunden"*
- *politische / gesetzliche Trends:*
  - *Die Nicht-Raucher-Regelungen und die Senkung der Promille-Grenze haben bereits zu Konsequenzen für die Branche geführt. Weitere neue Regelungen gegen den Alkoholkonsum können folgen.*

Insgesamt ist die Gastronomiebranche eine sehr dynamische Branche, die fast jede Änderung von Allgemeintrends unmittelbar zu spüren bekommt. Dementsprechend flexibel und innovativ müssen daher die Gastronomiebetriebe sein, wenn sie überleben wollen.

Eine wesentliche Markeintrittsbarriere in der Gastronomiebranche sind die steigenden Mietpreise. Geeignete Lokale in guter Lage zu leistbaren Mieten zu bekommen, wird immer schwieriger. Meist haben bestehende Restaurants mit ihren vor vielen Jahren festgelegten, relativ niedrigen Mieten einen wesentlichen Wettbewerbsvorteil gegenüber allen Newcomern.

Nach dieser allgemeinen Analyse schlägt Herr Salz vor, mehr ins Detail zu gehen und die Größenordnungen des eigenen, lokalen Marktes zu eruieren. Sie versuchen daher das gesamte Marktvolumen der Gastronomiebranche ihrer Kleinstadt abzuschätzen, und daraus die Marktanteile zu errechnen,

die sich derzeit für die einzelnen Anbieter ergeben:

Ihre Kleinstadt verfügt über 50.000 Einwohner. Eine kürzlich durchgeführte Umfrage der Lokalzeitung hat ergeben, dass ca. 30 % davon regelmäßig (= mindestens einmal wöchentlich) ins Restaurant gehen. Das sind immerhin 15.000 Personen. Davon geht die Hälfte mindestens einmal im Monat „zum Italiener". Das sind 7.500 Personen. Unter der Annahme, dass diese pro Person und Besuch im Schnitt ca. 20 Euro ausgeben, ergibt sich ein Umsatzpotenzial von 150.000 Euro pro Monat.

Dieses Marktvolumen verteilt sich auf fünf Pizzerias, wobei die Pizzeria Rosalito den größten Anteil am Kuchen hat: Die Schätzung ergibt, dass diese riesige Pizzeria stolze 40 % des Marktanteils für sich verbuchen kann.

Die Pizzeria Bossi liegt mit 30 % an zweiter Stelle. Die restlichen 30 % verteilen sich auf die drei anderen Pizzerias. Zwei davon stehen bekanntlich auf sehr wackeligen Beinen. Das dritte Restaurant ist allerdings ganz neu und hat sich innerhalb kurzer Zeit einen sehr guten Namen machen können. Es bietet ausschließlich vegetarische Pizzas an und hat damit eine eigene Marktnische gefunden und diese sehr gut besetzt.

Marktanteile Pizzerias

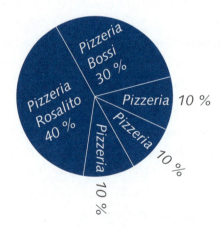

Den Pizzeriamarkt in der Kleinstadt kann man als Oligopol bezeichnen. Einige wenige Anbieter teilen sich den Markt auf. Wenn die Pizzeria Rosalito allerdings weiterhin so erfolgreich agieren kann, dann wird sie bald alleine am Markt sein und die Monopolstellung einnehmen.

In der Gastronomiebranche als Ganzes herrscht fast vollkommener Wettbewerb (= Polypol). Dutzende Lokale teilen sich den Markt auf. Jeder kennt in etwa das Angebot und das Preisniveau seiner Konkurrenten. Alles andere erfährt man, wenn man bei seinen Gästen die Ohren offen hält.

Pizzeria Bossi: Pizzeria Rosalito als Benchmark

Die Pizzeria Rosalito ist eindeutig der Platzhirsch in der Kleinstadt. Sie verbindet die beste Lage in der Stadt mit ausgezeichneter Qualität. Im letzten Jahr hat sie durch einen Ausbau die Kapazitäten verdreifachen können, was natürlich die anderen Mitbewerber sehr nervös gemacht hat. Nach anfänglichen Schwierigkeiten hat die Pizzeria Rosalito von den Fehlern gelernt. Mittlerweile reichen manchmal sogar die neuen Kapazitäten nicht aus, um alle Gäste aufnehmen zu können.

Die Preispolitik der Pizzeria Rosalito ist äußerst aggressiv. Vor zwei Monaten wurden sämtliche Preise um 20 % gesenkt. Allen Mitkonkurrenten ist klar: „Die wollen uns fertig machen und aus dem Markt verdrängen".

Zudem hat die Pizzeria Rosalito einen tollen Coup gelandet, und zwar mit der Sonntags-Aktion: „Zahl-das-was-immer-es-dir-wert-ist" – das bedeutet, dass der Kunde selbst entscheidet, wieviel er bezahlen möchte.

Diese Aktion hat voll eingeschlagen und nicht nur die Kunden, sondern auch die Medien sind begeistert. Es gab bereits drei große Berichte in den Zeitungen und regelmäßige Erwähnungen im lokalen Radio. Angeblich verhalten sich die meisten Kunden sehr fair. Viele sollen sogar deutlich mehr bezahlen, als ihnen sonst in Rechnung gestellt würde.

Probleme gab es zuletzt mit dem Personal. Aufgrund des großen Erfolgs mussten Mitarbeiter eingestellt werden, die weder über eine adäquate Ausbildung noch über Erfahrung verfügen. Außerdem wurde beim Einkauf ein Fehler begangen, da sich die Pizzeria Rosalito mit einem langfristigen Vertrag an eine einzige Bierbrauerei gebunden hat. Dieses Bier hat jetzt massive Imageprobleme bekommen. Angeblich werden nicht erlaubte, chemische Geschmacksverstärker beigefügt.

Nachdem die Pizzeria Rosalito die Rechtsform einer GmbH hat, kann im öffentlich zugänglichen Firmenbuch/Handelsregister der Jahresabschluss eingesehen werden. Davon macht Herr Bossi auch Gebrauch und erlebt gleich seinen nächsten Schock: Die GuV-Rechnung weist bei einem Umsatz von 800.000 Euro ein Betriebsergebnis von 80.000 Euro aus. Das bedeutet eine Umsatzrentabilität von 10 %. Da ihm die Anzahl der Mitarbeiter bekannt ist – sie beträgt 20 Personen – kann Herr Bossi ausrechnen, wie viel jeder Mitarbeiter an Umsatz erwirtschaftet. Der Umsatz pro Mitarbeiter beträgt 40.000 Euro.

Die Personalkosten schlagen mit 400.000 Euro zu Buche. Das sind 50 % des Umsatzes. 200.000 Euro werden für Material- und Wareneinsatz ausgegeben. Das sind 25 % des Umsatzes.

Sofort geht Herr Bossi daran, auch den Jahresabschluss seines eigenen Unternehmens genauer zu analysieren und die Ergebnisse mit der Pizzeria

Rosalito zu vergleichen. Seine Berechnungen ergeben folgende Werte:

KENNZAHL	ROSALITO	BOSSI
Umsatz	800.000	300.000
Betriebsergebnis	80.000	–10.000
Umsatzrentabilität (Gewinn : Umsatz) x 100	10 %	–3 %
Umsatz pro Mitarbeiter	40.000	30.000
Personalaufwand in % vom Umsatz	50 %	50 %
Wareneinsatz in % vom Umsatz	25 %	35 %
Eigenkapitalquote	40 %	15 %

Das bedeutet: Die Pizzeria Rosalito ist in allen Bereichen besser. Während dieser 10 % vom Umsatz an Gewinn bleiben (= Betriebsergebnis), muss die Pizzeria Bossi derzeit pro 100 Euro Umsatz noch 3 Euro dazuzahlen, um alle Aufwendungen abzudecken.

Das Personal vom Rosalito ist produktiver und erwirtschaftet 40.000 Euro Umsatz pro Mitarbeiter – und das obwohl die anteiligen Personalkosten auch bei der Pizzeria Bossi 50 % des Umsatzes betragen. Einen weiteren beneidenswert großen Vorteil besitzt die Pizzeria Rosalito offensichtlich im Einkauf. Nur 25 % des Umsatzes müssen dafür aufgewendet werden (im Vergleich zu 35 % bei der Pizzeria Bossi).

Fazit: Die Pizzeria Rosalito hat beträchtlich mehr Umsatz, aber deutlich geringere Kosten.

Insbesondere beim Punkt Einkaufsvorteil will Herr Bossi sofort nachhaken. Da Herr Bossi weiß, dass beide bei einigen Produkten die gleichen Lieferanten haben, wird er sofort bei diesen vorstellig. Sie geben ihm jedoch zu verstehen, dass er nur dann die gleich guten Konditionen wie die Pizzeria Rosalito bekommen könne, wenn er auch vergleichbar hohe Mengen abnehmen würde.

Pizzeria Bossi: Zusammenfassung der Ist-Analyse

Nach vielen Stunden der Ist-Analyse mit seinem Team zieht Herr Bossi folgende ernüchternde Bilanz:

- *Die finanzielle Lage ist prekär.*
- *Die Branche ist von umwälzenden Entwicklungen betroffen.*
- *Der Hauptkonkurrent ist produktiver und innovativer. Die Pizzeria Rosalito wird ihren Siegeszug voraussichtlich fortsetzen. Außerdem gibt es neue ernst zu nehmende Konkurrenz durch das vegetarische Pizza-Restaurant.*
- *Die Abhängigkeit des Unternehmens von der Einzelperson Bossi ist zu groß. (Was passiert mit dem Unternehmen, wenn er krankheitsbedingt längere Zeit ausfallen sollte?)*

Damit wird allen klar, dass es so nicht weiter gehen kann. Es wäre auch in den Folgejahren mit Verlusten zu rechnen. Daher steht man vor zwei grundsätzlichen Alternativen:

- *Entweder es wird die Notbremse gezogen und das Unternehmen zugesperrt, oder*
- *es wird eine völlige Neuausrichtung des Unternehmens versucht, um es wieder auf Erfolgskurs zu bringen.*

Zusperren kommt jedoch für Herrn und Frau Bossi sowie deren Kollegen nicht in Frage. Somit ist es eine beschlossene Sache, dass sie ab sofort gemeinsam alles daran setzen werden, um die Zukunft des Unternehmens zu sichern.

EASY BUSINESS IM TELEGRAMM-STIL

Lernziele

IST-Analyse

Folgende kurze und prägnante Beschreibungen und Stichworte zu den Lernzielen der EBC*L Stufe B bieten Ihnen einen komprimierten Überblick zu den behandelten Themen.
Das in den Lernzielen und Prüfungen der Stufe B geforderte „ERLÄUTERN" der betriebswirtschaftlichen Begriffe und Zusammenhänge wird damit jedoch nur sehr bedingt abgedeckt. Dazu dient das Studium der Fachtexte und der Praxis-Beispiele in diesem Buch. Versuchen Sie zusätzlich, auch selbst gewählte Beispiele aus der Praxis zu finden – dies steigert Ihren Lernerfolg.

➤ Die Geschäftsidee und die strategischen Geschäftsfelder eines Unternehmens erläutern können.

Die aus einer Geschäftsidee resultierenden Produkte und/oder Leistungen sind das Standbein bzw. das grundlegende Geschäftsmodell eines Unternehmens Die Geschäftsidee sollte stets den Kunden und seine Bedürfnisse im Fokus haben. Wichtig ist, dass es genügend Kunden gibt, die bereit sind, für die Produkte/Leistungen zu bezahlen. Entscheidend ist jedoch auch, dass sämtliche Mitarbeiter die grundlegende Geschäftsidee kennen, diese kommunizieren und verkaufen können.
Kernprodukte und Produktgruppen, die für ein Unternehmen von überragender Bedeutung sind, werden strategische Geschäftsfelder genannt.

➤ Den Begriff USP (Unique Selling Proposition) erläutern können.

Unter USP wird das Alleinstellungsmerkmal eines Unternehmens (eines Produktes/einer Leistung) verstanden. Die Geschäftsidee bzw. das Unternehmen sollte möglichst einzigartig sein, und sich dadurch in besonderer Weise von der Konkurrenz abheben.

➤ Den Begriff Corporate Identity erläutern können.

Darunter ist das Selbstverständnis bzw. das Erscheinungsbild eines Unternehmens zu verstehen, das einerseits an die Außenwelt (= Kunden, Lieferanten, Banken etc.) und andererseits an die eigenen MitarbeiterInnen des kommuniziert wird. Die Corporate Identity (= Persönlichkeit, Identität eines Unternehmens) wird maßgeblich geprägt vom Leitbild und den festgelegten Werten eines Unternehmens, von den Produkten, den Mitarbeitern, dem Management und der Kommunikationspolitik.

➤ Den Begriff Corporate Vision erläutern können.

Unter Corporate Vision, dem Leitbild eines Unternehmens, versteht man die übergeordneten, langfristigen Ziele, die in einem Unternehmen gemeinsam erreicht werden sollen und Wertmaßstäbe, die zum Erreichen dieser Ziele eingehalten werden sollen.

➤ Strategische Ziele eines Unternehmens nennen und erläutern können.

Darunter sind jene Ziele zu verstehen, die mittel- bis langfristig erreicht werden sollen, um die Corporate Vision Wirklichkeit werden zu lassen. Beispiele für mögliche strategische Zielsetzungen:
- Das Unternehmen soll innerhalb von zwei Jahren zum Marktführer werden.
- Der Marktanteil soll sich innerhalb von zwei Jahren verdoppeln.
- Das Unternehmen soll in zwei Jahren in 20 Ländern vertreten sein.
- Das Unternehmen muss seine Stellung als Innovationsführer der Branche ausbauen.

➤ Finanzielle Ziele eines Unternehmens nennen und erläutern können.

Die finanziellen Ziele orientieren sich an den übergeordneten Zielen der Erreichung einer angemessenen Rentabilität, der Sicherung der Liquidität und der Erzielung einer hohen Produktivität, um die Wettbewerbsfähigkeit eines Unternehmens zu gewährleisten.

Um diese Ziele erfüllen zu können, werden sie mit entsprechenden Kennzahlen unterlegt. Beispiele dafür:
- Die Eigenkapitalrentabilität des Unternehmens sollte mindestens 12 % betragen.
- Der ROI soll nicht unter 8 % fallen.
- Die Liquidität 1. Grades soll stets über 100 % liegen. Die Eigenkapitalquote soll nicht geringer als 25 % sein.
- Die Umsatzrentabilität soll stets 15 % über derjenigen des unmittelbaren Konkurrenten liegen.

➤ Kriterien, die bei der Zielformulierung beachtet werden sollen, erläutern können.

Um Ziele gut zu formulieren, empfiehlt es sich, die sog. SMART-Kriterien anzuwenden und Folgendes zu beachten:

- **s**pecific = spezifisch
 Ziele sollten konkret und klar formuliert sein.
- **m**easurable = messbar
 Das Erreichen der Ziele sollte messbar sein. Das ist nur möglich, wenn sie auch quantifiziert sind.
- **a**chievable = attraktiv
 Es sollte sich für alle Beteiligten lohnen, sich für die Ziele zu engagieren.
- **r**ealistic = realistisch
 Die Ziele sollten auch tatsächlich erreichbar sein. Unerreichbare Ziele werden von vornherein nicht ernst genommen und können demotivierend wirken; allerdings sollen Ziele auch nicht zu unterfordernd formuliert sein.
- **t**imed = terminsiert
 Der zeitliche Rahmen soll abgesteckt sein. Es muss klar definiert sein, bis wann ein Ziel erreicht werden soll.

Ziele stehen sehr oft in einem Zusammenhang und können sich konkurrieren (= konkurrierende Ziele) oder ergänzen (= komplementäre Ziele). Neutrale Ziele stehen in keinem Zusammenhang.

➤ Den Begriff Shareholder Value erläutern können.

Shareholder sind die Eigentümer eines Unternehmens (Teilhaber, Gesellschafter, Aktionäre). Der Wert (= der Gewinn), den diese aus dem Unternehmen lukrieren wollen, wird Shareholder Value genannt.
Dieser Begriff ist in den letzten Jahren heiß diskutiert worden, weil insbesondere Aktionäre von Aktiengesellschaften (oft vertreten durch Fonds) ausschließlich die Gewinnmaximierung als Ziel vor Augen haben - und das in einer sehr kurzfristigen Perspektive.

➤ Den Begriff Stakeholder Value erläutern können.

Stakeholder sind Personen oder Institutionen, die direkt oder indirekt mit einem Unternehmen zu tun haben und bestimmte Erwartungshaltungen haben. Das können sein: die Mitarbeiter, die Kunden, die Lieferanten, die Banken, der Staat, die Nachbarn etc. Das Unternehmen sollte – nicht zuletzt im eigenen Interesse - auch deren Interessen berücksichtigen.

➤ Den Begriff Corporate Social Responsibility (CSR) erläutern können.

Darunter ist die soziale Verantwortung zu verstehen, die Unternehmen übernehmen sollten. Beispielsweise die Ablehnung von Kinderarbeit bis zur aktiven Förderung von Entwicklungshilfeprojekten.

➤ Die Rechtsform eines Unternehmens und daraus resultierende Vertretungs- und Entscheidungsbefugnisse zuordnen können.

siehe dazu EBC*L Stufe A

➤ Faktoren zur Beschreibung eines Unternehmerteams bzw. Projektteams nennen und erläutern können.

Das Team eines Unternehmens/eines Projekts muss die vereinbarten Ziele mittragen und umsetzen können. Beurteilungskriterien für ein Team: Anzahl der Teammitglieder, Ausbildung, Erfahrung, Zugehörigkeit zum Unternehmen, Demografie (Alter, Geschlecht, Nationalität) etc.

➤ Faktoren zur Standortanalyse nennen und erläutern können.

Ob ein Standort große Bedeutung für ein Unternehmen hat, hängt von der Branche ab, in der sich das Unternehmen befindet. Wichtige Standortfaktoren sind:
Kundennähe, Arbeitskräfte (Anzahl, Qualifikation, Kosten), Energiekosten, Verkehrsanbindung, Rohstoffe, Steuern, Umweltschutzauflagen, politische und gesellschaftliche Stabilität etc.

➤ Entwicklungen und Trends, denen eine Branche unterliegen kann, nennen und erläutern können.

Beispiele für Trends (= permanente, langfristige Veränderungen), denen eine Branche unterliegen kann:
- gesellschaftliche Trends: Konsumenten werden immer profitorientierter
- demografische Trends: Überalterung der Gesellschaft
- sozialpolitische Trends: allgemein mehr Reichtum, aber ungerecht verteilt
- wirtschaftliche Trends: gute oder schlechte Konjunktur
- technologische Trends: Konsum über das Internet nimmt zu

➤ Faktoren zur Branchenanalyse nennen und erläutern können.
- Marktstruktur und Entwicklung auf Kundenseite
- Marktstruktur und Entwicklung auf Anbieterseite
- Rolle der Lieferanten und Wiederverkäufer (Händler)
- Technologische Entwicklungen
- allgemeine gesellschaftliche und soziale Trends etc.

➤ Die Begriffe Marktpotential, Marktvolumen, Marktdurchdringung, Marktanteile erläutern können.
- Marktpotential: maximale Aufnahmefähigkeit des Marktes für ein Produkt
- Marktvolumen: von allen Anbietern gemeinsam bereits genutzter Anteil des Marktpotentials
- Marktdurchdringung: bereits ausgeschöpftes Marktvolumen im Verhältnis zum Marktpotential (= prozentueller Anteil der Zielgruppe, die bereits über das Produkt verfügt)
- Marktanteil: prozentualer Anteil bzw. Umsatz eines Unternehmens im Verhältnis zum gesamten Marktvolumen

$$\text{Marktanteil in \%} = \frac{\text{Umsatz}}{\text{Marktvolumen (Umsatz)}} \times 100$$

$$\text{oder} \quad \frac{\text{Absatz (= verkaufte Menge)}}{\text{Marktvolumen (Menge)}} \times 100$$

➤ Den Begriff Marktnische erläutern können.

Kleiner Teilmarkt mit wenig Konkurrenz. Bietet insbesondere auch Chancen für kleinere Unternehmen, die sich auf die speziellen Bedürfnisse eines Teilmarkts spezialisieren.

➤ Den Begriff Markteintrittsbarriere erläutern können.

Darunter versteht man Barrieren, die neue Unternehmen am Eintritt in einen Markt behindern können. Beispiele dafür:
- technologische Barrieren (zB hoher Forschungsaufwand in der Pharmaindustrie)
- rechtliche Barrieren (zB Patente, strenge gesetzliche Auflagen für den Betrieb eines Unternehmens)
- Standort-relevante Barrieren (zB überdurchschnittlich hohe Mietpreise)
- u.v.m.

➤ Den Begriff Substitutionsprodukt erläutern können.

Darunter versteht man Produkte, die ein anderes ersetzen können, weil sie die gleichen Bedürfnisse abdecken können.
Beispiele: Digitalfoto löst Film ab, Mobiltelefon löst Festnetz-Telefon ab

➤ Die Begriffe Monopol, Oligopol, Polypol erläutern können.
- Monopol: ein einziges Unternehmen beherrscht den Markt
- Oligopol: einige wenige Unternehmen teilen sich den Markt auf
- Polypol: sehr viele Unternehmen befinden sich am Markt

siehe dazu EBC*L Stufe A

➤ Faktoren zur Wettbewerbsanalyse nennen und erläutern können.
- Anzahl der Mitbewerber
- Kennzahlen: Rentabilität, Liquidität, Produktivität
- Marktanteil: absolut und relativ
- Verhalten: aggressiv / kooperativ
- Kundenstruktur
- Mitarbeiter (Anzahl, Qualifikation etc.)
- Lieferanten
- usw.

➤ Die Ziele, Methoden und Grenzen des Benchmarkings erläutern können.

Benchmark steht für Maßstab. Das Vergleichen mit und das Orientieren an den Besten am Markt, wird in der betriebswirtschaftlichen Literatur Benchmarking genannt. Maßstab sollte das beste Unternehmen sein, um von diesem zu lernen und damit selbst besser zu werden.

Folgende Fragen sind für das Benchmarking relevant:
- Wie stehen wir im Vergleich zu anderen?
- Warum sind andere besser? Was können wir von anderen lernen?
- Welche Maßnahmen sind notwendig, um bald selber zu den Besten zu zählen?

Als Benchmark können dabei verschiedenste Aspekte eines Unternehmens dienen: das Produkt, das Personal, der Einkauf, die Produktion, die Innovationskraft, das Management und vieles mehr.
Die Errechnung von Kennzahlen zur Produktivität, Rentabilität und Liquidität bietet eine gute Grundlage für Vergleichsmöglichkeiten.

Eine wichtige Regel beim Benchmarking lautet: „Nicht Äpfel mit Birnen vergleichen." Diese Regel ist allerdings oft schwierig einzuhalten, da es nicht einfach ist, richtige Daten über die Konkurrenz zu bekommen.

MARKETING

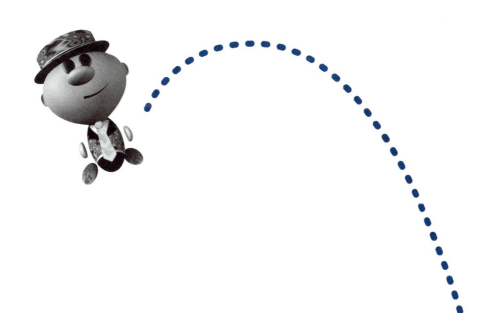

Groblernziele:

▶ Den Marketingbegriff und die Bedeutung des Marketings für ein Unternehmen, ein Projekt, ein Produkt oder eine Dienstleistung sowie für die eigene Person erläutern können.

▶ Die Rahmenbedingungen des Marketings (KundInnen, Wettbewerb, Kosten) erläutern können.

▶ Die Instrumente des Marketings erläutern und anwenden können.

4. 1. Grundlagen

Lernziele:

➤ Den Begriff „Marketing" und die Ziele des Marketings erläutern können.

➤ Die Instrumente des Marketings nennen und erläutern können (Überblick).

➤ Die Begriffe „externes Marketing" und „internes Marketing" erläutern können.

➤ Den Begriff „Selbstmarketing" erläutern können.

➤ Den Begriff „Marketing-Mix" erläutern können.

➤ Den Aufbau eines Marketingplans erläutern können.

Lernziele

Um das umfangreiche Thema „Marketing" aufzurollen, werden wir das Beispiel „Pizzeria Bossi" weiterführen. Mit der im Kapitel „Kreativitätstechniken" entwickelten Idee „Bossi's PinkSauce" soll ein Neustart begonnen werden.

BOSSI'S PINKSAUCEN – EIN NEUBEGINN

Sie erinnern sich: Frau Bossi hat im Thailand-Urlaub eine Pflanze entdeckt, die der Pizzasauce einen unvergleichlichen Geschmack verleiht. Um auf diesen Geschmack aufmerksam zu machen, und sich von anderen Pizzas abzuheben, soll die Sauce pink eingefärbt werden. Zudem soll die Sauce auch in Flaschen abgefüllt und als „Bossi's PinkSauce" verkauft werden.

Leider wird das Gewürz aus einer weltweit unter Naturschutz stehenden Pflanze gewonnen, die nicht gezüchtet werden kann. Daher kann Frau Bossi auch nur ganz geringe Mengen davon bekommen, die kaum ausreichen, um den Eigenbedarf in der Pizzeria abzudecken. Daher wäre es ideal, wenn man die Pflanzenextrakte im Labor chemisch herstellen könnte. Interesse halber hat Frau Bossi schon einmal an einem Universitätsinstitut für Nahrungsmittelwissenschaften nachgefragt, ob das möglich wäre. Nach einer ersten Analyse ist Professor Sauer davon überzeugt, dass eine solche Herstellung durchaus möglich sein sollte (garantieren kann er es jedoch nicht). Dazu ist eine umfangreiche Forschungs- und Laborarbeit notwendig, die er mit einem Budget von 30.000 Euro allerdings gerne übernehmen könnte.

30.000 Euro ist eine Menge Geld – noch dazu angesichts der prekären Lage, in der sich das Unternehmen befindet. Herr Bossi will daher das Vorhaben erst gar nicht in Angriff nehmen. Frau Bossi hingegen findet die Idee, die PinkSaucen im großen Stil zu verkaufen, so bestechend, dass sie in jedem Fall einen Marketingplan dazu erstellen möchte.

Grundlagen

4. 1. 1. MARKETING: BEGRIFF UND ZIELE

▶ *Marketing*

Unter **Marketing** versteht man eine streng auf die Bedürfnisse des Marktes ausgerichtete Unternehmenspolitik. Der Markt wird dabei durch die Kunden und den Wettbewerb bestimmt. Im Mittelpunkt soll und muss der Kunde stehen: denn ohne Kunden kein Geschäft, ohne Geschäft kein Umsatz, ohne Umsatz kein Gewinn.

Was wie eine Selbstverständlichkeit klingt, wird in der täglichen Praxis allerdings oft nicht gelebt, wie folgende Beispiele zeigen:

Beispiele

> ⟹ *Es werden Produkte entwickelt, die keiner wirklich haben will.*
>
> ⟹ *Dann gibt es wiederum geniale Produkte, von denen niemand erfährt, weil kein Geld für die Werbung vorgesehen wurde. Was nutzt die beste Idee, wenn niemand weiß, dass es sie gibt?*
>
> ⟹ *Weil die Nachfrage sinkt, werden die Preise erhöht. Irgendwie muss man den Umsatz ja stabil halten. Dass die sinkende Nachfrage jedoch als wichtiges Signal des Kunden gewertet werden muss und hier ganz andere Strategien überlegt werden sollten, wird übersehen.*

Derartige Fehlentscheidungen werden heute schnell sanktioniert. Einerseits von Kunden, die dem Unternehmen den Rücken zukehren, andererseits von den Mitbewerbern, die auf solche Fehler nur warten.

Oberstes **Ziel** des Marketing muss es sein, einen wesentlichen Beitrag zur Erreichung der übergeordneten Unternehmensziele zu leisten.

Diese bestehen letztendlich in der Erzielung einer guten Rentabilität unter Aufrechterhaltung einer soliden Liquidität.

Marketing sollte demnach auch nie Selbstzweck sein. Was nutzt der kreativste Werbespot, wenn man damit zwar die Werbewelt begeistert, nicht aber die Kunden, die das Produkt kaufen sollen?

Das Marketing kann dabei ausgerichtet sein auf

⟹ die direkte Gewinnung neuer Kunden (zB durch Versenden eines Mailingbriefs mit Bestellmöglichkeit); Ziel kann allerdings auch sein,

⟹ die Erhöhung der allgemeinen Bekanntheit des Unternehmens oder des Produkts oder

⟹ die Verbesserung des Images des Unternehmens oder des Produkts.

4. 1. 2. INSTRUMENTE DES MARKETING

Um die Ziele zu erreichen, steht eine Vielzahl an Instrumenten zur Verfügung. Dazu gehören:

- Marktforschung
- Produktpolitik
- Preis- und Konditionenpolitik
- Vertriebspolitik
- Kommunikationspolitik (Werbung, PR)
- Verkauf

➤ *Instrumente des Marketing*

In der amerikanischen Literatur werden diese Marketinginstrumente unter den „4 P's" zusammengefasst:

- Product
- Price
- Place
- Promotion

Diese Instrumente werden in weiterer Folge detailliert erläutert. Zuvor gilt es zu erwähnen, dass alle diese Instrumente ganz präzise aufeinander abgestimmt werden müssen. Ein hochqualitatives, langlebiges und teures Produkt beispielsweise wird schwer einen Käufer finden, wenn in der Werbung der Eindruck vermittelt wird, dass es sich um ein billiges Wegwerfprodukt handelt.

Die optimale Abstimmung der verschiedenen Marketinginstrumente wird **Marketing-Mix** genannt.

➤ *Marketing-Mix*

4. 1. 3. EXTERNES UND INTERNES MARKETING

Die Marketingidee wurde in den letzten Jahren massiv erweitert und umfasst mittlerweile viel mehr als nur die Ausrichtung auf den Endkunden eines Unternehmens. Es wurde vielmehr erkannt, dass die Grundidee und die Instrumente des Marketing eigentlich für jeden relevant sind, der auf einem Markt etwas verkaufen bzw. erreichen möchte. Das kann ein Produkt / eine Dienstleistung, ein Projekt / eine Idee oder die eigene Person sein.

➤ *Externes und internes Marketing*

Daher wird zwischen externem und internem Marketing unterschieden. Während das klassische **externe Marketing** auf die Endkunden eines Unter-

nehmens ausgerichtet ist, richtet sich das **interne Marketing** an die verschiedensten Zielgruppen innerhalb eines Unternehmens. Hier geht es darum, die Mitarbeiter, den Chef, andere Abteilungen im Unternehmen von dem, was man anzubieten hat, zu überzeugen.

Beispiele

Beispiele dafür:

- *Der Vorstand möchte mit seinen Mitarbeitern ein flexibleres Arbeitszeitmodell vereinbaren. Wie soll er ihnen das „verkaufen"?*
- *Die Ausbildungsabteilung hat dieses Jahr ein besonders umfangreiches Bildungsprogramm zusammengestellt. Wie kann sie die Abteilungsleiter dazu bringen, möglichst viele Mitarbeiter für die Seminare anzumelden?*
- *Die EDV-Abteilung hat ein neues EDV-Sicherheitssystem installiert. Wie erreicht man, dass die Kollegen dieses nicht umgehen?*
- *Der Betriebsrat hat einen Betriebsausflug organisiert. Nach der flauen Teilnahme in den letzten Jahren sollen sich diesmal wieder mehr daran beteiligen. Wie können die Mitarbeiter dazu motiviert werden?*

4. 1. 4. SELBSTMARKETING

▶ *Selbstmarketing*

„Vermarktet" kann allerdings auch die eigene Person werden. Dieses **Selbstmarketing** gilt nicht nur für Politiker, Schauspieler oder Supermodels. Es ist für jeden von uns bedeutsam. Manche Menschen sind Naturtalente im Selbstmarketing; andere wiederum haben dafür nicht das geringste Gespür. Während es immer wieder Kollegen gibt, die es schaffen, sich auch mit vergleichsweise schwachen Leistungen gut darzustellen, und die Karriereleiter zu erklimmen, bleiben so manche, die hervorragende Leistungen erbringen „auf der Strecke", da sie es nicht wagen, auf die Überholspur zu wechseln. Sei es, weil sie sich selbst zu wenig zutrauen und ihre Fähigkeiten unterbewerten, oder weil sie einfach nicht der Typ dazu sind, permanent auf ihre Leistungen aufmerksam zu machen.

Wie ein gezieltes Selbstmarketing aussehen kann, demonstriert Herr Schnittlauch im folgenden Beispiel:

Herr Schnittlauch will Karriere machen und setzt dazu gezielt die Marketinginstrumente ein:	
1. Herr Schnittlauch hat eine Lehre als Industriemechaniker abgeschlossen. Er ist seit 10 Jahren im selben Unternehmen angestellt. Für eine Karriere fehlt ihm eine Zusatzausbildung. Diese wird von seinem Unternehmen verlangt. Das hat er beobachten müssen, als ihm bei der Besetzung von Führungspositionen immer wieder Kollegen oder Neueinsteiger vorgezogen wurden. Aufgrund dessen war auch seine Jobsuche bei anderen Unternehmen wenig erfolgreich. Herr Schnittlauch sieht ein, dass er sich für den Arbeitsmarkt attraktiver machen muss.	MARKTFORSCHUNG
2. Herr Schnittlauch entschließt sich dazu, den beschwerlichen Weg einer Abendmatura auf sich zu nehmen. Als Spezialfach wählt er chinesisch, da er weiß, dass in China die Nachfrage nach Industriemechanikern sehr groß ist. Zu guter Letzt verpasst er sich noch mit 2 Wirtschaftskursen, die mit der EBC*L Prüfung Stufe A und B abschließen, den letzten „Feinschliff".	PRODUKTPOLITIK
3. Nachdem er die Abendmatura mit Bravour gemeistert hat, hört er sich um, was man am Arbeitsmarkt für Arbeitskräfte mit seinen (neuen) Qualifikationen zu zahlen bereit ist. Auf dieser Basis bestimmt er seine Gehaltsvorstellungen. Diese setzt er um 20% über dem Durchschnitt an, was er damit begründet, dass er ➾ 14 Jahre Praxiserfahrung hat ➾ Chinesisch kann ➾ durch die Abendmatura bewiesen hat, dass er belastbar, ehrgeizig und zielstrebig ist ➾ durch die erfolgreich absolvierten EBC*L Prüfungen auch über profundes wirtschaftliches Kernwissen verfügt	PREISPOLITIK
4. Er ist bereit, auf einen Teil des Fixgehalts zu verzichten, wenn ihm im Gegenzug eine angemessene Erfolgsprämie am Ende des Jahres ausbezahlt wird. Geleistete Überstunden müssen jedoch im vollen Umfang honoriert werden.	KONDITIONENPOLITIK

5. Er verfasst einen Lebenslauf und ein Bewerbungsschreiben, in dem er sich als idealer Mitarbeiter präsentiert. Dieses versendet er direkt an in Frage kommende Unternehmen. Allerdings trägt er sich auch auf allen Online Jobbörsen ein. Bei besonders interessanten Unternehmen wartet er nicht, bis eine Antwort kommt – er weiß, dass er nur einer von vielen ist, die sich bewerben – sondern er telefoniert direkt nach und ersucht um einen Vorstellungstermin.	KOMMUNIKATIONS-POLITIK WERBUNG
6. Beim Vorstellungstermin ist er sehr gut vorbereitet. Er hat sich über das Unternehmen umfangreich informiert und kann von Beginn an einen guten Eindruck hinterlassen. Durch geschickte Fragestellungen versteht er es sogar, eher kurz angebundene Personalchefs in ein angeregtes Gespräch zu vertiefen und somit das Interesse an seiner Person weiter zu steigern.	VERKAUF
7. Mit dieser durchgängigen Marketingstrategie ist Herr Schnittlauch auch schnell erfolgreich. 3 Monate nach der Abendmatura hat er schon seinen Traumjob gefunden.	

▶ Marketing-Mix

Zum perfekten **Marketing-Mix** des Herrn Schnittlauch zählt beispielsweise, dass er seine Gehaltsvorstellungen seinem Marktwert anpasst. Er verlangt weder ein Top-Managementgehalt, noch verkauft er sich unter seinem Wert. Letzteres könnte von Personalverantwortlichen so interpretiert werden, dass mit Herrn Schnittlauch etwas nicht ganz in Ordnung sein kann (siehe dazu: Signalfunktion des Preises).

4. 1. 5. MARKETINGPLAN

Am Beginn des Marketing sollte ein durchdachter und schriftlich fixierter Marketingplan stehen, der folgende Eckpunkte beinhalten soll:

➤ *Aufbau eines Marketingplans*

1. Ist-Analyse

Vor dem Start eines Marketingprojekts sollte die Ausgangslage genau analysiert werden. Der Anlass, warum überhaupt Marketingmaßnahmen geplant werden, soll schließlich genau definiert (und niedergeschrieben) werden.

2. Festlegung von Zielen

Auf Basis der Ist-Analyse können dann konkrete Ziele festgelegt werden, die durch das Marketing erreicht werden sollen. Die Ziele können

- quantitativer Natur sein; zB:
  - Der Absatz des Produkts XY soll um 10 % gesteigert werden.
  - Mindestens 10 % der Zielgruppe soll sich an die Werbung erinnern können.
- qualitativer Natur sein; zB:
  - Das Image des Unternehmens soll verbessert werden.
  - Das Produkt soll bekannter werden.

3. Aktivitäten und Zeitplan

Die geplanten Maßnahmen und Aktivitäten zur Zielerreichung werden beschrieben und die gewünschten Zwischenergebnisse als Meilensteine formuliert, die es zu erreichen gilt. Um zügig voranzuschreiten, wird ein Zeitplan dazu erstellt. (siehe dazu: Projektplanung)

4. Kostenplan

Da Marketingmaßnahmen sehr kostenintensiv sein können (zB kann eine einzige Anzeige in einer überregionalen Tageszeitung bereits 10.000 Euro und mehr verschlingen), muss als wichtige Rahmenbedingung ein Marketingbudget (= ein Kostenrahmen) festgelegt werden.

5. Kontrolle während und am Ende des Marketingprojekts

Es sollte ständig kontrolliert werden, ob die Zwischenziele (Meilensteine) und schließlich das ursprünglich angepeilte Endziel, erreicht wurden. Instrumente und Hilfsmittel dazu sind die Analyse von Verkaufszahlen, Marktforschung u.v.m.

4. 2. König Kunde

Lernziele:

- Kaufmotive von Kunden nennen und erläutern können.
- Die Maslow'sche Bedürfnispyramide erläutern können.
- Die Begriffe „Bedürfnis" und „Bedarf" erläutern können.
- Die Phasen der Kaufentscheidung erläutern können.
- Den Begriff „Kognitive Dissonanz" erläutern können.
- Den Begriff „Kundensegmentierung" erläutern können.
- Möglichkeiten zur Kundenqualifikation (Kundentypen) erläutern können.
- Den Begriff „Customer Relationship Management" (CRM) erläutern können.
- Den Begriff „Gläserner Konsument" erläutern können.
- Den Begriff „Datamining" erläutern können.
- Kundenbindungsinstrumente nennen und erläutern können.
- Den Begriff „Beschwerdemanagement" erläutern können.
- Den Begriff „Cross Selling" erläutern können.
- Den Begriff „Vollkundenprinzip" erläutern können.

4. 2. 1. KAUFMOTIVE UND BEDÜRFNISSE DER KUNDEN

Letztendlich entscheiden die Kunden, ob ein Unternehmen floriert und dessen Arbeitsplätze gesichert sind. Daher zahlt es sich aus, deren Wünsche gleichsam von den Augen abzulesen. Damit das gelingt, ist es notwendig, den Menschen hinter dem Kunden zu sehen; sich intensiv mit seinen Wünschen, aber auch mit seinen Ängsten auseinanderzusetzen. Denn diese bilden die Grundlage für die Antriebskräfte etwas zu kaufen – oder eben auch nicht zu kaufen. Diese Antriebskräfte werden Kaufmotive genannt.

▶ Kaufmotive

Ein gutes Übungsfeld zur Erforschung möglicher Kaufmotive sind Sie selbst. Versuchen Sie daher folgende Fragen zu beantworten:

➡ Wofür haben Sie in den letzten 7 Tagen Geld ausgegeben? Was haben Sie bewusst gekauft?

➡ Was war die letzte größere Anschaffung (zB mehr als 200 Euro), die Sie getätigt haben? Warum haben Sie sich genau für die gewählte Alternative – und somit gegen eine andere – entschieden?

Eine mögliche „Einkaufsliste" könnte folgendermaßen aussehen:

1. Brot, Milch und Wurst, einen Pullover
2. Abschluss einer Lebensversicherung, ein sicheres Türschloss, einen Selbstverteidigungskurs
3. ein Abendessen und ein Glas Wein im Restaurant mit Freunden, Blumen für Ihre Frau / Ihren Mann
4. das gerade trendigste Handy, ein Managementkurs im Ausland, ein Designer-Kleid, eine Wohnung in einer schönen Gegend
5. ein Selbstverwirklichungs-Seminar, eine Spende an eine karitative Organisation

4. 2. 2. MASLOW'SCHE BEDÜRFNISPYRAMIDE

> Maslow'sche Bedürfnispyramide

Die oben genannten Einkaufsvorhaben decken sämtliche Bedürfnisse der „**Maslow'schen Bedürfnispyramide**" ab. Dieser Theorie zufolge können die Wünsche und Bedürfnisse eines Menschen in fünf verschiedene Kategorien eingeteilt werden:

Stufe 1 – Körperliche Grundbedürfnisse: Wärme, Trinken, Essen, Schlaf und Sexualität

Stufe 2 – Sicherheit: Wohnung, fester Arbeitsplatz, Gesetze, Versicherungen, Gesundheit, Ordnung

Stufe 3 – Soziale Beziehungen: Freundeskreis, Partnerschaft, Liebe, Nächstenliebe, Kommunikation und Fürsorge

Stufe 4 – Soziale Anerkennung: Status, Wohlstand, Geld, Macht, Karriere, sportliche Siege, Auszeichnungen, Statussymbole und Rangerfolge

Stufe 5 – Selbstverwirklichung: Individualität, Talententfaltung, Altruismus, Güte, Kunst, Philosophie und Glaube, Ethik

Quelle: Wikipedia

Maslow'sche Bedürfnispyramide

- Selbstverwirklichung
- Soziale Anerkennung
- Soziale Beziehungen
- Sicherheit
- Körperliche Grundbedürfnisse

Diese Bedürfnisse werden in Form einer Pyramide dargestellt. Das soll verdeutlichen, dass ein ranghöheres Bedürfnis erst dann entstehen kann, wenn die darunter liegenden Bedürfnisse bereits befriedigt wurden.

⇒ Sie werden beispielsweise kein Geld für eine Versicherung ausgeben wollen, wenn Sie kaum genug Geld haben, um sich eine Scheibe Brot leisten zu können.

⇒ Sie werden sich um Fragen der Ethik erst dann kümmern, wenn Sie genug zu Essen, ein Dach über den Kopf, eine Frau / einen Mann haben, die / den Sie lieben, einen Beruf haben, der Sie erfüllt und Ihnen Anerkennung sichert.

Bossi's PinkSauce: Was bedeutet die Maslow'sche Bedürfnispyramide für „Bossi's PinkPizzas"?

Frau Bossi will sich bewusst machen, welches Bedürfnis ihrer Kunden sie mit der PinkPizza erfüllen kann. Die Antwort darauf ist gar nicht so einfach.

Beispiele

Selbst wenn es sich um ein Lebensmittel handelt, wird eine PinkPizza nicht unbedingt notwendig sein, um sich ausreichend ernähren zu können (= Stufe 1). Das Sicherheitsbedürfnis wird durch eine PinkPizza auch nicht gerade befriedigt werden können. (= Stufe 2)

Das Bedürfnis nach sozialen Beziehungen (= Stufe 3) könnte insofern getroffen werden, als man sich mit Freunden „zum PinkPizza essen" verabredet, oder die PinkPizza zum Gesprächsthema macht: „Ich habe gestern etwas ganz Verrücktes gegessen: eine PinkPizza! Hast Du das auch schon probiert?"

Wenn dies beim Zuhörer eine gewisse Art der Anerkennung bewirkt („der Maier ist auch bei jedem Trend der Erste"), dann ist die Stufe 4 erklommen.

Um jedoch mit einer PinkPizza auch den Gipfel der Bedürfnispyramide zu erklimmen und etwaige transzendente Erlebnisse hervorrufen zu können, wären wohl zusätzliche Zutaten notwendig.

Mit diesen Erkenntnissen hat Frau Bossi eine erste Ausrichtung für die Marketingstrategie der PinkPizzas gewonnen. PinkPizzas müssen nicht durch besondere Größe punkten (Stufe 1), sondern sollten möglichst zum Gesprächsthema werden (Stufe 3). Am besten wäre natürlich, wenn man es schaffen könnte, die PinkPizza gleichsam zum Kultprodukt zu machen, dh, dass jeder, der etwas auf sich hält, PinkPizzas kennen und essen sollte (Stufe 4).

Letzteres bedeutet allerdings Folgendes: Während das Bedürfnis nach einem schönen Auto, einer Segelyacht oder nach einer exklusiven Uhr jedem bekannt ist, muss das Bedürfnis nach einer PinkPizza erst einmal geweckt werden. Damit ist gemeint, dass den Kunden die Botschaft vermittelt werden muss, dass sie besonders „trendy" sind, wenn sie ein PinkPizza-Fan sind.

Das Wecken dieses Bedürfnisses ist Aufgabe der Werbung.

Gleichzeitig kann man aus dieser Analyse eine erste Zielgruppendefinition vornehmen. Es müssen Personen angesprochen werden, die die ersten beiden Stufen der Bedürfnispyramide bereits abgedeckt haben. Somit wird wohl eher ein einkommensmäßig gehobener Kundenkreis in Frage kommen.

4. 2. 3. BEDÜRFNIS – BEDARF

▶ *Bedürfnis – Bedarf*

Sind die Bedürfnisse erkannt, ist man allerdings noch lange nicht am Ziel. Denn es besteht ein entscheidender Unterschied zwischen einem allgemeinen Bedürfnis und einem konkreten Bedarf. Bedürfnisse hat jeder von uns hunderte – doch nur ein Bruchteil davon wird auch zu einem konkreten Bedarf, der unbedingt gestillt werden will bzw. gestillt werden kann.

Beispiele

> ▸ *Fast jeder möchte so viele Sprachen wie möglich beherrschen. Nur wenige besuchen tatsächlich einen Sprachkurs.*
>
> ▸ *Fast jeder Mann möchte „Sixpacks" statt Bauchfalten haben. Nur wenige martern sich im Fitnessstudio ab, um diesem Ziel näher zu kommen.*
>
> ▸ *Fast jeder möchte einen Sportwagen. Nur die wenigsten können sich diesen leisten.*

Der Grund liegt somit auf der Hand: Entweder hat man zu wenig Geld, oder zu wenig Zeit, um wirklich alle Bedürfnisse befriedigen zu können. Man wird sich daher entscheiden müssen, welche der vielen Bedürfnisse es wert sind, erfüllt zu werden. Dies um so mehr, da verschiedene Bedürfnisse auch in Konkurrenz zueinander stehen können: Die Anerkennung als Manager/in im Beruf oder als Hobby-Marathonläufer/in, kann teuer erkauft sein, wenn man damit gleichzeitig das Bedürfnis nach Liebe durch die Frau / den Mann, die Kinder, die Freunde nach hinten reiht.

Das bedeutet für die PinkSaucen: Zuerst muss das grundsätzliche Bedürfnis nach PinkSaucen geweckt werden. Dann müssen Strategien ersonnen werden, wie aus diesem Bedürfnis auch ein tatsächlicher Bedarf entsteht, der ausreichend groß ist, damit die Kunden dafür auch Geld ausgeben wollen.

Management Talk:
Aus einem latenten Bedürfnis muss ein manifester Bedarf werden.

4. 2. 4. KUNDENVERHALTEN UND ENTSCHEIDUNGSPROZESSE

Wie bereits erwähnt, sind Kunden auch nur Menschen – und dementsprechend in ihrem Kaufverhalten oft äußerst unlogisch, auch wenn das kaum jemand zugeben würde.

➤ *Kundenverhalten und Entscheidungsprozesse*

Dennoch sind bei jedem Kaufprozess bestimmte Muster erkennbar. Um sich dessen bewusst zu werden, analysieren Sie sich vielleicht am besten wieder selbst:

Wie ist der gesamte Entscheidungsprozess bei Ihrer letzten größeren Anschaffung abgelaufen (zB Auto, Wohnung, Fernseher)?

PIZZERIA BOSSI: HERR SALZ LEISTET SICH EIN NEUES AUTO

Bei Herrn Salz, Mitarbeiter der Pizzeria Bossi, hat der Kauf seines privaten Autos folgenden Verlauf genommen:

Phase 1: Problemerkennung

Das Auto von Herrn Salz ist bereits 8 Jahre alt und hatte bis dahin 180.000 km brav abgespult. In den letzten Monaten jedoch, haben sich die Reparaturen gehäuft und der Wagen stand mehr in der Werkstätte als zu Hause.

Phase 2: Informationssuche

Herr Salz hält also Ausschau nach einem neuen Auto und holt für diese große Anschaffung möglichst viele Informationen ein.

Natürlich wird der bisherige Stammhändler aufgesucht (mit diesem war Herr Salz immer sehr zufrieden), aber er liest auch Autozeitschriften, Testberichte, recherchiert im Internet und erkundigt sich bei seinen Bekannten und Verwandten wie zufrieden sie mit ihrem Auto sind. Letztere Informationsquelle erweist sich allerdings als wenig hilfreich. Jeder gibt an, mit seinem Auto hoch zufrieden zu sein.

Phase 3: Bewertung der Alternativen

Es folgt die Phase, in der die verschiedenen Modelle, die ihm gefallen würden, miteinander verglichen werden, und Herr Salz muss daher eine grundlegende Bewertung vornehmen. Dabei können verschiedenste Kriterien eine Rolle spielen.

Rationale Kriterien:

- *Preis*
- *Größe*
- *Anzahl der Sitzplätze*
- *Benzinverbrauch*
- *Steuerbelastung*

Emotionale Kriterien:

- *Design*
- *Farbe*
- *mehr PS als notwendig*
- *umweltschonend*
- *Image der Marke*

Das sind nur einige der möglichen Kriterien. Kein Wunder, dass Herrn Salz in dieser Phase der Kopf raucht, schlaflose Nächte die Folge sind und er Dritten gegenüber gereizt wirkt. Nach einigen Probefahrten bei verschiedenen Autohändlern werden die Alternativen schließlich auf 3 Modelle begrenzt.

Phase 4: Kaufentscheidung

Irgendwann kommt der Punkt, an dem sich Herr Salz endgültig entscheiden muss. Seine Wahl fällt auf die Marke XY.

Mit großer Entschlusskraft sucht Herr Salz den Autohändler dieser Marke auf, und will eigentlich nur mehr ein bis zwei Prozent zusätzlichen Rabatt zur Komplettierung seiner Freude. Doch der Verkäufer bleibt stur und gönnt Herrn Salz diesen letzten Triumph nicht. Zudem zeichnet er sich durch ein äußerst unfreundliches Verhalten aus.

Das lässt sich Herr Salz nicht gefallen. Reumütig kehrt er zu seinem Stammhändler zurück – wie hat er nur daran denken können, wo anders hinzugehen? Er kauft bei diesem ein Auto, das mehr kostet als er geplant hatte, mehr PS als notwendig hat, und zudem nicht in der Farbe zur Verfügung steht, die ihm am besten gefallen hätte.

Phase 5: Nachkauf-Bewertung

Spätestens jetzt erweist sich, dass der Mensch kein rationales Wesen ist. Auch nicht Herr Salz. In dem Moment, wo die Kaufentscheidung gefallen ist, ist Herr Salz der glücklichste Mensch auf Erden. Er ist überzeugt, dass er die richtige Wahl getroffen hat. Davon wird er sich auch weder durch seine Frau, noch durch die Sticheleien seiner Freunde abbringen lassen. Das Auto ist zwar etwas teurer, denkt er sich, aber die Innenausstattung und die höhere PS-Zahl rechtfertigen den Aufpreis – und eigentlich sieht das Giftgrün bei diesem Modell viel besser aus, als seine Lieblingsfarbe.

4. 2. 5. KOGNITIVE DISSONANZ

Das nicht gerade rationale Nachkauf-Verhalten von Herrn Salz ist durch die Theorie der kognitiven Dissonanz erklärbar.

Darunter ist zu verstehen, dass Menschen stets danach streben, sich in einem inneren Gleichgewicht zu befinden. Müssen Entscheidungen getroffen werden, ist dieses innere Gleichgewicht allerdings gefährdet, da jede Entscheidung nicht nur positive Aspekte mit sich bringt, sondern manchmal auch einige negative Seiten haben kann. Und da wäre es äußerst hinderlich, wenn man nach einer getroffenen Entscheidung, die auch nicht mehr rückgängig zu machen ist, diese selbst in Zweifel ziehen würde. Das würde im Hirn zu einer so genannten kognitiven Dissonanz führen. Das klingt nicht nur unangenehm, sondern ist es auch. Niemand ist gerne aus dem Gleichgewicht.

▶ *Kognitive Dissonanz*

Gäbe sich Herr Salz „seiner" kognitiven Dissonanz hin, würde er im Nachhinein seine Kaufentscheidung in Zweifel ziehen, und sich zB darüber ärgern, dass er letztlich doch viel mehr Geld ausgegeben hat, als geplant, und sich eingestehen, dass er mit der Farbe doch nicht 100 %ig glücklich ist.

Fazit: Um eine kognitive Dissonanz zu vermeiden, wird man alle positiven Seiten der eigenen Entscheidung hervorheben, und alle negativen Aspekte unter dem Teppich kehren.

Daher kann man sich auch kaum neutrale, rationale Antworten auf die Frage erwarten, wie zufrieden jemand mit seinem gerade gekauften Auto ist.

Der Marketingexperte Prof. Meffert unterscheidet folgende vier Kaufentscheidungs-Verhaltensweisen:

- Rationalverhalten: Der Käufer handelt rational und bewertet die Alternativen nach einer umfassenden Informationsphase nach dem Wirtschaftlichkeitskriterium: Das maximale Ergebnis zum bestmöglichen Preis erzielen.

- Impulsverhalten: Der Käufer lässt sich von seinen Gefühlen und Eingebungen leiten. Er verzichtet auf Informationen und handelt spontan.

- Gewohnheitsverhalten: Der Käufer verzichtet darauf, bei jedem Kauf eine neue Entscheidung zu treffen und verlässt sich auf bisherige Erfahrungen.

- Sozial abhängiges Verhalten: Der Käufer entscheidet nicht aufgrund eigener Informationen und Erfahrungen, sondern lässt sich von den Wertvorstellungen seiner Umwelt (Freunde, Mitarbeiter, berühmt Leute) leiten.

4. 2. 6. KUNDENSEGMENTIERUNG

Kunden sind so unterschiedlich wie Menschen eben sind. Daher gibt es auch das Einheitsprodukt, das Jung und Alt, Reich und Arm, Gesund und Krank, Introvertiert und Extrovertiert, Europäer und Asiate etc. in einem Einheitskleid erfolgreich verkauft werden kann, nur sehr selten.

> *Kundensegmentierung*

Unternehmen werden erfolgreicher sein, wenn sie gezielt verschiedene Kunden ansprechen. Dazu müssen diese vorher in die verschiedensten Kundensegmente eingeteilt werden. Kriterien zur Bestimmung von Kundensegmenten können beispielsweise sein:

- Demographisch
    - Alter
    - Geschlecht
    - Bildungsgrad, Einkommen, Beruf

- Geographisch
  - Land, Region, Bezirk, Straße, Sprache, Klima, etc.
- Psychografisch
  - Impulsiv / Rational
  - Konservativ / modern, introvertiert, extrovertiert, etc.
- Privatkunden / Firmenkunden

Diese Segmente können wiederum kombiniert und in Untergruppen eingeteilt werden; zum Beispiel: weibliche Senioren in Wien mit einem Haustier.

Diese Zielgruppe wird ganz spezielle Bedürfnisse haben, die es zu erforschen gilt. Darauf basierend können Marketingaktivitäten viel zielgerichteter geplant werden, als wenn man gar keine oder nur eine sehr grobe Kundensegmentierung vornimmt.

Firmenkunden / Privatkunden

Firmenkunden unterscheiden sich von Privatkunden in folgenden wesentlichen Punkten:

1. größere Mengen und Umsätze:

    Ein Firmenkunde lässt zumeist umfangreichere Mengen und höhere Umsätze erwarten, als ein privater Konsument.

2. mehrere Personen sind in den Entscheidungsprozess mit eingebunden; das können zB sein:
    - jene Person, die das Produkt haben möchte (Mitarbeiter)
    - deren unmittelbarer Chef (= Abteilungsleiter)
    - die Einkaufsabteilung
    - die Geschäftsleitung
    - unter Umständen können sich auch noch Controller und Betriebsräte in eine Kaufentscheidung einbringen

3. Entscheidungsprozesse dauern länger:

    Insbesondere wenn viele Entscheider involviert sind, ist mit zeitaufwändigen Besprechungen und Abstimmungsprozessen über die Abteilungsgrenzen hinaus, zu rechnen.

4. Firmen entscheiden tendenziell rationaler, als Privatkunden.

    Kaufentscheidungen in Unternehmen müssen auch betriebswirtschaftliche Kriterien (Rentabilität, Liquidität, Budgetgrenzen etc.) erfüllen.

5. Firmen sind fordernder:
   Sie haben hohe Ansprüche an Qualität und Zuverlässigkeit. Dies deshalb, da ihnen schlechte Qualität, Lieferverzögerungen etc. selbst Kunden kosten können.

Und dennoch sollte nicht vergessen werden, dass auch in den größten Konzernen und imposantesten Glaspalästen Menschen aus Fleisch und Blut sitzen, die Bedürfnisse nach Sicherheit, Sozialkontakten und Anerkennung haben.

Eigene Firmenkundenbetreuer, die so genannten Key Account Manager, kennen durch ihre jahrelangen Beziehungen zu den Kunden

➠ die fachlichen Notwendigkeiten für deren Unternehmen

➠ die Personen, die in der Entscheidungskette das größte Gewicht haben, sowie deren Vorlieben und Wünsche.

Interne Kunden – Externe Kunden

Immer mehr setzt sich die Erkenntnis durch, dass nicht nur der Endkunde eines Unternehmens die Privilegien einer freundlichen und professionellen Kundenbetreuung genießen soll, sondern dass auch die Kollegen anderer Abteilungen wie Kunden behandelt werden sollen.

Wesentlich zu dieser Entwicklung beigetragen hat, dass gleichsam die „Pragmatisierung" einzelner Abteilungen aufgehoben wurde. Diese war früher dadurch gegeben, dass es völlig undenkbar war, eine Leistung extern zuzukaufen, wenn diese auch intern angeboten wurde.

Beispiel

Wenn es eine IT-Abteilung gegeben hat, dann mussten auch sämtliche IT-Probleme über diese abgewickelt werden. Diese war sich der Monopolstellung bewusst und hat sich häufig auch wie ein Monopolist verhalten (= eher selbstzentriert als kundenorientiert).

Heute ist das in vielen Unternehmen anders geregelt. Abteilungen können Leistungen auch von Dritten beziehen.

Für unser Beispiel bedeutet das:

Ein IT-Problem kann auch von einem externen Softwareanbieter gelöst werden. Somit befindet sich die interne IT-Abteilung plötzlich in einer Konkurrenzsituation, die durchaus gefährlich werden kann, wenn sie nicht dazu in der Lage ist, ein konkurrenzfähiges Angebot zu machen. Dies kann sogar zu einer gänzlichen Auslagerung der IT-Leistungen führen. Da das nicht im Interesse der IT-Abteilung sein wird, sollte auch sie ein Marketingkonzept parat haben. Dieses beinhaltet genau die gleichen Punkte wie jedes andere

Marketingkonzept – allem voran steht die Frage: Wer sind meine Kunden und welche Bedürfnisse haben diese – und wie können diese Bedürfnisse mit meinem Produkt erfüllt werden?

Guter Kunde – Schlechter Kunde

Gibt es tatsächlich den schlechten Kunden? Die Antwort lautet „Ja". Es gibt tatsächlich Kunden,

- die mehr kosten, als sie bringen
- die einem das Leben bewusst oder unbewusst unnötig schwer machen
- die einem so unsympathisch sind, dass eine lange andauernde Kundenbeziehung unweigerlich mit einem Magengeschwür enden würde.

Von solchen Kunden sollte man sich trennen. Alleine schon deshalb, um die Zeit, Energie und die finanziellen Mittel auf jene Kunden fokussieren zu können, die für das Unternehmen wirklich entscheidend sind.

Allerdings Achtung!

Eine immer wieder gemachte Erfahrung lautet: Die (anfangs) aufwändigsten Kunden sind oft auch die besten. Deshalb sollte eine Kundenanalyse möglichst rational und systematisch erfolgen. Im Kapitel ABC-Analyse wurde bereits ein Konzept vorgestellt, wie eine Kundenkategorisierung vorgenommen werden kann. Im Kapitel „Wirtschaftlichkeitsanalysen" wird ebenfalls darauf eingegangen.

4. 2. 7. KUNDENTYPEN

Der Kunde macht es einem ja wirklich nicht leicht: Denn selbst wenn man ganz enge Kundensegmente ausgewählt hat (zB 40-jährige Männer, Akademiker, wohnhaft in der Wiener Straße und Umgebung), können die Kunden noch immer nicht über einen Kamm geschert werden.

➤ *Kundentypen*

Unter ihnen wird es Impulsivkäufer geben, die sofort handeln, ohne viel nachzudenken, aber genauso Wohlüberlegte, die sich jede Kaufentscheidung hundert Mal überlegen.

Eine Möglichkeit, Kundentypen einzuteilen, hat Everett Rogers gefunden. Er unterteilt die Kunden in „early adopters", „majority" und „laggards".

Early Adopters (= frühe Anwender) sind Personen, die stets am Puls der Zeit leben und jedes neue Produkt als erste besitzen und meistens auch stolz präsentieren wollen. Um ihre Neugierde und/oder ihr Prestigedenken zu befriedigen, nehmen sie sogar in Kauf, dass ein Produkt noch unausgereift, fehlerhaft und oft schon wenige Wochen, nachdem sie es gekauft haben, bereits um den halben Preis zu erwerben ist.

Sicher kennen auch Sie Personen, die ein Handy, einen Flatscreen, ein MDA, ein GPS, ein Hybridauto u.v.m. bereits besessen haben, als andere diese Begriffe noch nicht einmal korrekt aussprechen konnten.

Insbesondere die Hightech Industrie liebt die Early Adopters aus oben erwähnten Gründen. Zudem kann man annehmen, dass Early Adopters eher extrovertierte Typen sind und daher gern und viel darüber erzählen, wie toll das eben erstandene Produkt ist. Sie sorgen somit für die beste Mundpropaganda und sind Meinungsbildner.

Ganz gegenteilig agieren die **Laggards** (= Nachzügler). Diese überlegen sich vermutlich noch immer, ob sie ihr erstes Handy erstehen sollen und wägen immer wieder die Vor- und Nachteile ab.

Dazwischen befindet sich die große Gruppe **Majority** (= Mehrheit), die erst dann zugreift, wenn sich ein Produkt bereits bewährt hat.

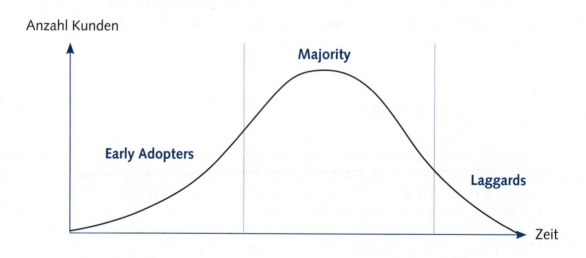

Für das Marketing bedeutet das Folgendes: Je innovativer ein Produkt ist, umso mehr muss man die Early Adopters ausfindig machen, und für sich gewinnen.

Dazu geeignet sind Maßnahmen, die diesen einen ganz speziellen Status verleihen (zB Premium-Kunden, die vor allen anderen über neueste Entwicklungen informiert werden oder zu Erstpräsentationen eingeladen werden.

Ist ein Produkt bereits länger am Markt und sind alle Kinderkrankheiten beseitigt, dann kann man gezielt die eher zögernden Kundentypen (Majorities) ansprechen. Diesen kann die Botschaft mitgegeben werden, dass sie ein verlässliches und bereits bewährtes Produkt kaufen.

Ob es sich auszahlt, auch für die Laggards eigene Strategien zu entwickeln, darf bezweifelt werden.

4. 2. 8. CUSTOMER RELATIONSHIP MANAGEMENT, CRM (KUNDENBEZIEHUNGS-MANAGEMENT)

Haben Sie von Ihrem Versicherungsbetreuer oder von einem Hotel, in dem Sie Ihren Urlaub verbracht haben, vielleicht schon einmal ein Glückwunschschreiben zu Ihrem Geburtstag bekommen (während Ihr bester Freund auf Ihren Geburtstag glatt vergessen hat)?

Dann sind Sie „Opfer" eines CRM-Systems geworden. Dieses Geburtstagsschreiben ist eines der Instrumente zur Kundenbindung.

Wie der Begriff bereits verrät, geht es hier darum, die Beziehung zu den Kunden so zu gestalten, dass einmal gewonnene Kunden dem Unternehmen möglichst lange die Treue halten.

➤ *Customer Relationship Management (CRM)*

Dass Kundenbeziehungen zu pflegen sind, klingt jetzt vielleicht wie das 1 x 1 der Wirtschaftswelt – tatsächlich verhält es sich jedoch häufig vollkommen anders. Es ist zwar irrational, aber im täglichen Wirtschaftsleben immer wieder zu beobachten, dass Kunden, die mit immensen Anstrengungen endlich für das Unternehmen gewonnen werden konnten, in dem Moment uninteressant werden, sobald sie auf der Kundenliste stehen.

Dieses Verhalten trifft auf einzelne Verkäufer zu, es gehört jedoch auch zur Kultur ganzer Unternehmen, dass bestehende Kunden – salopp formuliert – als „abgehaktes" Erfolgserlebnis gesehen werden. Das ist rational schwer erklärbar, da es offensichtlich ist, dass es viel weniger Aufwand bedarf, einen Kunden zu halten, als einen neuen Kunden zu gewinnen.

Beispiel

> *Herr Kasko ist Versicherungsbetreuer. Um einen neuen Kunden zu gewinnen, muss er*
>
> - *dutzende Telefonate führen, um einen ersten Gesprächstermin zu bekommen*
> - *sich im Gesprächstermin selbst präsentieren und Vertrauen zum Kunden aufbauen*
> - *das Unternehmen und das Produkt von Grund auf erklären*
> - *die Daten des Kunden aufnehmen und seine Bedürfnisse ausführlich erkunden*
> - *darauf basierend ein passendes Angebot erstellen*
> - *dieses in einem Folgetermin präsentieren und hoffentlich zu einem Kaufabschluss zu bringen*
> - *ob letzteres gelingen kann, ist fraglich, weil sich der Neukunde natürlich auch nach alternativen Angeboten umschaut.*
>
> *Um einen bestehenden Kunden zu halten,*
>
> - *genügt oft ein routinemäßiger jährlicher Besuch, bei dem die Kundendaten aktualisiert werden*
> - *und bei dieser Gelegenheit ein neues Produkt vorzustellen, für das man einen Stammkundenrabatt anbieten kann.*

Betrachtet man CRM (Customer Relationship Management) umfassender, können folgende Phasen unterschieden werden:

4. 2. 8. 1. Kundenidentifikation

Mögliche Kunden müssen erfasst bzw. aus einer Datenbank herausgefiltert werden.

Dabei bedient man sich heute meist ausgeklügelter EDV-Systeme, die auch komplexe Filterfunktionen ermöglichen. Die Ergebnisse können allerdings nur so gut sein, wie es die Daten sind, die darin gespeichert werden. Dementsprechend wichtig ist es, möglichst viele Informationen über bestehende oder potenzielle Kunden in die Datenbank aufzunehmen. Das können beispielsweise sein:

- Adresse, Telefonnummer, e-mail-account
- Käufe oder Anfragen, die in der Vergangenheit getätigt wurden
- Reklamationen

➡ Notizen über die einzelne Gespräche, die mit dem Kunden geführt wurden (seine Interessen, Hobbies etc.)

➡ Geburtsdaten und Familienverhältnisse

Der gläserne Konsument

Es gibt professionelle Unternehmen und Verlage, die öffentlich zugängliches Datenmaterial zum Kauf anbieten. Manchmal sind die kaufbaren Informationen über jeden einzelnen von uns so umfangreich, dass dies datenschutzrechtlich bedenkliche Ausmaße annehmen kann. Möglich ist dies u.a. deswegen, weil heute beispielsweise viele im Internet ihre Spuren hinterlassen, die gute Rückschlüsse auf die jeweiligen Interessen zulassen. Einige Beispiele dazu:

▶ gläserner Konsument

➡ Kreditkarte: Wer mit Kreditkarte bezahlt, lässt mit jedem Kauf Schlüsse auf weitere Kaufpräferenzen zu.

➡ Suchmaschinen: Jeder Suchbegriff, der eingetippt wird, kann einen Hinweis auf ein Produkt geben, das man eventuell irgendwann erwerben will.

➡ Versteigerungsbörsen im Internet: Wer im Internet mitsteigert, gibt ebenfalls Kaufpräferenzen preis.

➡ Online-Buchhandel: Wer hier einmal ein Buch gekauft – oder sich auch nur dafür interessiert hat – wird entsprechend registriert und beim nächsten Zugriff bereits mit spezifischen Angeboten versorgt.

➡ Handy / GPS: Hier wird man sogar aus dem Weltall verfolgbar. Theoretisch könnte jeder Schritt, der mit einem eingeschalteten Handy gemacht wird, nachverfolgt und gespeichert werden.

Ermöglicht wird die enorme Ansammlung der Daten durch immer größere Speichermöglichkeiten (Terrabytes) und durch Software-Programme, die diese verwalten und auswerten können. Beides ermöglicht letztendlich auch, dass sogar alle geführten Telefonate über Jahre hinweg gespeichert und analysiert werden können.

Jetzt muss man sich nur noch vorstellen, welche Informationsfülle möglich wäre, wenn alle diese Daten in einer einzigen Datenbank vereint und entsprechend ausgewertet würden. Die Auswertenden würden bald mehr über die Bedürfnisse und das spezifische Kundenverhalten wissen, als der Untersuchte selbst.

➤ *Datamining*

Kein Wunder, dass solche Daten eine Goldmine für jene darstellen, die ihre Produkte gezielt verkaufen wollen – daher auch der Begriff **Datamining**.

Kein Wunder allerdings auch, wenn einem als „gläsernen Konsumenten" dabei nicht mehr sehr wohl ist. Willkommen in der Welt von „Big Brother" (siehe Orwell's Bestseller „1984").

Geomarketing

Eine möglichst genaue Zielgruppenansprache bietet das so genannte Geomarketing.

Beispiel

> *Nehmen wir an, ein Zeitungsverlag möchte in einer Großstadt wie Wien ein neues, exklusives Magazin auf dem Markt bringen. Zielgruppe sind „die oberen Zehntausend". Das bedeutet, die anderen 1.990.000 Wiener interessieren den Zeitungsverlag nicht. Diesen ein Gratis-Ansichtsexemplar zu senden, wäre hinausgeworfenes Geld.*

Institute, die sich mit dem Thema Geomarketing beschäftigen, können dem Zeitungsverlag jene Bezirke und Straßen, und eventuell sogar Häuser in Wien nennen, in denen die oberen Zehntausend beheimatet sind. Diese können dann gezielt mit Marketingaktivitäten angesprochen werden.

4. 2. 8. 2. Kundengewinnung

Viele Daten über einen Kunden zu haben, bedeutet noch lange nicht, den Kunden bereits gewonnen zu haben. Dazu gilt es, die Palette der Marketing-Instrumente, die bereits besprochen wurden und die in den weiteren Kapiteln noch behandelt werden, geschickt zu kombinieren und einzusetzen (zB Produktpolitik, Preispolitik, Verkaufstechnik etc.).

4. 2. 8. 3. Kundenbindung

➤ *Kundenbindung*

Im Laufe der Jahre ist viel Phantasie entwickelt worden, um so genannte Kundenbindungsinstrumente zu entwickeln. Bekannte Beispiele dafür sind Kundenkarten aller Art (Clubkarten, Einkaufskarten, Bonuskarten), die vielerlei Vorteile bieten, etwa:

- Stammkundenrabatte
- Prämien, die gutgeschrieben werden, wenn eine gewisse Umsatzhöhe erreicht wird
- bevorzugte Behandlung (zB keine Wartezeiten)

- Geschenke (Geburtstag, Weihnachten)
- Einladungen zu Firmenfeiern
- Gratisflüge (Flugmeilen)

Beschwerdemanagement

Um Kunden binden zu können, wird es manchmal auch notwendig sein, enttäuschte Kunden wieder mit dem Unternehmen „zu versöhnen". Diese Gabe ist allerdings nur wenigen Mitarbeitern gegeben. Wer lässt sich schon gerne anjammern oder gar zornig beschimpfen, wenn etwas schief gelaufen ist? Dabei liegt es auf der Hand, welche Chancen die Beschwerde eines Kunden bieten kann:

> *Beschwerdemanagement*

- Wichtiges Feedback, was man in Zukunft besser machen sollte. (Unternehmensberater verlangen für solche Informationen schwindelerregend hohe Honorare.)
- Die Möglichkeit, einen treuen und zufriedenen Kunden zu bekommen, wenn dessen Beschwerde ernst genommen und eine befriedigende Lösung herbeigeführt wurde.
- Genau diese Kunden, deren Malheur freundlich und großzügig behoben wurde, sind es, die dann in Folge die beste Werbung machen, die es überhaupt gibt: eine gute Mundpropaganda.

Nicht zuletzt verhindert eine erfolgreich behandelte Beschwerde das Entstehen eines möglichen größeren Schadens, den eine schlechte Mundpropaganda auslösen kann. Enttäuschte Kunden sind hier bekanntlich sehr aktiv.

Cross Selling

Haben Sie Ihr Auto bei der Versicherungsgesellschaft A, das Haus bei der Gesellschaft B versichert und eine Lebensversicherung bei der Gesellschaft C abgeschlossen?

> *Cross Selling*

Auf der anderen Seite ist es Ihnen vielleicht schon passiert, dass Sie eigentlich nur schnell eine Skiunterwäsche kaufen wollten, und dann das Geschäft mit einem neuen Anorak, dazu passender Haube und neuen Skiern verlassen haben.

Im letzteren Fall sind Sie einem Künstler des Cross Selling in die Hände gefallen. Darunter ist zu verstehen, dass Kunden, die bereits ein Produkt des Unternehmens gekauft haben, weitere Produkte angepriesen werden.

> *Vollkundenprinzip*

Für Unternehmen ist es in jedem Fall eine lohnende Politik, das so genannte **Vollkundenprinzip** anzustreben, und die gesamte Marketingstrategie danach auszurichten. Für das Beispiel der Versicherung würde das bedeuten, dass ein Kunde sämtliche Versicherungsverträge bei einer Gesellschaft abschließt.

4. 2. 8. 4. Kundenrückgewinnung

Ist ein Kunde abhanden gekommen und zur Konkurrenz abgewandert, sollte eine Analyse der Beweggründe erfolgen. Die Gründe können rationaler und emotionaler Natur sein:

- Rationale Gründe: die Konkurrenz bietet ein besseres Produkt an (höhere Qualität, günstigerer Preis, schnellere Zustellung etc). Ist ein Kunde zu diesem Schluss gekommen, dann wird es schwierig bis unmöglich sein, ihn zur Rückkehr zu bewegen – außer man kann ihm ein wirklich konkurrenzfähiges Angebot machen.

- Emotionale Gründe: Der Kunde ist vom Unternehmen oder vom Verkäufer enttäuscht. In diesem Fall bestehen möglicherweise gute Chancen, den Kunden wieder zurück zu gewinnen. Das „Fremdgehen" könnte ja vielleicht nur ein Signal des Kunden gewesen sein, dass man sich wieder mehr um ihn kümmern soll.

Damit haben wir uns sehr intensiv mit dem „Phänomen Kunde" auseinandergesetzt. Wie die Wünsche, Bedürfnisse und Ängste eines Kunden gezielt erforscht werden können, widmet sich das folgende Kapitel zum Thema „Marktforschung".

4. 3. Marktforschung

Lernziele:

- Ziele und Bereiche der Marktforschung erläutern können.
- Die Qualitätskriterien Validität, Reliabilität und Objektivität der Marktforschung erläutern können.
- Den Begriff „Stichprobe" erläutern können.
- Die Phasen (Ablauf) der Marktforschung erläutern können.
- Die Begriffe „primäre Marktforschung" und „sekundäre Marktforschung" erläutern können.
- Die Methoden der primären Marktforschung Befragung, Beobachtung und Test erläutern können.
- Fehlerquellen der Marktforschung erläutern können.
- Faktoren zur Wettbewerbsanalyse erläutern können.

4. 3. 1. ZIELE UND BEREICHE DER MARKTFORSCHUNG

Will man am Markt Produkte platzieren, sollte dieser zuerst gründlich erforscht werden. Wer dies unterlässt, und sich auf sein Gespür verlässt, muss schon einiges Glück haben, um erfolgreich zu sein.

> Ziele und Bereiche der Marktforschung

Produkteinführungen können schnell scheitern, weil

- sie auf überhaupt kein Interesse stoßen, weil es einfach keinen Bedarf danach gibt
- sie zu teuer, aber vielleicht auch zu billig sind
- das Design zu grell oder zu unauffällig ist
- die Werbung zu provokant oder zu langweilig ist.

Je besser der Markt erforscht ist, umso zielgerichteter können darauf basierend die weiteren Marketingaktivitäten (Produktpolitik, Werbung etc.) geplant und umgesetzt werden.

Zu erforschen sind insbesondere folgende zwei Komponenten, die den Markt ausmachen:

- die Kunden („König Kunde")
- der Wettbewerb (= Konkurrenz, Mitbewerber)

Aber auch der sog. Beschaffungsmarkt sollte immer wieder erforscht werden. Darunter sind der Arbeitsmarkt, die Lieferanten, der Rohstoffmarkt zu verstehen.

Pizzeria Bossi: Frau Bossi erforscht den Markt

Nach langen Diskussionen haben sich Herr und Frau Bossi sowie Herr Salz auf die gewagte Farbe pink für die Pizzasauce geeinigt. Als „Mann der Tat" möchte Herr Bossi, der alle Vorbehalte, die er früher gehabt hat, bereits aus seinem Kopf verbannt hat, nun nicht mehr lange fackeln. Er möchte ab sofort in seiner Pizzeria alle Pizzas pink einfärben. Den Gästen wird es auch gefallen, da ist er sich mittlerweile sicher. Und der eine oder andere, dem es nicht gefällt, der hat eben Pech gehabt, lautet ab sofort Herrn Bossi's Devise.

Frau Bossi steigt allerdings auf die Bremse – und das, obwohl sie selbst die Farbe pink vorgeschlagen hat, wie ihr Mann ihr vorhält. Sie kann ihn dennoch davon überreden, zuerst einen kleinen Pilotversuch zu starten, um zu erheben, ob „pink" tatsächlich mehr Nutzen bringt, als es an Schaden anrichten kann. Dazu sollen 120 Stammgäste zu einem ganz besonderen Pizzaessen eingeladen und danach gezielt befragt werden. Herrn Bossi würde es reichen, wenn er 10 seiner treuesten Gäste befragen würde. Frau Bossi kann ihn allerdings davon überzeugen, dass dies eindeutig zu wenige wären, um eine wirklich fundierte Aussage zu bekommen. Außerdem wären diese Gäste alle über 50 Jahre alt und somit nicht wirklich repräsentativ. Sie einigen sich schließlich auf 80 Personen. Bei der Auswahl der Gäste achten sie darauf, dass alle Altersgruppen vertreten sind. Da die beiden ohnehin ein höheres Preisniveau anstreben, laden sie nur Leute ein, die eher über ein gehobenes Einkommen verfügen.

Nachdem Frau Bossi ihren Mann schon so weit gebracht hat, steht ihr eine weitere delikate Aufgabe bevor. Sie muss Herrn Bossi dazu bringen, bei dieser Erhebung nicht selbst involviert zu sein. Sie weiß genau, wie eine Befragung durch Herrn Bossi aussehen würde. Mit seinem ihm angeborenen Charme würde er ungefähr folgende Fragen stellen:

- *Was meinst Du: Ist das nicht einmal ganz etwas anderes? Nicht ständig das gleiche fade Rot, das man auf der ganzen Welt bekommen kann?*

Gäste, die diese Frage nicht sofort mit einem begeisterten „Schmeckt wirklich toll" quittieren, würden sich unmittelbar der Gefahr aussetzen, von

Marktforschung

Herrn Bossi als konservativ abgekanzelt zu werden. Außerdem weiß sie, dass die Gäste – alleine um Herrn Bossi etwas vermeintlich Gutes tun zu wollen – die Idee in höchsten Tönen loben würden (egal, was sie sich wirklich dabei denken).

Nachdem Frau Bossi das Bravourstück gelungen ist, Herrn Bossi tatsächlich zum Fernbleiben zu überreden, entwirft sie einen Fragebogen. Auf diesem sollen die Versuchspersonen (= die Probanden) ihren ersten Eindruck beim Anblick der PinkPizza festhalten. Nachdem sie die Pizza gegessen haben, sollen sie ihr Urteil über den Geschmack der PinkPizza abgeben.

Außerdem plant Frau Bossi, dass die Gäste auch eine Pizza mit roter Sauce kosten sollen. Diese unterscheidet sich nur durch das Weglassen der Lebensmittelfarbe von der PinkPizza. Die Versuchspersonen sollen dann beurteilen, welche Pizza ihnen besser schmeckt (obwohl es, objektiv gesehen, keinen Geschmacksunterschied geben kann).

In weiterer Folge sollen die Versuchspersonen dann angeben, wie viel sie für eine PinkPizza bezahlen würden. Das ist für Frau Bossi die tatsächliche Nagelprobe: Denn etwas gut und interessant zu finden, ist eine Sache – Geld dafür auszugeben, jedoch eine völlig andere.

Zuletzt möchte Frau Bossi noch herausfinden, ob die Versuchspersonen daran interessiert sind, die PinkSauce auch daheim am eigenen Herd zu verwenden und wie viel sie bereit wären, dafür zu bezahlen.

Ihr Erhebungsbogen hat folgendes Aussehen: Seite 158

Marktforschung

Erhebungsbogen zur Studie „PinkPizza und PinkSauce"

Sehr geehrte TeilnehmerInnen!

Wir danken Ihnen, dass Sie sich Zeit genommen haben und an unserer Studie mitwirken.

Bitte füllen Sie alle Antwortkategorien vollständig aus – die Daten werden selbstverständlich anonym ausgewertet.

DATEN ZU IHRER PERSON:

Geschlecht:

männlich	O
weiblich	O

Alter:

Ihre höchste abgeschlossene Ausbildung:

bis 20 Jahre	O
21–25 Jahre	O
26–30 Jahre	O
31–35 Jahre	O
36–40 Jahre	O
41–45 Jahre	O

Lehre	O
Matura / Abitur	O
Abgeschlossenes Studium	O
Sonstiges	O

Was war Ihr erster Eindruck, als Sie die PinkPizza gesehen haben? (bitte beschreiben Sie in 1 – 3 Sätzen)

....
....
....

Bitte beurteilen Sie Ihren Ersteindruck nach folgenden Kategorien:

interessant	O	O	O	O	uninteressant
appetitlich	O	O	O	O	unappetitlich
zeitgemäß	O	O	O	O	nicht zeitgemäß

Welche Note (Schulnotensystem) würden Sie dem Geschmack der PinkPizza geben? (1 = sehr gut / 5 = nicht genügend): ....

EBC*L – Marketing

Marktforschung

Wie beurteilen Sie die PinkPizza im Vergleich zur Pizza mit roter Sauce?

viel besser	O
besser	O
gleich gut	O
schlechter	O
viel schlechter	O

Wären Sie bereit, für eine PinkPizza mehr zu bezahlen als für eine normale Pizza?

Ja	O
Nein	O

Wenn ja, um wie viel mehr?

....	Euro

Bereiten Sie auch zu Hause Pizzagerichte oder Pastas zu?

Ja	O
Nein	O

Falls ja, haben Sie Interesse an einer PinkSauce für Pizzas oder Pastas zum Selbermachen?

Ja	O
Nein	O

Welche Ansprüche stellen Sie an eine PinkSauce, wenn Sie diese selber verwenden? (bezüglich Qualität, Preis, Verpackung etc.)

....
....
....

Wir bedanken uns sehr herzlich für Ihre Mitarbeit!

Marktforschung

Die Befragung der Gäste wird durchgeführt – und wird in jeder Hinsicht ein toller Erfolg. Erstens fühlen sich die Stammgäste geehrt, weil sie um ihre Meinung gebeten wurden, zweitens hat diese Befragung hoch interessante Ergebnisse gebracht, wie Frau Bossi

- *nach Eingabe der Daten in ein von Herrn Salz eigens angefertigtes Excel-Sheet*
- *sowie nach dessen Auswertung und Interpretation.*

sehen kann.

Die Zusammenfassung der Ergebnisse ergibt folgendes Bild:

- *Der Ersteindruck ist überwiegend skeptisch. Einige fühlten sich sogar etwas abgestoßen. Das traf insbesondere auf Personen über 45 Jahre zu. Bei manchen wurde jedoch die Neugierde in so hohem Ausmaß geweckt, dass sie es kaum erwarten konnten, eine Kostprobe zu bekommen. Das war besonders bei den 20 – 40jährigen Männern der Fall. Bei den Frauen konnte sich keine eindeutige Tendenz erkennen lassen.*
- *Dafür ist das Urteil über den Geschmack der Pizzas eindeutig positiv ausgefallen. Fast alle (93 %) zeigen sich begeistert.*
- *70 % finden die PinkPizza deutlich besser als die rote Pizza (obwohl gar kein Geschmacksunterschied besteht). Dafür wären sie auch bereit, um durchschnittlich 2 Euro mehr zu bezahlen.*
- *35 % würden auch eine PinkSauce kaufen wollen. Das sind fast alle, die angegeben haben, dass sie auch selbst zu Hause manchmal Pizzas backen oder Pastas zubereiten.*

Aus der genaueren Analyse der Daten zieht Frau Bossi folgende Schlüsse für die gezielte Kundenansprache: Zielgruppe sind Gäste, die

- *zwischen 25 und 40 Jahre alt sind*
- *einkommensstark*
- *zum Kundentyp „Early Adopter" gehören und mit den PinkPizzas ihr Bedürfnis nach Sozialkontakt und sozialer Anerkennung erfüllen können.*

4. 3. 2. KRITERIEN FÜR DIE MARKTFORSCHUNG

Frau Bossi hat bereits eine sehr aufwändige Form der Marktforschung betrieben (= Experiment mit anschließender Befragung). Dabei hat sie bereits Vieles beachtet, was bei der Durchführung einer Marktforschung entscheidend ist, um tatsächlich relevante Aussagen zu bekommen. Sie hat darauf Bedacht genommen, den grundsätzlichen Hauptkriterien – Validität, Reliabilität und Objektivität – zu entsprechen.

Validität

Unter Validität versteht man, dass tatsächlich das gemessen wird, was auch wirklich gemessen werden soll (was das Erhebungsziel ist).

➤ *Validität*

Damit dieses Kriterium erfüllt wird, kommt es unter anderem auf eine genaue Fragestellung an. Um dies zu demonstrieren, sollen zwei Fragen angeführt werden, die nicht zu einem validen Ergebnis geführt hätten:

- Essen Sie gerne Pizza?
- Tragen Sie gerne rosa Kleidung?

Beide Fragen sind für das Erhebungsziel „Wird eine pinkfarbene Pizza von den Kunden gut angenommen?" deshalb nicht geeignet, da man nicht zwingend davon ausgehen kann, dass

- jemand, der gerne Pizza isst, auch gerne pinkfarbene Pizzas essen will
- jemand der gerne rosa Kleidung trägt, auch gerne PinkPizzas isst. Genauso gut könnte es sein, dass jemand, dem rosa Kleidung ein Greuel ist, gerne pinkfarbene Pizzas essen würde.

Wirklich valide Fragestellungen zu entwickeln, ist gar nicht so einfach und bedarf einiger Übung. Dies gilt übrigens nicht nur für die Marktforschung, sondern auch für das tägliche Leben, wie folgende Beispiele zeigen sollen:

Beispiele

- *„Darf ich Sie auf einen Drink einladen?" Folgt darauf ein „Ja", dann kann man nicht zwingend davon ausgehen, dass der/die Eingeladene auch weitergehenden Angeboten nicht abgeneigt ist.*
- *Ein „Ja" auf die Frage „Bist Du glücklich?", muss nicht bedeuten, dass die Antwortende glücklich ist, weil sie mit dem Fragesteller verheiratet ist.*

Marktforschung – Kriterien

Beispiele

> ⇨ Ein „Ja" auf die Frage „Gefällt Dir dieser Schmuck in der Auslage?", heißt auch noch lange nicht, dass der Fragende diesen auch gleich zum Geschenk machen möchte – oder vice versa: dass die Befragte den Schmuck auch tragen würde.

Kommunikationsprobleme sowohl im beruflichen als auch im privaten Leben haben ihre Ursache oft in nicht validen Fragestellungen. Diese werden durch so genannte **Suggestivfragen** noch gefördert.

Unter Suggestivfrage ist zu verstehen, dass eine Frage bereits so gestellt wird, dass die erwünschte Antwort darauf, fast zwingend vorgegeben ist. Beispiele für Suggestivfragen:

Beispiele

> ⇨ Sind Sie auch – wie alle bereits vor Ihnen Befragten – der Meinung, dass jemand, der keine pinkfarbenen Pizzas mag, Neuem prinzipiell unaufgeschlossen gegenüber steht?
>
> ⇨ Findest Du nicht auch, dass das Fischgericht, mit dem ich mich jetzt deshalb stundenlang geplagt habe, um Dir eine Freude zu machen, heute besonders gut gelungen ist?

Im Beispiel hat Frau Bossi eine entscheidende Frage gestellt: „Wie viel wären Sie bereit, für eine PinkPizza zu bezahlen?".

Diese Frage ist deshalb besonders wichtig, da ein entscheidender Unterschied darin besteht, ob einem etwas gefällt (Bedürfnis), oder ob man auch tatsächlich Geld dafür ausgeben würde (Bedarf).

Reliabilität (Zuverlässigkeit)

▶ *Reliabilität*

Unter dem Begriff Reliabilität ist zu verstehen, dass man sich in hohem Ausmaß darauf verlassen kann, dass ein erzieltes Ergebnis auch tatsächlich der Wahrheit (= der Realität) entspricht.

Im Fall der PinkPizzas bedeutet das, dass aus den Ergebnissen abgeleitet werden kann, dass auch andere Personen, als jene achtzig, die am Test teilgenommen haben, die PinkPizza gut finden werden – und vor allem auch kaufen werden.

Faktoren, die die Reliabiliät einer Erhebung beeinflussen, sind:

- Größe der Stichprobe (auf Englisch: sample)
  Darunter versteht man jene Anzahl an Probanden, die an einer Erhebung teilnehmen. Das berühmte „Ein-Personen-Sample" – man befragt sich selbst – wird kaum reliable Aussagen bringen können.

- Qualität der Stichprobe
  Darunter sind jene Kriterien zu verstehen, nach denen die zu befragenden Personen ausgewählt werden. Die gewählte Stichprobe soll einen repräsentativen Ausschnitt jener Personen darstellen, die Zielgruppe des Produkts sind. Will man wissen, welcher Jugendradiosender gerade die beste Musik spielt, sollte man die Interviews nicht im Pensionistenheim, sondern eher an Schulen und Universitäten durchführen.

▶ *Stichprobe*

Objektivität

Unter Objektivität ist zu verstehen, dass das gleiche Ergebnis auch dann zustande kommen würde, wenn andere Personen die Erhebung durchgeführt hätten. Dieses Kriterium ist besonders schwer zu erfüllen, da die Befragungsergebnisse letztendlich auch interpretiert werden müssen. Und bei der Interpretation sind gemäß der Frage „Ist das Glas halbvoll oder halbleer?" verschiedene Sichtweisen möglich.

▶ *Objektivität*

Ein objektives Ergebnis zu bekommen, ist dann besonders schwer, wenn handfeste Interessen hinter einer Untersuchung stehen. Damit ist gemeint, dass man ein konkretes Interesse daran hat, dass ein Ergebnis positiv oder negativ ausfällt.

Bei Herrn Bossi wäre das wohl mit Sicherheit der Fall gewesen. Bei ihm wäre die Objektivität sicherlich nicht im notwendigen Ausmaß vorhanden gewesen. Deshalb war es richtig, ihn von der Befragung fern zu halten. Ist jedoch Frau Bossi selbst objektiv genug?

Insofern ist es zur Erfüllung der Objektivität günstig, wenn die Studie von Externen durchgeführt wird, die kein Eigeninteresse an einem bestimmten Ergebnis haben.

Hinweis

Mit nicht objektiven Studienergebnissen ist man fast täglich konfrontiert. So ist in den Medien immer wieder von Studien zu lesen, die das Rauchen oder Alkohol trinken verharmlosen, die belegen, dass Schokolade essen eigentlich sehr gesund ist und dass das Autofahren mit dem Klimawandel überhaupt nichts zu tun hat. Bei näherer Recherche kann durchaus herauskommen, dass Tabak-, Alkohol-, Schokolade- oder Autoproduzenten die Studie in Auftrag gegeben haben.

4. 3. 3. PHASEN DER MARKTFORSCHUNG

> Phasen der Marktforschung

Im Zuge einer Marktforschung werden folgende Phasen unterschieden:

1. Definition des Problems
   → „Ist pink eine gute Farbe für (Pizza)Saucen?"
2. Auswahl und Durchführung der Erhebungsmethode
   → Befragung, Test, Beobachtung
3. Auswertung
4. Interpretation

4. 3. 4. PRIMÄRE UND SEKUNDÄRE MARKTFORSCHUNG

> primäre und sekundäre Marktforschung

Frau Bossi hat das Instrument des **Tests** mit einer anschließenden **Befragung** der Teilnehmer (= Probanden) verwendet.

Frau Bossi hätte es sich allerdings auch einfacher machen und sich anderer Verfahren bedienen können. Sie hätte beispielsweise eine Recherche

→ in der Fachliteratur
→ in Fachzeitschriften
→ im Internet

durchführen können. Vielleicht hat es ja bereits schon irgendwo auf der Welt Untersuchungen genau zu diesem Thema – oder einem ähnlich gelagerten Problem – gegeben.

Insbesondere seit es das Internet gibt, ist es sehr wahrscheinlich, dass man Untersuchungen finden kann, die zur Akzeptanz der Farbe pink im Allgemeinen und wahrscheinlich sogar zur Verwendung dieser Farbe bei Lebensmitteln (zB bei Getränken) durchgeführt wurden. Daraus könnte man sogar erste Schlüsse ziehen, wie es um die Akzeptanz der Farbe pink auf Pizzas steht.

Allerdings stellt sich dann gleich wieder die Frage: Sind die gefundenen Ergebnisse auch aussagekräftig? Kann man beispielsweise auf einen Erfolg der PinkSauce für Pizzas in Europa schließen, wenn in Japan eine PinkSauce für Kugelfische Furore macht?

Diese Art der Marktforschung, bei der man bestehende Literatur oder andere Studien analysiert, wird **Sekundärforschung** genannt. Erhebungen, die man selber durchführt, werden als **Primärforschung** bezeichnet (= Verfahren der Marktforschung).

Bei den primären Marktforschungsverfahren können folgende Methoden gewählt werden:

> Methoden der primären Marktforschung

- Beobachtung: Es wird – entweder offen oder verdeckt – beobachtet, wie sich die Probanden verhalten (zeigen sie sich begeistert, bestellen sie öfters, gibt es Beschwerden etc.)
- Befragung: Diese kann schriftlich oder mündlich (mit Interviewer) erfolgen. In beiden Fällen wird ein schriftlicher Fragebogen verwendet werden, der

    Offene Fragen: (Wie beurteilen Sie die Farbe grellgrün für eine Limousine?) und / oder

    Geschlossene Fragen: (Würden Sie für eine Limousine entweder die Farbe rot oder grellgrün bevorzugen?)

    beinhalten kann.
- Test: Hier wird den Probanden die Möglichkeit gegeben, ein Produkt zu probieren. Im Anschluss daran werden Sie mittels Befragung um ein Urteil gebeten.

Auswertung

Die erhobenen Daten und die gegebenen Antworten werden elektronisch erfasst und im Anschluss daran ausgewertet. Bei einfachen Erhebungen kann man dazu ein Excel-Sheet verwenden. Dies wäre beispielsweise ausreichend, um eine Teilnehmer-Auswertung zu erstellen und ein paar Werte daraus zu errechnen, wie zB: „Wie viel Prozent der Teilnehmer haben die PinkSauce mit sehr gut beurteilt?"

Will man jedoch zB errechnen,

- wie Personen, die unter 30 Jahre sind, ein Einkommen von maximal 2.000 Euro und keine Kinder haben, die PinkSauce im Vergleich zu
- Personen, die älter als 60 Jahre, zuckerkrank sind, und mehr als 12 Enkelkinder haben,

beurteilen, dann wird eine Excel-Kalkulation dazu kaum mehr ausreichen. Um solche so genannte Kreuztabellen und komplexe Auswertungen zu erstellen, bedient man sich besser einer extra dafür entwickelter Software (zB SPSS) sowie eines professionellen Marktforschungsinstituts.

Die ausgewerteten Ergebnisse liegen in der Grundversion meist in Tabellenform vor, und werden in weiterer Folge durch aussagekräftige Grafiken veranschaulicht. Dabei können folgende Darstellungsformen verwendet werden:

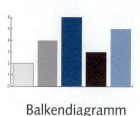
Balkendiagramm

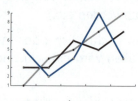
Liniendiagramm

Tortendiagramm

Interpretation der Ergebnisse

Aus den ausgewerteten Befragungsergebnissen müssen dann noch – im Zuge der Interpretation – die richtigen Schlüsse gezogen werden.

Auch bei der Interpretation sind die allgemeinen Qualitätskriterien der Marktforschung (Validität, Reliabilität und Objektivität) zu beachten, ansonsten ist unter Umständen der gesamte vorher betriebene Aufwand obsolet.

Selbst bei sehr aufwändigen Marktforschungen mit mehreren tausenden ProbandInnen können Fehler in der letzten Phase – der Interpretation – passieren und zu Fehleinschätzungen führen.

Dazu wieder unser Beispiel:

Beispiel

> *Was kann man daraus schließen, wenn 33 % der Befragten die PinkPizza mit „schaut scheußlich aus" beurteilen? Personen, die dem Projekt „PinkPizza" positiv gegenüber stehen, werden das Ergebnis so interpretieren: „Nur jeder Dritte hat die PinkSauce eindeutig negativ beurteilt. Das lässt auf eine hervorragende Akzeptanz schließen."*
>
> *Personen, die das Projekt von Anfang an eher kritisch gesehen haben, könnten schließen: „Ein Drittel der TeilnehmerInnen haben die PinkPizza fürchterlich bewertet. Daher ist ein Absturz vorprogrammiert."*

Aus diesem Beispiel ist also gut ersichtlich, dass man aus Statistiken oft genau das herauslesen kann, was man selbst gerade bestätigt haben möchte.

Wer Diskussionen unter Politikern verfolgt, wird sehen, dass diese wahre Künstler darin sind, aus Markt- und Meinungsforschungen genau jene Schlussfolgerung zu ziehen, die ihnen gerade opportun ist.

4. 3. 5. FEHLERQUELLEN IN DER MARKTFORSCHUNG

In jeder Phase der Marktforschung können entscheidende Fehler gemacht werden:

- unzureichend genaue Problemdefinition
- falsche Methodenauswahl
- Fehler bei der Durchführung (zB nicht objektive Interviewer)
- Fehler bei der Dateneingabe und -auswertung
- Fehler bei der Interpretation der Ergebnisse

4. 3. 6. WETTBEWERB

Die zweite wichtige Komponente eines Marktes – den Wettbewerb – gilt es ebenso zu erforschen. Dieses Thema wurde bereits im Kapitel „Unternehmens- und Umfeldanalyse" ausführlich behandelt.

Nachdem ein Markt erforscht und somit dessen Rahmenbedingungen bekannt sind, kann an die konkrete Umsetzung eines Marketingprojektes gegangen werden.

EASY BUSINESS IM TELEGRAMM-STIL

Lernziele

Marketing – Teil 1: Grundlagen, König Kunde, Marktforschung

Folgende kurze und prägnante Beschreibungen und Stichworte zu den Lernzielen der EBC*L Stufe B bieten Ihnen einen komprimierten Überblick zu den behandelten Themen.
Das in den Lernzielen und Prüfungen der Stufe B geforderte „ERLÄUTERN" der betriebswirtschaftlichen Begriffe und Zusammenhänge wird damit jedoch nur sehr bedingt abgedeckt. Dazu dient das Studium der Fachtexte und der Praxis-Beispiele in diesem Buch. Versuchen Sie zusätzlich, auch selbst gewählte Beispiele aus der Praxis zu finden – dies steigert Ihren Lernerfolg.

➤ **Den Begriff Marketing und die Ziele des Marketing erläutern können.**

Unter Marketing versteht man eine streng auf die Bedürfnisse des Marktes ausgerichtete Unternehmenspolitik. Das Marketing kann dabei ausgerichtet sein auf
- die direkte Gewinnung neuer Kunden (zB durch Versenden eines Mailingbriefs mit Bestellmöglichkeit); Ziel kann allerdings auch sein,
- die allgemeine Bekanntheit des Unternehmens oder des Produkts zu erhöhen oder
- das Image des Unternehmens oder des Produkts zu verbessern.

➤ **Die Instrumente des Marketing nennen und erläutern können (Überblick).**
- Marktforschung
- Produktpolitik
- Preis- und Konditionenpolitik
- Vertriebspolitik
- Kommunikationspolitik (Werbung, PR)
- Verkauf

➤ **Die Begriffe externes Marketing und internes Marketing erläutern können.**
- externes Marketing: ist auf den Endkunden eines Unternehmens ausgerichtet
- internes Marketing: richtet sich an Zielgruppen innerhalb des Unternehmens (Mitarbeiter, Vorgesetzte, Abteilungen) Beispiel: für einen Betriebsausflug sollen möglichst viele Teilnehmer gewonnen werden

➤ **Den Begriff Selbstmarketing erläutern können.**

Selbstmarketing: vermarktet wird die eigene Person
Selbstmarketing ist nicht nur Schauspielern, Politikern oder Supermodels vorbehalten, sondern ist für jeden Menschen bedeutsam, der seine Vorzüge und Leistungen „ins rechte Licht" rücken möchte.

➤ **Den Begriff Marketing-Mix erläutern können.**

Darunter ist die optimale Abstimmung der einzelnen Marketinginstrumente zu verstehen (siehe oben).

➤ **Den Aufbau eines Marketingplans erläutern können.**

Ein durchdachter und schriftlich fixierter Marketingplan beinhaltet folgende Eckpunkte:
- Ist-Analyse: Ausgangssituation analysieren und den Anlass, warum Marketing betrieben werden soll
- Festlegung von Zielen: quantitative Ziele (zB Absatzsteigerung eines Produktes), qualitative Ziele (zB Steigerung des Bekanntheitsgrads eines Unternehmens)
- Aktivitäten- und Zeitplan: Maßnahmen und Meilensteine formulieren, die mit einem Zeitplan unterlegt werden
- Kostenplan: Festlegung eines Marketingbudgets

- Kontrolle während und am Ende des Marketingprojektes: Überprüfung, ob die Meilensteine erreicht wurden, zB durch Analyse von Verkaufszahlen, Marktforschung usw.

➤ Kaufmotive von Kunden nennen und erläutern können.

- Rationalverhalten: Der Käufer handelt rational und bewertet die Alternativen nach einer umfassenden Informationsphase nach dem Wirtschaftlichkeitskriterium – das maximale Ergebnis zum bestmöglichen Preis erzielen
- Impulsverhalten: Der Käufer lässt sich von seinen Gefühlen und Eingebungen leiten. Er verzichtet auf Informationen und handelt spontan.
- Gewohnheitsverhalten: Der Käufer verzichtet darauf, bei jedem Kauf eine neue Entscheidung zu treffen und verlässt sich auf bisherige Erfahrungen.
- Sozial abhängiges Verhalten: Der Käufer entscheidet nicht aufgrund eigener Informationen und Erfahrungen, sondern lässt sich von den Wertvorstellungen seiner Umwelt (Freunde, Mitarbeiter, berühmte Personen) leiten.

➤ Die Maslow´sche Bedürfnispyramide erläutern können.

Die Bedürfnisse eines Menschen werden in 5 verschiedene Kategorien eingeteilt:
- Stufe 1: Körperliche Grundbedürfnisse (Essen und Trinken)
- Stufe 2: Sicherheit (Arbeitsplatz, Gesundheit)
- Stufe 3: Soziale Beziehung (Partnerschaft, Freundeskreis)
- Stufe 4: Soziale Anerkennung (Wohlstand, Karriere, Macht)
- Stufe 5: Selbstverwirklichung (Individualität, Talententfaltung, Kunst)

Die hierarchische Struktur ergibt sich daraus, dass Bedürfnisse aufeinander aufbauen. Erst wenn körperliche Grundbedürfnisse und Sicherheitsbedürfnisse erfüllt sind, wird das Bedürfnis nach sozialer Anerkennung aktiviert.

➤ Die Begriffe Bedürfnis und Bedarf erläutern können.

Bedürfnisse hat jeder hunderte, aber nur ein Bruchteil davon kann auch tatsächlich erfüllt werden (zu wenig Geld, zu wenig Zeit). Wird ein Bedürfnis zu einem konkreten Bedarf, liegt ein konkretes Kaufmotiv vor (Bereitschaft ist da, Geld/Zeit zu investieren).

➤ Die Phasen der Kaufentscheidung erläutern können.

- Problemerkennung
- Informationssuche
- Bewertung der Alternativen (rationale/emotionale Kriterien)
- Kaufentscheidung
- Nachkauf-Bewertung

➤ Den Begriff Kognitive Dissonanz erläutern können.

Menschen streben stets danach, ein inneres Gleichgewicht aufrecht zu erhalten. Hinderlich wäre, wenn man nach einer nicht mehr rückgängig zu machenden Entscheidung Zweifel daran hätte (= kognitive Dissonanz) und dadurch aus dem Gleichgewicht kommt. Daher wird man alle positiven Seiten einer Entscheidung hervorheben und die negativen Aspekte unter den Teppich kehren, um eine kognitive Dissonanz zu vermeiden.

➤ Den Begriff Kundensegmentierung erläutern können.

Einteilung der Kunden in verschiedene Gruppen, die dann gezielt angesprochen werden können, zB nach folgenden Kriterien:
- demographisch (Alter, Geschlecht, Bildung)
- geographisch (Stadt, Land, Sprache, Klima)
- psychografisch (impulsiv, rational, konservativ, modern)
- Privatkunden, Firmenkunden

➤ Möglichkeiten zur Kundenqualifikation (Kundentypen) erläutern können.
- guter Kunde / schlechter Kunde
- interner Kunde / externer Kunde
- Privatkunde / Firmenkunde
- Frühentschlossene (Early Adopters) / Mehrheit (Majority) / Nachzügler (Laggards)

➤ Den Begriff Customer Relationship Management (CRM) erläutern können.

Kundenbeziehungs-Management hat das Ziel die Beziehung zu den Kunden so zu gestalten, dass diese einem Unternehmen möglichst lange die Treue halten. Phasen des CRM:
- Kundenidentifikation: Erfassen der Kundendaten, laufende Notizen über die Kundenbeziehung
- Kundengewinnung: durch optimalen Einsatz der Marketing-Instrumente (Produkt, Preis, Werbung etc.)
- Kundenbindung: durch Instrumente wie Stammkundenrabatte, Prämien, bevorzugte Behandlung etc.
- Beschwerdemanagement: professionelle und freundliche Behandlung des reklamierenden Kunden und Finden einer Lösung für das aufgetretene Problem
- Kundenrückgewinnung: Erforschen der Ursache, warum ein Kunde zu einem Mitbewerber wechselt und Versuch, durch attraktives Angebot oder bessere Betreuung den Kunden zurück zu gewinnen

➤ Den Begriff „Gläserner Konsument" erläutern können.

Durch die Sammlung und Auswertung öffentlich zugänglicher Daten werden Konsumenten durchschaubar und berechenbar. Durch die Nutzung von Kreditkarten, Suchmaschinen, Versteigerungsbörsen oder Einkaufsforen im Internet usw. werden Spuren hinterlassen, die Rückschlüsse auf die jeweiligen Interessen von Konsumenten zulassen.

➤ Den Begriff Datamining erläutern können.

Mittels Datamining werden große Datenmengen mit Hilfe statistischer oder rechnerischer Verfahren automatisch ausgewertet. Auf diese Weise werden Regeln und Muster im Kundenverhalten erkennbar, und Marketing- und Verkaufsstrategien darauf ausgerichtet.

➤ Kundenbindungsinstrumente nennen und erläutern können.
- Stammkundenrabatte
- Prämien, die gutgeschrieben werden, wenn eine gewisse Umsatzhöhe erreicht wird
- bevorzugte Behandlung (zB keine Wartezeiten)
- Geschenke (Geburtstag, Weihnachten)
- Einladungen zu Firmenfeiern
- Gratisflüge (Flugmeilen)
Meistens sind solche Kundenbindungsmaßnahmen an die Ausstellung einer Kundenkarte gekoppelt.

➤ Den Begriff Beschwerdemanagement erläutern können.
- Es bietet die Chance, einen treuen und zufriedenen Kunden zu gewinnen, wenn dessen Beschwerde ernst genommen und eine befriedigende Lösung herbeigeführt wird.
- Man bekommt wichtiges feed back, was man in Zukunft besser machen sollte.
- Die professionelle und freundliche Behandlung einer Beschwerde kann verärgerte Kunden mit dem Unternehmen „versöhnen" und dadurch das Entstehen eines größeren Schadens vermieden werden (zB schlechte Mundpropaganda, Folgekunden haben das gleiche Problem).

➤ Den Begriff Cross Selling erläutern können.

Marketingstrategie, die darauf abzielt, einem Kunden zusätzlich zum aktuell getätigten Kauf auch andere Produkte und Leistungen zu verkaufen, indem man versucht herauszufinden, welchen weiteren Bedarf ein Kunde hat.

➤ Den Begriff Vollkundenprinzip erläutern können.

Marketingstrategie, die darauf abzielt, einen Kunden nicht nur in einer Produktsparte zu betreuen, sondern ihn auch im Rahmen anderer Produktsparten als Kunden zu gewinnen. Beispiel: Kunde hat eine Pkw-Haftpflichtversicherung und auch Bedarf nach einer Haushaltsversicherung, nach einer Finanz-Anlage, nach einer Unfallversicherung etc.

➤ Ziele und Bereiche der Marktforschung erläutern können.

Je besser ein Markt erforscht ist, umso zielgerichteter können weitere Marketingaktivitäten (Produktpolitik, Werbung etc.) geplant und umgesetzt werden. Bereiche der Marktforschung sind
- die Kunden („König Kunde")
- der Wettbewerb (= Konkurrenz, Mitbewerber)
- Beschaffungsmärkte (Arbeitsmarkt, Lieferanten, etc.)

➤ Die Qualitätskriterien Validität, Reliabilität und Objektivität der Marktforschung erläutern können.
- Validität: Es muss tatsächlich das gemessen werden, was auch wirklich gemessen werden soll (was das Erhebungsziel ist).
- Reliabilität: Man soll sich in einem hohem Ausmaß darauf verlassen können, dass ein erforschtes Ergebnis auch tatsächlich der Wahrheit (= der Realität) entspricht. Faktoren, die die Reliabilität (= Zuverlässigkeit) beeinflussen:
  > Größe der Stichprobe (in Englisch: sample)
  > Qualität der Stichprobe
- Objektivität: Das gleiche Ergebnis sollte auch dann zustande kommen, wenn andere Personen eine Erhebung durchgeführt hätten.

➤ Den Begriff Stichprobe erläutern können.

Unter Stichprobe versteht man eine ausgewählte Teilmenge bzw. jene Anzahl an Probanden, die an einer Erhebung teilnimmt. Im Bereich der Marktforschung besteht das Ziel darin, durch die Stichprobe aussagekräftige Ergebnisse zu gewinnen, die auf die gesamte Zielgruppe eines Marktes schließen lassen. Einflussfaktoren einer Stichprobe sind:
- der Umfang der genommenen Stichprobe (je größer, desto aussagekräftiger die Ergebnisse)
- die Qualität der Stichprobe: bei der Auswahl ist darauf zu achten, eine repräsentative Stichprobe zu erhalten, also jene Personen, die tatsächlich zur Zielgruppe gehören

➤ Die Phasen (Ablauf) der Marktforschung erläutern können.
- Phase 1: Definition der Aufgabenstellung - Was will man tatsächlich wissen?
- Phase 2: Auswahl und Durchführung der Erhebungsmethode – Als Instrumente stehen zB zur Verfügung: Beobachtung, Befragung, Test
- Phase 3: Auswertung der Daten
- Phase 4: Interpretation der Ergebnisse

➤ Die Begriffe primäre Marktforschung und sekundäre Marktforschung erläutern können.
- Primäre Marktforschung = Erhebungen werden selbst durchgeführt, indem Marktteilnehmer erstmalig und direkt „erforscht" werden (Auswahl einer Stichprobe und Untersuchungsverfahren)

- Sekundäre Marktforschung = Erkenntnisse werden aus bereits vorliegenden Daten gewonnen, zB durch das Studium von Literatur, bestehender Studien, Internet-Recherchen etc.

➤ Die Methoden der primären Marktforschung Befragung, Beobachtung und Test erläutern können.
- Befragung: schriftlich oder mündlich (durch einen Interviewer) – Basis ist ein standardisierter, schriftlicher Fragebogen
- Beobachtung: es wird – entweder offen oder verdeckt - beobachtet, wie sich Probanden in einer bestimmten Situation verhalten (zeigen sie sich begeistert, bestellen sie öfters, gibt es Beschwerden etc.)
- Test: hier wird den Probanden die Möglichkeit gegeben, ein Produkt zu probieren. Im Anschluss daran werden Sie mittels Befragung um ein Urteil gebeten.

➤ Fehlerquellen der Marktforschung erläutern können.
- unzureichend genaue Problemdefinition
- falsche Methodenauswahl
- Fehler bei der Durchführung (zB nicht objektive Interviewer)
- Fehler bei der Dateneingabe und -auswertung
- Fehler bei der Interpretation der Ergebnisse

➤ Faktoren zur Wettbewerbsanalyse erläutern können.
siehe dazu: Kapitel Ist-Analyse

4. 4. Produktpolitik

Lernziele:

➤ Den Begriff „Produktpolitik" und mögliche produktpolitische Strategien erläutern können.

➤ Den Begriff „Produktlebenszyklus" erläutern können.

➤ Die Begriffe „Sortimentspolitik", „Sortimentsbreite" und „Sortimentstiefe" erläutern können.

➤ Die Begriffe „Produktinnovation", „-variation", „-differenzierung" und „-elimination" erläutern können.

➤ Eine Produkt-Portfolio-Analyse erläutern können.

4. 4. 1. PRODUKTPOLITIK: BEGRIFF UND STRATEGIEN

Der Produktpolitik voranzustellen, sind folgende zwei grundsätzliche Fragen:

➟ Wie soll ein Produkt gestaltet sein, damit es den Bedürfnissen der angepeilten Zielgruppe entspricht?

➟ Wie muss das Produkt gestaltet werden, damit es erstens finanzierbar ist, und zweitens, sich auch rechnen kann (wirtschaftlich rentabel ist)?

➤ *Produktpolitik*

Beiden grundlegenden Fragen wird sehr oft zu wenig Aufmerksamkeit gewidmet. Auf der einen Seite werden Produkte gemacht, die einem in erster Linie selbst gefallen – ob potenzielle Kunden ebenfalls davon entzückt sind, interessiert vorerst weniger.

Auf der anderen Seite werden von den Unternehmern selbst bzw. einzelnen Abteilungen oft über die Maßen hohe Ansprüche an die Qualität der eigenen Produkte gesetzt. Diese zu erfüllen, kann dann so teuer kommen, dass kein Kunde bereit ist, den dafür erforderlichen, hohen Preis zu bezahlen. „Etwas weniger Perfektion, dafür aber leistbarer" kann des Öfteren eine sinnvolle (weil wirtschaftliche) Handlungsmaxime sein.

In größeren Unternehmen kommt es immer wieder zu heißen Diskussionen zwischen den Abteilungen Produktion, Marketing, Verkauf und Controlling, wo genau über diese vorher beschriebene Problematik gestritten wird, da hier oft unterschiedlichste Ansichten aufeinanderprallen.

Produktpolitik – Begriff und Strategien

Natürlich muss ein Produkt auch integraler Bestandteil des gesamten Marketing-Mix sein, und daher mit allen anderen Marketing-Maßnahmen abgestimmt werden.

Bei der strategischen Ausrichtung der grundlegenden Produktpolitik haben Unternehmen mehrere Entscheidungen zu treffen:

➤ *produktpolitische Strategien*

- Soll man stets neue, innovative Produkte anbieten oder sich darauf konzentrieren, möglichst schnell gute und erfolgreiche Ideen zu kopieren?
- Wird Wert auf hohe Qualität (zu einem entsprechend hohen Preis) gelegt oder begnügt man sich mit geringerer Qualität (und kann dafür preisgünstiger anbieten)?
- Werden möglichst viele Produkte im Sortiment geführt oder konzentriert man sich auf einige wenige?
- Sollen Zusatzleistungen rund um das Produkt angeboten werden (wie Lieferung, Montage, Finanzierung o.Ä.)?

Innovator oder Adaptor

➤ *Produktinnovation*

Es gibt Unternehmen, die dafür bekannt sind, dass sie stets mit neuen Produktideen aufhorchen lassen und damit die gesamte Branche vor sich hertreiben. Besonders innovative Unternehmen (= **Innovatoren**) gibt es in jedem Bereich, sei es in der Automobilbranche, bei den Erzeugern von Mobiltelefonen, Mikrochips oder Uhren. Aber auch bei den Dienstleistern gibt es Unternehmen mit ständig neuen Ideen, wie zB Restaurants mit außergewöhnlichen Speisekreationen, Hotels mit ausgefallenen Verwöhnangeboten, Versicherungen mit einzigartigen Zusatzleistungen.

Solche Unternehmen nehmen nicht nur hohe Forschungs- und Entwicklungskosten in Kauf, sondern auch jene Ausgaben, die für das Bekanntmachen einer neuen Produktidee notwendig sind. Zusätzlich sind sie dazu bereit das Risiko zu übernehmen, dass ein aufwändig entwickeltes Produkt vom Markt überhaupt nicht angenommen wird. Die Gründe dafür können vielfältiger Natur sein:

1. Es braucht tatsächlich niemand (nicht einmal geschenkt).
2. Man ist zu früh auf dem Markt. Die Kunden sind noch nicht reif dafür.
3. Man ist zu spät am Markt. Jemand anderer hat das Rennen gewonnen und das gleiche oder ein ähnliches Produkt schon vorher auf den Markt gebracht.

Diesem Risiko steht der Vorteil entgegen, dass man den gesamten Lebenszyklus eines Produkts – vom Anfang bis zu seinem Ende – Zeit hat, die Kosten wieder hereinzubekommen und insbesondere in der attraktiven Wachstumsphase lukrative Gewinne einstreifen zu können.

Zudem haben Innovatoren auch einen Imagevorteil, aus dem sie Kapital schlagen können, weil sie dadurch höhere Preise am Markt erzielen können.

Innovatoren haben jedoch noch ein weiteres Risiko zu tragen, nämlich die Konkurrenz durch die so genannten **Adaptoren**. Das sind jene Unternehmen, die eine neue Produktidee eines Innovators aufgreifen und oft ziemlich ungeniert und mit großer Perfektion kopieren. Bekannte Adaptoren gibt es ebenfalls in jedem Bereich, sei es in der Uhren- oder Turnschuherzeugung, den Softwareschmieden, in der Textilbranche usw.

Besonders hervorgetan haben sich auf diesem Gebiet schon immer Unternehmen aus Fernost, die diese Kunst perfektioniert haben. Manchmal geschieht das auch auf illegale Art und Weise; man denke an die Millionen Raubkopien von Musik- und Film-DVDs, Poloshirts oder Exklusivuhren.

Die Vorteile der Adaptoren liegen auf der Hand. Sie vermeiden alle Nachteile, die die Innovatoren haben. Daher können sie auch einen entsprechend geringeren Preis verlangen und damit dem Innovator das Leben zusätzlich schwer machen. Dafür besteht die Gefahr, dass Adaptoren erst dann in den Markt einsteigen, wenn der Produktlebenszyklus bereits an einem weniger profitablen Punkt angelangt ist.

4. 4. 2. TREND ZU IMMER KÜRZEREN PRODUKTLEBENSZYKLEN

Im Zuge der Globalisierung hat sich das Risiko der Nachahmung für die Innovatoren zusätzlich verschärft. Denn sie haben es nun mit Adaptoren aus der gesamten Welt zu tun. Bildlich gesprochen bedeutet das: Die Anzahl der jagenden Hunde, die den „innovativen Hasen" nachsetzen, ist sprunghaft gestiegen.

Damit die „innovativen Hasen" überleben können, sind sie gezwungen, in immer kürzeren Zyklen Haken zu schlagen und neue Produkte auf den Markt zu bringen.

Der Lebenszyklus von Produkten kann oft nur mehr einige wenige Monate betragen. Was heute eingeführt wird, ist schon bald in der Phase der Marktsättigung angelangt.

➤ *Produktvariation*

Über **Produktvariationen** – das bedeutet, man verändert ein bestehendes Produkt, indem man beispielsweise ein neues Design entwirft (eckig statt rund), die Leistungsfähigkeit erhöht (3 statt 2 Gigabyte), zusätzliche Funktionen anbietet (Handy mit Fernsehen) – wird versucht, das Ende eines Produktlebenszyklus hinauszuzögern.

➤ *Produktelimination*

Allerdings wird es irgendwann einmal an der Zeit sein (sehr oft früher, als man glaubt), „das alte Eisen" aus dem Produktsortiment zu **eliminieren**.

(siehe dazu: Produktlebenszyklus und Produktportfolio im Kapitel Analyse- und Planungsinstrumente).

Wie können sich Innovatoren schützen?

Rechtlich gesehen können sich Innovatoren durch die Anmeldung von Patenten und Marken schützen. Ersteres ist jedoch nur für Produkte möglich, die es tatsächlich in einer bestimmten Form noch nicht gibt. Das wird einerseits ohnehin auf die wenigsten Produktentwicklungen zutreffen, andererseits ist der Aufwand, ein Patent zugesprochen zu bekommen, enorm hoch. Dem entsprechend gering ist der Anteil von Klein- und Mittelunternehmen, die Patente anmelden. Im Gegensatz dazu melden große Konzerne jährlich hunderte Patente an.

Die Anmeldung von Marken (= Namen für Produkte) ist hingegen um einiges leichter. Diese bieten insofern eine gewisse Sicherheit, als andere Unternehmen eine angemeldete Marke nicht verwenden dürfen. Man unterscheidet dabei

- reine Wortmarken (zB „Bossi's PinkSauce")
- reine Bildmarken (zb Figur Bossi mit Saucenglas)
- Wortbildmarken (Figur Bossi kombiniert mit dem Schriftzug „Bossi's PinkSauce"

Pizzeria Bossi: Patent- und Markenschutz für die PinkPizza?

Die Geheimrezeptur der deliziösen Pizzasauce kann durchaus als Innovation gesehen werden. Es ist allerdings fraglich, ob sie die Voraussetzungen erfüllen kann, um als Patent angemeldet zu werden.

Was sicherlich nicht schutzwürdig ist, ist das Einfärben der Sauce mit der Farbe pink. Das kann schnell auch von jedem anderen kopiert werden und die Bossis werden wenig dagegen machen können.

Frau Bossi will aber zumindest den Namen „Bossi" als Marke schützen lassen. Niemand anderer soll diesen Namen für Werbezwecke verwenden dürfen. Da sie in Zukunft die Saucen auch über die Landesgrenzen hinaus verkaufen möchte, will sie die Marke „Bossi" gleich international – am besten weltweit – schützen lassen.

Der Berater bei der Kammer, den sie diesbezüglich konsultiert, muss ihre Ambitionen allerdings etwas zügeln. Er erläutert ihr Folgendes:

- *Die Marke „Bossi" alleine ist nicht schutzwürdig. Möglich wäre vielleicht die Wortmarke „Bossi-Saucen" oder „Bossi's PinkSauce". Sehr gute Chancen hätte die Wortbildmarke „Bossi's PinkSauce mit einem Bild oder einer Grafik".*
- *Die Anmeldung für das eigene Land kostet insgesamt rund 700 Euro; die Marke in ganz Europa anzumelden, würde sich bereits um die 5.000 Euro belaufen. Das ganze weltweit zu versuchen, würde mit zumindest 7.000 Euro zu Buche schlagen.*

Damit ist Frau Bossi schnell wieder am Boden der Realität angelangt und entschließt sich, eine Wortbildmarke nur im eigenen Land anzumelden. Diese wird auch nach 6 Monaten registriert.

Hohe oder geringe Qualität

Auch diese Grundsatzentscheidung wird bereits durch die allgemeine Unternehmenspolitik vorbestimmt. Unternehmen, die bewusst auf eine hohe Qualität setzen, müssen dies auch nach außen hin kommunizieren (zB durch eine entsprechende Markenpolitik) und durch höhere Preise vor allem auch zu Geld machen können. Ansonsten wäre der Aufwand zur Erbringung der hohen Qualität nicht gerechtfertigt.

Viele Unternehmen fahren oft eine Zwei-Schienen-Strategie. Sie bieten sowohl hochqualitative Markenprodukte, als auch Produkte mit geringerer Qualität und unbekanntem Produktnamen an (= „No Name"-Produkte). Oft verbirgt sich hinter diesen „No Name"-Produkten allerdings das gleich hochwertige Produkt, nur in einer anderen Verpackung.

4. 4. 3. SORTIMENTSPOLITIK

Zu den strategischen Fragen der Produktpolitik gehört auch, ob man den Kunden eine möglichst breite Palette an Produkten (= **Sortiment**) anbieten möchte oder ob man sich auf das Anbieten einiger weniger Produkte konzentriert.

Beispiel

Am Beispiel der Pizzeria Bossi erläutert: Sollen sich die Bossis weiterhin auf italienische Speisen beschränken oder zusätzlich auch französische oder österreichische Küche sowie Kochkurse anbieten?

▶ *Sortimentspolitik*

Für eine **breite Sortimentspolitik** spricht, dass bereits gewonnenen Kunden mit relativ wenig Aufwand zusätzlich etwas verkauft werden kann. Der Kunde hat den Vorteil, nur einen einzigen Ansprechpartner zu benötigen, der mehrere Probleme für ihn lösen kann. Er muss sich daher nicht mit dutzenden anderen Anbietern herumschlagen.

Es spricht allerdings auch etwas Gewichtiges dagegen: Es ist außergewöhnlich schwer, auch in nur einem einzigen Produktbereich die hohen Qualitätsansprüche der heutigen Kunden erfüllen zu können. Diese verzeihen kaum noch Fehler und wandern schnell zur Konkurrenz ab. Laufen andere Sortimentsbereiche schlecht, können diese auch das Kerngeschäft gefährden.

Weiters ist die Gefahr groß, dass Unternehmen mit breitem Sortiment das Image eines „Tante-Emma-Ladens" bekommen: von allem ein bisschen, aber nichts wirklich perfekt.

Eine vollkommen andere Politik wäre es, nur ein Produkt oder sehr wenige Produkte anzubieten, diese allerdings in allen denkbaren Variationen. In diesem Fall etabliert man sich gleichsam als Spezialist in einem Produktbereich und bietet hier ein **tiefes Sortiment** an.

Allerdings hat diese Politik den gewichtigen Nachteil jeder Spezialisierung: das Risiko konzentriert sich nur auf ein einziges oder wenige Produkte. Wenn diese veralten oder durch Konkurrenzprodukte bedroht werden, dann ist gleichzeitig das gesamte Unternehmen gefährdet.

Beispiel

Am Beispiel der Pizzeria Bossi erläutert: Die Bossis konzentrieren sich ausschließlich auf Pizzas (und eliminieren sogar die Lasagne und andere Pastas aus dem Programm). Dafür bieten sie die Pizzas in 125 verschiedenen Variationen – in einer unvergleichlichen Qualität – an.

Zusatzleistungen

Wer in einem Möbelhaus einen Schlafzimmerschrank kauft, kann unter Umständen dort einen Plan zeichnen, den Schrank liefern und montieren lassen. Vielleicht bietet das Möbelhaus auch eine Gratisfinanzierung an (zB: zahlbar erst in 6 Monaten).

Mit solchen Zusatzleistungen soll die Attraktivität des Kernprodukts erhöht werden. Für die Anbieter der Zusatzleistungen kann problematisch sein, dass sie sich auf Terrain begeben, auf dem sie weder fundiertes Know-how haben, noch die erforderlichen Kapazitäten voll auslasten können.

Daher gehen immer mehr Anbieter dazu über, diese Zusatzleistungen nicht selbst zu erbringen, sondern von Spezialisten zuzukaufen (zB von Transportunternehmen, Tischlern, Glasern, Elektrikern, Installateuren etc.).

4. 4. 4. BEGRIFFE DER PRODUKTPOLITIK – ZUSAMMENFASSUNG

Abschließend sollen die Möglichkeiten der produktpolitischen Gestaltung nochmals zusammengefasst und die Begrifflichkeiten erläutert werden:

Begriff	Erläuterung
Produktinnovation	Anbieten eines vollkommen neuen Produkts
Sortimentsverbreiterung (Produktdiversifikation)	Anbieten zusätzlicher Produkte bzw. Produktgruppen
Sortimentsvertiefung (Produktdifferenzierung)	Anbieten eines Produkts in verschiedensten Varianten
Produktvariation	Veränderung eines bestehenden Produkts
Produkteliminierung	Entfernen eines Produkts aus dem Angebot

Produktpolitik

Pizzeria Bossi: Produktpolitik für „Bossi's PinkSauce"

Für Frau Bossi ist nach den eindeutigen Ergebnissen der Gästebefragung die Entscheidung längst gefallen. Sie will die PinkSauce nicht nur in der eigenen Pizzeria einsetzen, sondern auch in großem Stil als eigenes Produkt verkaufen.

Die Grundpfeiler für die Produktgestaltung der PinkSauce sind gegeben:

- *Geheimrezeptur von Frau Bossi*
- *die Farbe pink*

Frau Bossi hat mehrere Zielgruppen im Auge:

1. *die Gäste der Pizzeria Bossi*
2. *andere Pizzerias, die die PinkPizzas ebenfalls anbieten wollen und*
3. *Kunden, die über Delikatessenmärkte erreicht werden sollen*

Frau Bossi will die PinkSauce als exklusives Produkt platzieren. Das Produkt soll daher Folgendes bieten können:

- *hohe Qualität*
- *umweltbewusst hergestellte Zutaten*
- *schonende Zubereitung*
- *wenig Kalorien*
- *ansprechendes Design der Verpackung*
- *lange Haltbarkeit*

Zu Beginn ist nur daran gedacht, die PinkSauce ausschließlich für Pizzas anzubieten. Mit dieser Innovation möchte sie zuerst einen guten Ruf und Namen aufbauen. (Phase 1: Spezialisierung, Innovation).

Ist der erste Schritt geschafft, sollen in weiterer Folge nicht nur PinkSaucen für Pizzas, sondern auch für Spaghetti und Pasta angeboten werden. (Phase 2: Diversifizierung).

Pink soll nicht nur die Sauce selbst sein, sondern auch die Verpackung soll in einem auffälligen Pink gestaltet werden. Frau Bossi denkt da bereits etwas voraus. Sie will die Saucen ja auch über Delikatessenmärkte verkaufen, und da muss die Verpackung – neben den vielen anderen Produkten in den Regalen – wirklich hervorstechen.

Frau Bossi muss auch eine Entscheidung darüber treffen, in welcher Form die Saucen abgefüllt werden sollen. Bei genauerer Recherche bietet sich eine Unmenge an Möglichkeiten an: Glasflaschen, Plastikflaschen, Alu-Dosen, beschichtetes Papier (Tetrapack).

Produktpolitik

Jede einzelne Verpackungsart hat ihre Vor- und Nachteile: Was in der Produktion günstig erscheint (zB Tetrapack), ist aus marketingtechnischer Sicht wieder weniger günstig (Tetrapack hat eher ein Billigimage). Glas wäre ein gutes Qualitätssignal an die Kunden, ist in der Produktion und im Transport allerdings aufwändiger.

Die Abfüllung in Aludosen wiederum bietet den Vorteil der langen Haltbarkeit. Ist das jedoch aus ökologischer Sichtweise ein gutes Signal?

Schließlich trifft Frau Bossi folgende Vor-Entscheidung: Für die Kundengruppe „Pizzerias" wird die Sauce in großen Alubehältern abgefüllt. Für die Endkunden soll die Sauce in einer exklusiv gestalteten Glasflasche abgefüllt werden. (= <u>Produktvariation</u>).

Allerdings ist dazu noch lange nicht das letzte Wort gesprochen. Es muss noch genau kalkuliert werden, ob es sich rechnen kann, zwei verschiedene Abfüllverfahren anzuwenden. (siehe dazu Kapitel „Wirtschaftlichkeitsrechnung").

Das Gleiche gilt für die Auslieferung der PinkSaucen. Aus eigener Erfahrung weiß Frau Bossi, dass viele Restaurantbesitzer nur eine ad hoc-Planung betreiben und sich erwarten, jederzeit mit der Sauce beliefert zu werden. Das bedeutet, dass erst dann bestellt wird, wenn es fast schon zu spät ist. Geliefert sollte die bestellte Ware dann in kürzester Zeit werden – am besten schon „gestern".

Dieser flexible Lieferservice ist daher sicherlich wichtig, kann aber auch sehr teuer werden. Letztendlich müssten diese Kosten auf den Preis aufgeschlagen werden, was die Saucen unnötig verteuern würde. Frau Bossi überlegt daher, diese Problematik mit anderen begleitenden Maßnahmen in den Griff zu bekommen. Sie will den Pizzerias anbieten, eine automatisierte wöchentliche e-mail-Anfrage zum Lagerbestand zu senden.

4. 5. Preispolitik

Lernziele:

▶ Rahmenbedingungen der Preispolitik erläutern können.

▶ Den Begriff „Preis-Absatz-Funktion" erläutern können.

▶ Den Begriff „Signalfunktion des Preises" erläutern können.

▶ Den Begriff „Preiselastizität der Nachfrage" erläutern sowie diese berechnen können.

▶ Preispolitische Strategien nennen und erläutern können.

▶ Die Begriffe „Abschöpfungsstrategie" sowie „Discount- bzw. Penetrationsstrategie" erläutern können.

▶ Den Begriff „Preisdifferenzierung" erläutern können.

Produktentscheidungen gehören eher zu den strategischen Entscheidungen, die nicht täglich überdacht werden. Dies ist bei den Preisentscheidungen jedoch völlig anders. Die quälende Frage „Welchen Preis soll man für sein Produkt verlangen?", beschäftigt einen Unternehmer Tag für Tag. Denn was nutzt das tollste Produkt, wenn es dem Kunden auch nur eine Spur zu teuer ist, und deswegen zum Ladenhüter wird? Aber auch nach einem erfolgreich getätigten Verkauf drängt sich immer wieder die leidige Preisfrage auf: Wäre der Kunde bereit gewesen, auch viel mehr zu bezahlen? Hat man das Produkt nicht viel zu billig hergegeben?

Bossi's PinkSauce: Probleme mit dem Preis

Gemeinsam mit Herrn Salz ist es Frau Bossi gelungen, auch ihren Mann von der Idee zu überzeugen, die PinkSauce in Flaschen abzufüllen und zu verkaufen. Nachdem man sich über die Produktpolitik geeinigt hat, steht die Preisentscheidung an. Was soll für die PinkSauce verlangt werden?

Für Herrn Salz ist die Preisbestimmung klar: Wir berechnen unsere eigenen Kosten und schlagen dann 50 % dazu. Nach seiner Kalkulation ergäbe sich ein Preis von 1,50 Euro pro Flasche. Wenn sich das Produkt gut verkauft, könne man mit dem Preis ja sukzessive weiter nach oben gehen.

Herr Bossi wiederum ist der Meinung, dass – wenn er schon die Sauce mit dem Geheimrezept verkauft – die Kunden dafür auch einen angemessen höheren Preis bezahlen sollen.

Ihm schwebt ein Preis von mindestens 4 Euro pro Flasche vor. Die 300% Gewinnaufschlag auf die Selbstkosten findet er angesichts des enormen Risikos, das sie dafür auf sich nehmen müssen, angebracht. Mit diesem Preis könnte man bereits in der Anfangsphase einen schönen Gewinn erzielen, und später ja immer noch den Preis sukzessive senken.

Da Welten zwischen diesen beiden vorgeschlagenen Verkaufspreisen liegen, entspinnt sich ein heftiger Disput. Es liegt an Frau Bossi, die beiden wieder zu beruhigen und etwas Niveau und Sachlichkeit in die Diskussion zu bringen. Was glauben Sie, wie ihr Zugang zur Preisbestimmung ist?

Frau Bossi macht die Beiden darauf aufmerksam, dass sie bei der ganzen Diskussion etwas Wesentliches außer Acht gelassen haben, nämlich die Frage: Welchen Preis lässt der Markt zu? Was sind die Kunden bereit zu zahlen und welche Preise verlangt die Konkurrenz für vergleichbare Produkte?

Somit besinnt man sich wieder auf die Marktforschungsergebnisse, wo den Teilnehmern auch die Frage nach dem Preis gestellt wurde, den sie bereit wären, für die PinkSauce zu bezahlen. Hier hat sich ein Preis von ca. 3 Euro als akzeptabel herauskristallisiert.

3 Euro könnte auch ein Preis sein, der sich gegenüber den Konkurrenzprodukten gut argumentieren lässt. Man wäre zwar drei Mal so teuer als die billigsten am Markt erhältlichen Saucen, allerdings würde man ziemlich gleichauf mit dem Anbieter einer exklusiven Sauce liegen, die jedoch bei weitem nicht an die Qualität und die Originalität von Bossi's PinkSauce heranreicht.

4. 5. 1. RAHMENBEDINGUNGEN DER PREISPOLITIK

Unser Beispiel zeigt, wie schwierig und komplex die Preisbestimmung sein kann. Entscheidend dabei ist, dass die gegebenen Rahmenbedingungen, die letztlich der Markt vorgibt, beachtet werden.

> *Rahmenbedingungen der Preispolitik*

Die **eigenen Kosten bzw. Selbstkosten** stecken natürlich ebenfalls einen Rahmen ab. Dies allerdings nur insofern, als die Selbstkosten (zuzüglich eines Gewinnaufschlags) für ein Unternehmen die untere Preisgrenze darstellen, zu der es sich noch auszahlt, ein Produkt auf dem Markt anzubieten. Sollte der Marktpreis unter dieser Grenze liegen bzw. unter diese Grenze fallen, dann zahlt es sich für ein Unternehmen nicht aus, das Produkt anzubieten.

Konzentrieren wir uns zuerst auf die tatsächlichen Entscheider, die darüber befinden, ob ein Preis angemessen ist: die **Kunden**.

Die Kunden als wesentlichster Preisentscheidungsfaktor

Wie reagieren die Kunden auf einen erstmals festgesetzten Preis, auf eine Preiserhöhung oder eine Preissenkung? Betriebswirtschaftliche Modelle, die dieses Verhalten zu beschreiben versuchen, gibt es genug. Einige davon sollen in weiterer Folge vorgestellt werden. Eine kleine Warnung vorweg: Ob sich der Kunde an diese Modelle halten wird, kann nicht garantiert werden.

Die Konkurrenz als Preisentscheidungsrahmen

Die aus Anbietersicht traumhafte Monopol-Situation – der berühmte Wasserverkäufer mitten in der Wüste – gibt es kaum noch. Vorangetrieben durch die Globalisierung und das Internet nähern sich immer mehr Märkte der Polypol-Situation (= sehr viele Anbieter). Das bedeutet, dass sowohl die Mitbewerber als auch die Konsumenten einen ausgezeichneten Überblick darüber haben, welche Produkte zu welchem Preis gerade am Markt erhältlich sind. Nicht wettbewerbsfähige Preise werden kundenseitig sehr schnell sanktioniert.

Bei der Festsetzung der Preise ist auch das spezifische Verhalten der Mitbewerber ins Kalkül zu ziehen und deren Verhaltensweisen zu beobachten. Gibt es einen Anbieter, der mit einer besonders **aggressiven Preispolitik** die Konkurrenz vor sich hertreibt – und damit oft auch ein konkretes Ziel verfolgt – nämlich andere lästige Konkurrenten aus dem Markt zu drängen? Oder verhalten sich die Mitbewerber preispolitisch eher ruhig (= **defensive Preispolitik**).

Preispolitik

Preis-Absatz-Funktion

Diese kann wie folgt auf den Punkt gebracht werden:

- je höher der Preis, um so geringer die verkaufte Menge (= Absatz) bzw.
- je niedriger der Preis, um so höher die verkaufte Menge

> *Preis-Absatz-Funktion*

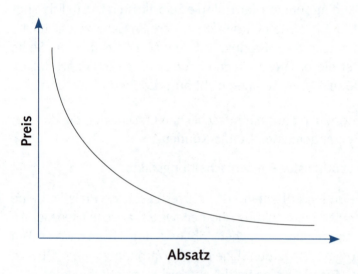

Nach diesem Modell sollte eine Reduktion des Preises unmittelbar zu einer Steigerung der verkauften Menge führen. In welchem Ausmaß das zutrifft, kann durch die so genannte Preiselastizität berechnet bzw. veranschaulicht werden.

4. 5. 2. SIGNALFUNKTION DES PREISES

Manchmal kann es geschehen, dass gerade der gegenteilige Effekt als in der Preis-Absatz-Funktion beschrieben wird, eintritt: Eine Senkung des Preises führt dann zu einem rapide nachlassendem Interesse und zu geringeren Absatzmengen, während eine Preiserhöhung sogar höhere Mengen nach sich zieht.

> *Signalfunktion des Preises*

Hintergrund für diese vielleicht etwas überraschende Reaktion der Kunden ist die so genannte **Signalfunktion** des Preises. Darunter ist zu verstehen, dass

- mit einem hohen Preis auch eine gute Qualität und ein gutes Image verbunden werden,
- während mit einem geringen Preis schlechtere Qualität und schlechteres Image assoziiert werden.

Der Snobeffekt kommt insbesondere bei „Edelmarken" zum Tragen. Für Designerkleidung, Designeruhren oder noble Automarken wäre es tödlich, wenn der Preis unter ein bestimmtes Niveau fallen würde. Damit würde ein zweifach falsches Signal ausgesendet werden, das folgendermaßen interpretiert werden könnte:

- Wenn die den Preis senken, dann haben sie sicher auch bei der Qualität Abstriche gemacht.
- Wenn das so billig ist, dann kann es doch ein Jeder haben. Möchte ich „ein Jeder" sein?

Auf diese Weise kann ein niedriger Preis schnell dazu führen, dass das ehemals begehrte Luxusprodukt für die Reichen uninteressant wird. Da sie sich damit nicht mehr von der Masse abheben können, werden sie sich ein anderes Imageprodukt suchen. Fatalerweise kann dies zusätzlich dazu führen, dass das ehemalige Nobelprodukt in Folge auch für die weniger Reichen an Strahlkraft verliert, und somit auch für diese uninteressant wird.

4. 5. 3. PREISELASTIZITÄT DER NACHFRAGE

Oft werden selbst geringste Preiserhöhungen von den Kunden sofort mit unmittelbarer Kaufreduktion sanktioniert.

So kann bspw. eine Preiserhöhung um lediglich 3 % zu einem Rückgang der verkauften Menge um 20 % führen.

In diesem Fall spricht man von einer **elastischen Nachfrage**. Das bedeutet, der Kunde reagiert auf eine Preisänderung sofort mit einer überproportionalen Mengenänderung. Er kauft dann weniger, kauft bei der (günstigeren) Konkurrenz oder verzichtet ganz auf das Produkt.

▶ *Preiselastizität der Nachfrage*

Von einer elastischen Nachfrage spricht man auch, wenn im umgekehrten Fall auf eine Preissenkung mit einer überproportional gestiegenen Menge reagiert wird, zB wenn der Preis um 5 % gesenkt wird, und die verkaufte Menge um 20 % in die Höhe schnellt.

Fazit: Bei der elastischen Nachfrage bewirkt eine Preisänderung also eine überproportionale Mengenänderung.

Im Gegensatz dazu ist unter einer **unelastischen Nachfrage** zu verstehen, dass eine Preisänderung nur geringe Auswirkungen auf die nachgefragte Menge hat.

Die Formel zur Berechnung der Preiselastizität der Nachfrage lautet:

$$\text{Preiselastizität der Nachfrage} = \frac{\text{Mengenänderung in \%}}{\text{Preisänderung in \%}} \times 100$$

➡ Ergibt sich ein Wert größer als 100 %, dann reagieren die Kunden „elastisch" (= sensibel) auf eine Preisänderung;

➡ ist der Wert kleiner als 100 %, dann reagieren die Kunden „unelastisch" (= unsensibel).

Bossi's PinkSauce: Preiselastizität der Nachfrage

Ein halbes Jahr nach der Markteinführung zum Preis von 3 Euro pro Flasche beschließt Herr Bossi, den Preis der PinkSauce um 5 % auf 3,15 Euro zu erhöhen. Nach einiger Zeit bemerkt er, dass der Verkauf der PinkSauce um alarmierende 20 % zurückgegangen ist. Frau Bossi erklärt ihm dieses Phänomen mit der Preiselastizität der Nachfrage und rechnet gleich aus, dass diese bei enormen 400 % liegt:

$$\text{Preiselastizität der Nachfrage} = \frac{20\% \text{ Mengenänderung}}{5\% \text{ Preisänderung}} \times 100 = 400\%$$

Um dieser Entwicklung gegenzusteuern, wird die PinkSauce im Rahmen der „toskanischen Wochen" um 2,70 Euro statt um 3 Euro feil geboten, also um 10 % günstiger als der ursprüngliche Preis. Die Kunden sind begeistert, und kaufen in diesen Wochen um 30 % mehr von der Sauce.

Nehmen Sie einen Taschenrechner zur Hand und berechnen Sie selbst die Preiselastizität der Nachfrage:

Ihre Lösung

Wenn bei Ihnen ein Wert von 300 % heraus gekommen ist, dann haben Sie richtig gerechnet. In beiden Fällen ist die Preiselastizität der Nachfrage nach der PinkSauce <u>elastisch</u>. Sowohl die Preiserhöhung, als auch die Preissenkung bewirken überproportionale Mengenänderungen.

Nach den „toskanischen Wochen" wird der Preis der PinkSauce wieder um rund 10 % auf den Preis von 3 Euro angehoben. Erfreulicherweise geht die Verkaufsmenge der PinkSauce um nur 5 % zurück. In diesem Fall beträgt die Preiselastizität der Nachfrage lediglich 50 %, was bedeutet, dass die Preisänderung nur eine geringe Auswirkung auf die abgesetzte Menge ausgelöst hat.

Ist eine elastische Reaktion der Kunden zu befürchten, dann muss ein Unternehmen jede Preiserhöhung doppelt und dreifach überdenken. Das fällt natürlich dann besonders schwer, wenn das Unternehmen selbst mit Kostenerhöhungen bei der Produktion oder beim Vertrieb der Produkte konfrontiert ist (zB weil Löhne gestiegen sind oder Lieferanten höhere Preise verlangen).

Die Erwartung, dass der Kunde Verständnis dafür aufbringen wird, wenn eine Kostenerhöhung an ihn weiter gegeben wird, erweist sich oft als trügerisch.

4. 5. 4. PREISPOLITISCHE STRATEGIEN

Insbesondere beim Erstauftritt am Markt ist eine schwierige Grundsatzentscheidung zu treffen: Verfolgt man eine

- Hochpreis-Strategie
- Discountpreis- oder Niedrigpreis-Strategie
- oder versucht man, einen unauffälligen Mittelweg zu beschreiten und sich am Marktführer zu orientieren

▶ *Preispolitische Strategien*

Sie erinnern sich vielleicht an die einleitende Geschichte zur Preisfindung. Herr Bossi und Herr Salz haben zwei gegensätzliche Strategien vorgeschlagen.

Herrn Salz' Vorschlag, zuerst mit einem geringen Preis den Markt zu erobern und dann den Preis zu erhöhen, wird **Penetrationsstrategie** genannt.

▶ *Penetrationsstrategie*

Herrn Bossi's umgekehrte Strategie, mit einem hohen Preis zu beginnen und dann sukzessive den Preis zu senken, wird **Abschöpfungsstrategie** oder auch **Skimming-Strategie** genannt.

▶ *Abschöpfungsstrategie*

Viele Unternehmen gehen auch den Weg der **Preisdifferenzierung**. Darunter ist zu verstehen, dass für verschiedene Zielgruppen bzw. Zielmärkte unterschiedliche Preise verlangt werden.

▶ *Preisdifferenzierung*

Bossi's PinkSauce könnte beispielsweise am Heimmarkt 4 Euro pro Flasche kosten, in Osteuropa 2 Euro und in der Schweiz 6 Euro.

Dabei handelt es sich um eine regionale Preisdifferenzierung. Man könnte allerdings auch bestimmten Zielgruppen wie zB Studenten oder Pensionisten das gleiche Produkt günstiger anbieten (= zielgruppenspezifische Differenzierung).

4. 6. Konditionenpolitik

Lernziele:

➤ *Den Begriff „Konditionenpolitik" und deren Instrumente erläutern können.*

➤ *Den Begriff „Rabatt" und verschiedene Rabattarten erläutern können.*

➤ *Den Begriff „Skonto" erläutern können.*

➤ *Den Begriff „Zahlungsverzugszinsen" erläutern können.*

➤ *Die Lieferbedingungen „frei Haus" und „ab Werk" erläutern können.*

Lernziele

4. 6. 1. INSTRUMENTE DER KONDITIONENPOLITIK

Mit speziellen Konditionen und Aktionen wird versucht, Kunden in gewünschte Bahnen zu lenken. Dazu gehören Rabatte, Zahlungsbedingungen (Skonti, Verzugszinsen) und Lieferkonditionen.

4. 6. 2. RABATT

Unter **Rabatt** ist ein Preisnachlass auf den Normalpreis bzw. Listenpreis zu verstehen. Dieser wird in der Regel in Prozent vom Verkaufspreis ausgedrückt.

➤ *Rabatte*

Beispiel

> *10 % Rabatt bedeuten, dass ein Produkt, dessen Normalpreis 100 Euro beträgt, um 90 Euro erstanden werden kann. Rabatte werden oft auch als „Boni" bezeichnet (zB bieten zahlreiche Unternehmen so genannte Bonusprogramme für Stammkunden an).*

Rabatte können nicht nur in Form von Preisnachlässen erfolgen (**Preisrabatt**), sondern können sich auch in Form von höheren Mengen, besserer Qualität, besserer Betreuung etc. niederschlagen (**Naturalrabatte**).

Rabatte dienen auch als Steuerungsinstrument, mit dem bestimmte Absichten verfolgt werden, zB um Kunden dazu zu bringen:

→ möglichst bald zu kaufen

> → Zeitrabatt: *„Bei Kauf bis Ende des Monats bieten wir Ihnen 10 % Rabatt."*

Beispiele

Konditionenpolitik

- → Frühbucher-Bonus: „*Bei Buchung der Reise bis 30. März bekommen Sie das Doppelzimmer zum Preis von einem Einzelzimmer.*"
- ➡ dann zu kommen, wenn das Unternehmen schlecht ausgelastet ist:
  - → Happy Hour: „*Zwischen 17.00 und 19.00 Uhr kostet jedes Getränk nur die Hälfte.*"
  - → Nebensaison-Preise: „*Bis 20. Dezember kostet der Skipass um 30% weniger.*"
- ➡ mehr vom Produkt zu kaufen
  - → Mengenrabatt: „*Wenn Sie 10 Stück kaufen, bekommen Sie eines gratis dazu.*"
- ➡ dem Unternehmen die Treue zu halten
  - → Treuerabatt für Stammkunden: *zB Gratisflüge für Vielflieger*
- ➡ das Produkt selbst abzuholen: *zB Selbstabholer-Rabatt*

4. 6. 3. SKONTO

Ein Skonto (Mehrzahl: Skonti) soll die Kunden dazu motivieren, möglichst schnell zu bezahlen.

➤ *Skonto*

Beim Skonto handelt es sich um einen prozentuellen **Preisnachlass** auf den **Rechnungsbetrag** bei Barzahlung oder bei **Zahlung** innerhalb einer bestimmten Frist.

Beispiel

> *Die Zahlungsbedingung „Zahlung innerhalb von 7 Tagen abzüglich 2 % Skonto, 30 Tage netto" bedeutet, dass man bei einem Rechnungsbetrag von 100 Euro nur 98 Euro überweisen muss; 2 Euro können gleichsam abgezogen werden (sofern innerhalb von 7 Tagen überwiesen wird – ansonsten sind spätestens in 30 Tagen die gesamten 100 Euro fällig).*
>
> | | |
> |---|---|
> | *Verkaufspreis* | *100 Euro* |
> | *– 2 % Skonto* | *2 Euro* |
> | *= Zahlungsbetrag* | *98 Euro* |

Die Skontofrist kann man auch als einen kurzfristigen, unentgeltlichen **Lieferantenkredit** sehen, der noch dazu enorm günstige Konditionen bietet. Das zeigt sich, wenn man 2 % Skonto für acht Tage auf einen Jahreszinssatz umrechnet; demgemäß ergibt sich ein Jahreszinssatz von 32 %.

Aus Kundensicht sollte man daher versuchen, den angebotenen Skonto immer auszunutzen. In Einzelfällen kann es sogar von Vorteil sein, dafür den Kontenrahmen zu überziehen.

Der Grund, warum Unternehmen solch' tolle Skontokonditionen anbieten, ist schnell erklärt: Unternehmen sind froh, wenn das Geld für eine erbrachte Leistung sofort oder bald bezahlt wird. Allzu oft kommt es vor, dass Kunden überhaupt nicht zahlen oder dass man ihnen monatelang nachlaufen muss, bis sie endlich zahlen. Das kostet dann nicht nur Geld in Form von Zinsen, sondern auch viel Zeit und Nerven für diejenigen, die das Geld mittels eines organisierten Mahnwesens eintreiben müssen. Bei Kleinunternehmen sind das oft die Unternehmer selbst.

Wenn man die Kosten des Mahnwesens und das Risiko des Ausfalls von Forderungen ins Kalkül zieht, dann sind 2 % Skonto schnell wieder verdient.

4. 6. 4. VERZUGSZINSEN

Während ein Skonto gleichsam als Zuckerbrot anzusehen ist, wenn schnell bezahlt wird, haben die Verzugszinsen bei verspäteter Zahlung quasi die Funktion der Peitsche.

> ➤ *Zahlungsverzugs-zinsen*

> *„Der Betrag ist ohne jeden Abzug zahlbar innerhalb von 30 Tagen. Bei Zahlungsverzug werden 5 % Verzugszinsen pro Monat berechnet."*

Beispiel

Kunden, die später bezahlen, müssen bei dieser Regelung mit einem horrenden Jahreszins kalkulieren. Jeder Bankkredit wäre günstiger.

Mahnwesen und Marketing

Zwischen ihrem verständlichen Wunsch, pünktlich das Geld für ihre erbrachte Leistung zu bekommen, und der Gefahr durch ein unsensibles Mahnwesen selbst jahrelange Stammkunden auf Dauer zu verlieren, müssen Unternehmen sehr sorgfältig abwägen.

Pizzeria Bossi: Herr Bossi wird gemahnt

Eines Tages findet Herr Bossi einen Brief vom Inkassobüro „Brutal" in seinem Briefkasten. Darin wird Herr Bossi ultimativ aufgefordert, die 17,90 Euro für seine Telefonrechnung, die noch nicht bezahlt wurden, umgehend zu überweisen. Ansonsten wird der Betrag bei Gericht eingeklagt.

Im Übrigen seien neben den 17,90 Euro auch 7 Euro an Mahnspesen und Verzugszinsen sowie 100 Euro für entstandene Rechtsanwaltskosten zu überweisen. Der Gesamtbetrag beläuft sich somit auf 124,90 Euro.

Herrn Bossi's Reaktion ist absehbar: Er greift zum Telefonhörer und brüllt 15 Minuten auf eine arme Frau im Call Center ein. Nachdem sie ihm keine befriedigende Lösung anbieten kann, zahlt Herr Bossi zwar den gesamten Betrag, allerdings kündigt er gleichzeitig Wut entbrannt den Vertrag mit der Telefongesellschaft. „Die werden nie mehr im Leben ein Geschäft mit mir machen", poltert Herr Bossi, der den Mahnbrief publikumswirksam im Lokal präsentiert und jedem Gast erzählt, was ihm da mit dieser schrecklichen Firma passiert ist.

Dieses Beispiel zeigt, dass es sich auszahlt, säumige Kunden erstens mit Respekt und zweitens rücksichtsvoll zu behandeln. Insbesondere dann, wenn man bedenkt, wie lange und mit wie viel Aufwand gekämpft wird, um Kunden überhaupt zu gewinnen.

4. 6. 5. LIEFERBEDINGUNGEN

Manche Unternehmen versuchen, über besonders günstige Bedingungen für die Zulieferung des Produktes, beim Kunden zu punkten.

▶ *„frei Haus" und „ab Werk"*

Lieferung frei Haus bedeutet zum Beispiel, dass das Unternehmen sämtliche Lieferkosten übernimmt. Das ist für den Kunden erfreulich, muss allerdings beim Unternehmen als nicht unwesentlicher Kostenfaktor einkalkuliert werden. Insbesondere dann, wenn das gelieferte Produkt sperrig und die Distanzen, die überwunden werden müssen, groß sind.

Hier stellt sich die grundsätzliche Frage, ob es nicht besser wäre, einen entsprechenden Betrag für die Lieferung zu verrechnen (Lieferbedingung: **ab Werk**) und das Produkt dafür zu einem günstigeren Preis anzubieten.

4. 7. Distributionspolitik / Vertriebspolitik

Lernziele:

➤ Den Begriff „Vertriebspolitik" bzw. „Distributionspolitik" erläutern können.

➤ Den Begriff „Direktvertrieb", dessen Instrumente sowie Vor- und Nachteile erläutern können.

➤ Den Begriff „Indirektvertrieb", dessen Instrumente sowie Vor- und Nachteile erläutern können.

➤ Den Begriff „Franchising" erläutern können.

Lernziele

4. 7. 1. BEGRIFF DISTRIBUTIONSPOLITIK / VERTRIEBSPOLITIK

Wie kommt das Produkt zum Kunden? Diese nicht unwesentliche Frage ist im Rahmen der Distributionspolitik, auch Vertriebspolitik genannt, zu klären.

Bossi's PinkSauce: Vertriebskonzept

Frau Bossi steht mit den PinkSaucen vor einem weiteren Problem, das gelöst werden muss. Bei der Pizzeria sind die Kunden praktisch ins Unternehmen bzw. zum Produkt gekommen. Bei den PinkSaucen ist das allerdings umgekehrt und Frau Bossi muss unterschiedliche Lösungen für die verschiedenen Zielgruppen andenken:

Die Kundengruppe „Pizzerias" (im Umkreis von 100 Kilometern) wird Frau Bossi selbst besuchen und ihnen vor Ort die Saucen präsentieren. Geliefert wird in weiterer Folge dann direkt mit einem eigenen Kleinlastwagen.

Sollte das Konzept jedoch aufgehen, und die Sauce, wie von ihr geplant, an die Pizzerias im ganzen Land verkauft werden, dann müssen auch andere Vertriebswege gefunden werden:

Eine Variante wäre es, einen Verkäufer anzustellen. Bei ihren ersten Recherchen merkt Frau Bossi allerdings bald, dass gute Verkäufer in der Gastronomiebranche dünn gesät und daher „Mangelware" sind. Diejenigen, die in Frage kämen – und auch bereits über gute Kontakte verfügen – verlangen neben einem Fixgehalt zusätzlich Erfolgsprovisionen in Höhe von bis zu 20 % des erzielten Umsatzes. Das Fixgehalt ist insofern problematisch, da es auch bezahlt werden muss, wenn der Verkäufer überhaupt keinen Verkaufserfolg vorweisen kann.

Distributionspolitik

Daher sucht Frau Bossi das Gespräch mit einem Handelsvertreter für Teigwaren, der seit längerer Zeit die Pizzeria Bossi betreut. Dieser könnte neben den Nudeln auch die PinkSauce in sein Sortiment aufzunehmen. Gehalt will er dafür keines, aber er verlangt satte 35 % des erzielten Umsatzes an Verkaufsprovision. Obwohl das Frau Bossi extrem hoch erscheint, entscheidet sie sich für diese Variante.

Frau Bossi möchte die PinkSauce jedoch auch an Privatkunden verkaufen. Der logische Weg wäre, dies über die bekannte Handelskette „Teuer, aber Gut" zu versuchen. In deren Sortiment müsste die PinkSauce hervorragend hinein passen. Daher erwartet Frau Bossi, dass sie dort mit offenen Armen empfangen wird. Die Realität sieht jedoch leider etwas anders aus. Offensichtlich hat die Handelskette nicht unbedingt auf die Bossi-Sauce gewartet. Es dauert ewig, bis Frau Bossi einen ersten Gesprächstermin mit dem Einkäufer der Handelskette bekommt. In gerade 10 Minuten erklärt er ihr dann die Welt des Handels: „Zuerst die gute Nachricht. Falls wir ins Geschäft kommen, dann wollen wir von Ihnen monatlich 10.000 Flaschen geliefert bekommen. Die Flaschen liefern Sie uns frei Haus und auf eigenes Risiko. Das bedeutet, wenn wir die Flaschen nicht innerhalb von drei Wochen verkauft haben, dann müssen Sie diese auf eigene Kosten wieder abholen.

Wenn sich das Produkt bewährt, dann können wir es auch gerne in unser Prospekt aufnehmen. Dafür benötigen wir dann allerdings einen Werbekostenzuschuss in Höhe von 7.000 Euro von Ihnen – und übrigens: 60 % der erzielten Umsätze verbleiben bei uns."

Frau Bossi ist nach diesem Gespräch schwer ernüchtert. Ihre Erkundigungen ergeben jedoch, dass dies im Handel durchaus übliche Konditionen sind.

Sie will die Idee, die PinkSauce an Privatkunden zu vertreiben, bereits verwerfen, als sie zufällig in der Zeitung einen Artikel liest. In diesem wird geschildert, wie ein Spezialhonig-Erzeuger über das Internet sowie über Telefonverkauf seine Produkte sehr erfolgreich an den Mann und die Frau bringt. Mittlerweile ist er damit auch im Ausland höchst erfolgreich und hat den Honig sogar schon an Kunden aus Arabien verkauft. Dieser Weg ist auch für Frau Bossi vorstellbar.

Die Homepage www.bossis-PinkSauce.com soll schon bald eingerichtet werden.

Beim Vertrieb von Produkten unterscheidet man zwischen zwei grundsätzlichen Wegen: dem **Direktvertrieb** und dem **indirekten Vertrieb**.

4. 7. 2. DIREKTVERTRIEB

Beim Direktvertrieb wechselt die Leistung bzw. das Produkt nach der Herstellung genau ein Mal den Besitzer, nämlich vom Hersteller zum Kunden. Diese Vertriebsform ist beim Verkauf an Firmenkunden häufig der Fall. Es gibt sogar Hersteller, die auch für den Verkauf an Privatkunden eigene Handelsketten bzw. Verkaufsstellen betreiben (zB Schuhfilialen, Schokoladeshops).

➤ *Direktvertrieb*

Der klassische direkte Vertriebskanal ist der **eigene Außendienst**. Darunter sind fest angestellte Verkäufer zu verstehen.

- Der wesentlichste Vorteil dieser Art des Direktvertriebs ist darin zu sehen, dass die umsatzabhängigen Provisionen, die beim indirekten Vertrieb 30, 50 und sogar bis zu 70 % ausmachen können, wegfallen.
- Zudem ist die Steuerungsmöglichkeit des Direktvertriebs viel größer. Der eigene Außendienst kann genau so ausgebildet werden, wie es erforderlich ist. Es können Verhaltensregeln festgeschrieben werden, und es ist möglich, durch Kontroll- und Anreizsysteme eine entsprechend hohe Motivationswirkung zu erzielen.

Je erklärungs- und betreuungsintensiver ein Produkt ist, umso weniger wird man um einen gut geschulten, eigenen Verkauf herumkommen.

Der Nachteil des klassischen Direktvertriebs durch eigene Mitarbeiter liegt in den hohen Fixkosten und dem damit verbundenen Risiko, sollte ein Verkäufer nicht erfolgreich sein.

Zu den direkten Vertriebsmöglichkeiten zählt auch der **Versand von Katalogen**. Bestellungen der Kunden werden direkt an diese geliefert.

Ungeahnte Möglichkeiten haben sich für den **Direktvertrieb über das Internet** eröffnet. Über dieses neue Medium gelingt es sogar Kleinstunternehmen mit einem durchdachten Auftritt im Web (= Webshops), weltweit Zielgruppen auf sich aufmerksam zu machen. Kunden werden dann auch häufig direkt beliefert (siehe dazu auch das Kapitel: Werbung).

Der **Telefonverkauf** als weitere Variante des Direktvertriebs erfordert insbesondere gut geschulte Personen, die es schaffen, einen wildfremden Menschen am Telefon in ein Gespräch zu vertiefen und diesen in wenigen Minuten davon zu überzeugen, ein Produkt zu bestellen oder zumindest unverbindlich zu testen.

So genannte Telefon-Call-Center sind auf diese Vertriebsschiene spezialisiert. Sie verfügen über ausgewähltes und qualifiziertes Personal sowie über eine ausgereifte technische Ausstattung, um effizient und Erfolg versprechend arbeiten zu können.

Zu den weiteren direkten Vertriebskanälen zählen auch **Messen** und **Ausstellungen**.

4. 7. 3. INDIREKTER VERTRIEB

Der indirekte Vertriebsweg zeichnet sich dadurch aus, dass zwischen Produzenten und Konsumenten ein oder mehrere Unternehmen, Institutionen oder Personen dazwischen geschaltet sind.

▶ *Indirekter Vertrieb*

Typisches Beispiel dafür ist der Einzelhandel. Dieser vertreibt über eigene Geschäftslokale, die an geeigneten Standorten platziert sind, die Produkte an die Endkunden.

Zwischen Produzenten und Einzelhandel kann auch noch der so genannte Großhandel zwischengeschaltet sein. Dabei handelt es sich um Unternehmen, die die Produkte eines Produzenten in großen Mengen einkaufen und dann an den Einzelhandel weitervertreiben.

Der indirekte Vertriebsweg über den Handel bietet den immensen Vorteil, dass ohne großen Aufwand eine große Kundengruppe erschlossen werden kann. Das Fixkosten-Risiko wird durch die gute Infrastruktur des Handels (Personal, Räumlichkeiten etc.) vermindert, außerdem profitiert man vom speziellen Know-how des Handels, wie die Kunden zu erobern sind.

Der größte Nachteil liegt in den hohen, zumeist umsatzabhängigen Provisionen, die an den Handel abgeliefert werden müssen. Bei großen und den Markt dominierenden Handelshäusern können diese Provisionen 60 % und mehr des erzielten Umsatzes ausmachen.

Nachteilig ist weiters, dass der Handel eine Vielzahl an anderen Produkten im Sortiment hat. Es kann daher leicht passieren, dass einem Produkt keine allzu große Priorität eingeräumt wird, und dieses „quasi nur mitgenommen wird". Sollte sich der Erfolg nicht von selbst einstellen, wird ein Produkt auch schnell wieder ausgelistet, dh aus dem Sortiment eliminiert.

Weitere typische Beispiele für den Indirektvertrieb sind **Makler** (zB Versicherungsmakler, Immobilienmakler) und **Franchisesysteme**.

4. 7. 4. FRANCHISING

Franchising bietet die Möglichkeit, den großen finanziellen Aufwand und das Risiko eines Direktvertriebs zu verringern, indem man Partner gewinnt, die eine gute Geschäftsidee übernehmen und das Produkt rechtlich und wirtschaftlich selbstständig vertreiben.

➤ *Franchising*

Die **Franchise-Nehmer** profitieren dabei vom guten Namen der Marke, vom Know-how, den Werbekonzepten und -maßnahmen, von Einkaufsgemeinschaften und den **Netzwerken** des **Franchise-Gebers**.

Dafür müssen sie sich in der Regel sehr genau an die Vorschriften der Franchise-Geber halten, die in mehrseitigen Verträgen und Handbüchern festgeschrieben sind, und haben sich an empfohlene Preise, das Design, die Werbelinie, die Qualitätsvorschriften u.v.m. zu halten.

Das bedeutet, dass die unternehmerischen Gestaltungsmöglichkeiten eines Franchisenehmers teils erheblich eingeschränkt sein können.

EASY BUSINESS IM TELEGRAMM-STIL

Lernziele

Marketing – Teil 2: Produkt-, Preis- und Konditionenpolitik, Distributions-/Vertriebspolitik

Folgende kurze und prägnante Beschreibungen und Stichworte zu den Lernzielen der EBC*L Stufe B bieten Ihnen einen komprimierten Überblick zu den behandelten Themen.
Das in den Lernzielen und Prüfungen der Stufe B geforderte „ERLÄUTERN" der betriebswirtschaftlichen Begriffe und Zusammenhänge wird damit jedoch nur sehr bedingt abgedeckt. Dazu dient das Studium der Fachtexte und der Praxis-Beispiele in diesem Buch. Versuchen Sie zusätzlich, auch selbst gewählte Beispiele aus der Praxis zu finden – dies steigert Ihren Lernerfolg.

➤ **Den Begriff Produktpolitik und mögliche produktpolitische Strategien erläutern können.**

Die Produktpolitik beschäftigt sich mit den folgenden grundsätzlichen Fragen:
- Wie soll ein Produkt gestaltet sein, damit es den Bedürfnissen der angepeilten Zielgruppe entspricht?
- Wie muss das Produkt gestaltet werden, damit es erstens finanzierbar ist, und zweitens, sich auch rechnen kann (wirtschaftlich rentabel ist)?
Produktpolitische Strategien:
- Innovator-Strategie: Entwickeln und Anbieten stets neuer, innovativer Produkte/Leistungen
- Adaptor-Strategie: gute und erfolgreiche Produkte/Ideen werden nachgeahmt, kopiert
- Hohe Qualität und gehobener Preis versus Mindere Qualität und niedrige Preise
- Breites und/oder tiefes Sortiment – versus enges/flaches Sortiment
- Anbieten von Zusatzleistungen zum Produkt/zur Leistung (Lieferung, Montage, Finanzierung etc.)

➤ **Den Begriff Produktlebenszyklus erläutern können.**

Fast jedes Produkt durchläuft folgende Lebensphasen:
- Einführungsphase
- Wachstumsphase
- Reifephase
- Sättigungsphase
- Rückgangsphase
- Eliminierungsphase

➤ **Den Begriff Sortimentspolitik, Sortimentsbreite und Sortimentstiefe erläutern können.**

Das Sortiment eines Unternehmens umfasst sämtliche Produkte/Leistungen, die von einem Unternehmen angeboten werden.
- Sortimentsbreite: es werden grundsätzlich verschiedene Produkte bzw. Warengruppen nebeneinander angeboten - je höher die Anzahl der Warengruppen, desto breiter das Sortiment
Beispiel Kindergeschäft: Kinderbekleidung bis 14 Jahre, Kindermöbel, Autositze für Kinder, Kinderbücher, Pflegemittel für Kinder etc.
- Sortimentstiefe: Anbieten eines Produktes in verschiedenen Varianten – je mehr Varianten, desto tiefer das Sortiment
Beispiel Kindergeschäft: Kinderbekleidung ausschließlich für das Alter bis zu 2 Jahren, dafür aber in allen möglichen Ausführungen und Designs

➤ **Die Begriffe Produktinnovation, -variation, -differenzierung und -elimination erläutern können.**

- Produktinnovation: Anbieten eines vollkommen neuen Produkts
- Produktvariation: Veränderung eines bestehenden Produkts
- Produktdiversifikation: Anbieten zusätzlicher Produkte - Sortimentsverbreiterung

- Produktdifferenzierung: Anbieten eines Produkts in verschiedenen Varianten - Sortimentsvertiefung
- Produkteliminierung: Entfernen eines Produkts aus dem Angebot

➤ Eine Produkt-Portfolio-Analyse erläutern können.

Instrument, um eine strategische Positionierung von Produkten vornehmen zu können. Beurteilt werden zB die Marktattraktivität und die Wettbewerbsstärke von Produkten, die zur besseren Visualisierung in eine 2-dimensionale Grafik eingetragen werden. Daraus ergeben sich folgende Klassen:

- Cash Cow: Marktattraktivität gering / Wettbewerbsstärke hoch
- Star: Marktattraktivität hoch / Wettbewerbsstärke hoch
- Fragezeichen: Marktattraktivität hoch / Wettbewerbsstärke gering
- Poor Dog: Marktattraktivität gering / Wettbewerbsstärke gering

➤ Rahmenbedingungen der Preispolitik erläutern können.

zentrale Faktoren der Preispolitik:
- Markt = Kunden und Wettbewerb
- Selbstkosten zuzüglich Gewinnaufschlag (= langfristige Preisuntergrenze).

➤ Den Begriff Preis-Absatz-Funktion erläutern können.

Je höher der Preis, umso geringer die verkaufte Menge (= Absatz) bzw. je niedriger der Preis, umso höher die verkaufte Menge. Demgemäß führen Preiserhöhungen zu einem Rückgang der verkauften Menge, Preisreduktionen hingegen zu einem Anstieg der verkauften Menge.

➤ Den Begriff Signalfunktion des Preises erläutern können.

In der Regel werden mit einem hohen Preis Faktoren wie gute Qualität und gutes Image verbunden, mit einem geringen Preis werden eher schlechtere Qualität und schlechteres Image assoziiert.

➤ Den Begriff Preiselastizität der Nachfrage erläutern sowie diese berechnen können.

Stellt dar, in welchem Ausmaß bzw. wie sensibel (= elastisch) ein Kunde auf die Änderung eines Preises reagiert.
- elastische Nachfrage: Der Kunde reagiert auf eine Preisänderung sofort mit einer überproportionalen Mengenänderung. Im Fall einer Preiserhöhung kauft er dann weniger, kauft bei der (günstigeren) Konkurrenz oder verzichtet ganz auf das Produkt. Im Fall einer Preissenkung kauft er um einiges mehr.
Beispiel: Eine Preiserhöhung um 3 % führt zu einer Reduktion der verkauften Menge um 20 %.
- unelastische Nachfrage: Eine Preisänderung hat nur geringe Auswirkungen auf die nachgefragte Menge.
Beispiel: Eine Preissenkung um 10 % führt zu einer Steigerung der verkauften Menge um lediglich 2 %.
- Berechnungsformel:

$$\text{Preiselastizität der Nachfrage} = \frac{\text{Mengenänderung in \%}}{\text{Preisänderung in \%}} \times 100$$

Ergibt sich ein Wert größer als 100 %, dann reagieren die Kunden „elastisch" (sensibel) auf eine Preisänderung. Ist der Wert kleiner als 100 %, dann reagieren die Kunden „unelastisch" (unsensibel) auf eine Preisänderung.

➤ Preispolitische Strategien nennen und erläutern können.
  Die Begriffe Abschöpfungsstrategie sowie Penetrationsstrategie erläutern können.
  Den Begriff Preisdifferenzierung erläutern können.

- Hochpreis-Strategie
- Discountpreis- oder Niedrigpreis-Strategie
- Mittelweg: Orientierung am Marktführer
- Penetrationsstrategie: Es wird mit einem niedrigen Preis begonnen, um den Markt zu erobern (hohe Marktanteile zu gewinnen), in Folge wird der Preis erhöht.
- Abschöpfungsstrategie (auch Skimming-Strategie): Es wird mit einem hohen Preis begonnen, der im Laufe der Zeit sukzessiv gesenkt wird (auf diese Weise kann für jede Zielgruppe der maximale Preis abgeschöpft werden).
- Preisdifferenzierung: Für verschiedene Zielgruppen bzw. Zielmärkte werden unterschiedliche Preise verlangt.

➤ Den Begriff Konditionenpolitik und deren Instrumente erläutern können.

Mit speziellen Konditionen und Aktionen wird versucht, Kunden in gewünschte Bahnen zu lenken. Dazu zählen Zahlungsbedingungen (Rabatte, Skonti) und Lieferbedingungen.

➤ Den Begriff Rabatt und verschiedene Rabattarten erläutern können.

Unter Rabatt ist ein Preisnachlass auf den Normalpreis bzw. Listenpreis zu verstehen. Dieser wird in der Regel in Prozent vom Verkaufspreis ausgedrückt.
Beispiel: 10 % Rabatt bedeuten, dass ein Produkt, dessen Normalpreis 100 Euro beträgt, um 90 Euro erstanden werden kann.
Rabatte werden oft auch als „Boni" bezeichnet (zB bieten zahlreiche Unternehmen so genannte Bonusprogramme für Stammkunden an). Rabatte können in Form von Preisnachlässen erfolgen (Preisrabatt), können aber auch in Form von höheren Mengen, besserer Qualität, besserer Betreuung etc. gewährt werden (Naturalrabatt).
Beispiele: Zeitrabatt, Frühbucherbonus, Nebensaisonpreise, Happy Hour Angebot, Mengenrabatt, Treuerabatt, Selbstabholerrabatt

➤ Den Begriff Skonto erläutern können.

Beim Skonto handelt es sich um einen prozentuellen Preisnachlass auf den Rechnungsbetrag bei Barzahlung oder bei Zahlung innerhalb einer bestimmten Frist. Ein Skonto soll den Kunden dazu motivieren möglichst schnell zu bezahlen.

➤ Den Begriff Zahlungsverzugszinsen erläutern können.

Prozentueller Aufschlag auf den Normalpreis, wenn ein Kunde seinen Zahlungsverbindlichkeiten nicht nachkommt bzw. nicht fristgerecht bezahlt.

➤ Die Lieferbedingungen „frei Haus" und „ab Werk" erläutern können.

Frei Haus: Lieferant übernimmt Kosten und Risiko des Transports bis zur Haustür des Kunden.
Ab Werk: Die vollen Kosten und das Risiko des Transports sind vom Kunden zu tragen.

➤ Den Begriff Vertriebspolitik bzw. Distributionspolitik erläutern können.
  Den Begriff Direktvertrieb, dessen Instrumente sowie Vor- und Nachteile erläutern können.
  Den Begriff Indirektvertrieb, dessen Instrumente sowie Vor- und Nachteile erläutern können.

Die Vertriebs- bzw. Distributionspolitik beschäftigt sich mit der Thematik wie ein Produkt vom Hersteller zum Kunden kommt. Dazu gibt es zwei prinzipielle Möglichkeiten:

Direktvertrieb: Eine Leistung bzw. ein Produkt wechselt nach dem Hersteller genau ein Mal den Besitzer, dh es besteht direkter Kontakt zwischen dem Hersteller und dem Endkunden. Niemand ist dazwischen geschaltet.
- Eigener Außendienst
- Eigenes Filialnetz
- Versand von Katalogen
- Direktvertrieb über das Internet
- Telefonverkauf (Telefon-Call-Center)
- Messen und Ausstellungen

Vorteil: es müssen keine Einkaufsrabatte und Provisionen an Zwischenhändler gewährt werden, bessere Steuerungsmöglichkeit, wie ein Produkt verkauft wird (Ausbildung Verkäufer, Ziele etc.)
Nachteil: es werden weniger Endkunden erreicht, (hohe) Fixkosten des Direktvertriebs

Indirektvertrieb: Zwischen Hersteller und Konsumenten liegen ein oder mehrere Zwischenhändler.
- Einzelhandel
- Großhandel
- Makler (zB Versicherungsmakler, Immobilienmakler)
- Franchisesysteme

Vorteil: Produkt/Leistung ist an vielen Standorten erhältlich, daher können größere Kundengruppen erschlossen werden; geringere Fixkosten (eines eigenen Vertriebsapparats)
Nachteil: hohe Rabatte und Provisionen, die an die Vertriebspartner gewährt werden müssen, keine Garantie, dass Vertriebspartner erfolgreich sind, das Produkt ist „eines von vielen"

➤ Den Begriff Franchising erläutern können.

Ein Hersteller versucht Partner zu gewinnen, die eine gute Geschäftsidee übernehmen und ein Produkt/eine Leistung rechtlich und wirtschaftlich selbstständig vertreiben. Der Franchise-Geber kann damit sein finanzielles Risiko deutlich reduzieren. Die Franchise-Nehmer profitieren vom guten Namen der Marke, vom Know-how, Werbekonzept, Einkaufsgemeinschaften und Netzwerken des Franchise-Gebers. Dafür müssen sie sich in der Regel sehr genau an die Vorschriften gemäß den Verträgen der Franchise-Geber halten (Preis, Design, Werbung).

4. 8. Kommunikationspolitik

Lernziele:

➤ Den Begriff „Kommunikationspolitik" erläutern können.

➤ Den Begriff „Corporate Image" und dessen Bedeutung erläutern können.

➤ Die Begriffe „Marke", „Logo", „Slogan" und deren Bedeutung erläutern können.

➤ Den Begriff „Corporate Design" erläutern können.

4. 8. 1. BEGRIFF UND ELEMENTE DER KOMMUNIKATIONSPOLITIK

Es könnte fast ein Albtraum sein: Ein Unternehmer hat einen dringenden Bedarf erkannt, ein perfektes Produkt entwickelt, sich einen attraktiven Preis überlegt und …

… kaum jemand erfährt etwas davon.

Dieser Albtraum wird aber tagtäglich gelebt – und zwar von Unternehmen, die die hohe Kunst der Kommunikationspolitik entweder nicht verstehen oder denen schlichtweg beim letzten Schritt der Markteinführung das Geld für die oft teuren Werbemaßnahmen ausgeht.

Bei der Kommunikationspolitik unterscheidet man zwischen folgenden Instrumenten:

- Werbung
- Verkaufsförderung (Sales Promotion)
- Öffentlichkeitsarbeit (Public Relations, PR)
- Eine weitere wesentliche kommunikationspolitische Aufgabe bei Aktiengesellschaften ist die umfassende Information bestehender bzw. interessierter Aktionäre. Dies wird **Investor Relations** genannt.

Elemente der Kommunikationspolitik

Zu den Grundelementen der Kommunikationspolitik, die jede Marketing-Maßnahme beinhalten bzw. beachten sollte, zählen:

- Corporate Image (basierend auf der Corporate Identity des Unternehmens)
- Marke, Logo und Slogan
- Corporate Design
- Corporate Wording

4. 8. 2. CORPORATE IMAGE

► *Corporate Image*

Von der Unternehmensgründung an, sollte es Ziel der Unternehmenspolitik sein, ein gewünschtes Image aufzubauen, zu erhalten und zu pflegen. Der Aufbau eines guten Images bedarf eines klaren Konzeptes und einer Richtung, die auch von allen Beteiligten im Unternehmen mitgetragen werden. Dabei stehen viele Imagevarianten offen, zB:

- die beste Qualität
- der Verlässlichste
- der Billigste
- der Innovativste
- der Umweltfreundlichste
- der Sozialste
- u.v.m.

Jede kommunikationspolitische Maßnahme sollte die gewählte Imagekomponente berücksichtigen.

4. 8. 3. MARKE, LOGO, SLOGAN

► *Marke, Logo, Slogan*

Ebenso wie das Image zählen auch diese Elemente zum Herzstück einer aussagekräftigen Kommunikationspolitik, da sie dem Erscheinungsbild eines Unternehmens eine unverwechselbare Note geben. Je raffinierter ein Logo gestaltet und je klangvoller ein Slogan formuliert ist, umso höher ist der Wiedererkennungswert einer Marke.

Beispiele

Welche Firmennamen fallen Ihnen ein, wenn Sie an

- *einen roten Stier*
- *einen Stern auf einem Auto*
- *einen gelben Elch*
- *oder an eine 'rausgestreckte Zunge*

denken?

Was fällt Ihnen ein, wenn Sie folgende Sprüche hören oder lesen?

- *... verleiht Flügel*
- *Nur ein ... ist ein ...*
- *Wohnst du noch, oder lebst du schon?*
- *It's only rock 'n' roll, but I like it.*

Dabei handelt es sich um die erfolgreichsten Logos und Slogans, die es heute im internationalen Wirtschaftsleben gibt. Alle werden verbunden mit einer Marke bzw. einem Markennamen. Jede dieser Marken ist mehrere Milliarden Euro wert.

Auch wenn es ein Kleinunternehmen nie auf diese Bekanntheitswerte bringen wird, sollte es von den Großen lernen, und das Unternehmen mit einem einprägsamen Namen (Marke), einem schönen Logo und einem einfallsreichen Slogan ausstatten. Diese sollen allerdings bereits bei der Gründung gut überlegt sein, da man das restliche Unternehmerleben damit verbringen wird (müssen). Ein schlechtes Logo oder ein miserabler Slogan können die Erfolgschancen deutlich verringern.

Im Kapitel Produktpolitik wurde das Thema Marke und Markenschutz bereits behandelt.

Hinweis

Beispiel

4. 8. 4. CORPORATE DESIGN

Vorweg wieder ein Beispiel:

Was fällt Ihnen ein, wenn Sie folgende Buchstaben sehen?

- dieses C
- dieses M
- dieses B

Diese außergewöhnlichen Schriftzeichen sind Teil des Corporate-Design-Konzepts der jeweiligen Unternehmen. Deren Erscheinungsbild ist bis ins letzte Detail durchgestylt und dazu gehört auch die Verwendung einer eigenen **Firmenschrift**.

Aber auch **Firmenfarben** spielen hier eine entscheidende Rolle: Ob rot, blau, gelb oder silber – jede Farbe bzw. Farbkombination weckt bei den Kunden bestimmte Assoziationen, die gut zum Unternehmen passen können, die aber auch – bei unsensibler Auswahl – eine verfehlte Wirkung haben können.

Selbst die Wirkung verschiedener **Schriftarten** darf nicht unterschätzt werden. Es macht einen Unterschied, ob man

- Tahoma als Schriftzeichen verwendet oder
- Papyrus als Schriftzeichen verwendet oder
- *Times New Roman als Schriftzeichen verwendet.*

Während die eine Schrift klar oder modern anmutet und gut lesbar ist, erscheint die andere wiederum antiquiert oder verspielt.

Im Rahmen eines wohlüberlegten kommunikationspolitischen Auftritts folgen sämtliche Elemente, die ein Unternehmen dazu verwendet (Markenname, Logo, Slogan, Schrift, Farben, Architektur, Kleidungsstil etc.) einem einheitlichen Designkonzept.

Corporate Design spiegelt sich demnach im gesamten Erscheinungsbild des Unternehmens wider, dazu zählen:

- Briefpapier, Kuverts, Visitkarten
- Prospekte, Image-Folder, Präsentationsmappen, Display-Material
- Werbung in Zeitschriften und Fernsehen (Inserate, Spots etc.)
- der Webauftritt
- Powerpoint-Präsentationen
- die Kleidung der Mitarbeiter (zB Firmenuniform)
- das Unternehmensgebäude (die Innen- und Außenarchitektur)
- u.v.m.

4. 8. 5. CORPORATE WORDING

Manche Unternehmen reden ihre Kunden mit „Du" an. Andere sind wiederum sehr darauf bedacht, jeden einzelnen Titel ihrer Kunden auszuschreiben (Herr Univ. Prof. Dr. Dr. Oberstudienrat ...). Dies ist nur ein Beispiel für die in Unternehmen verwendete Sprache (bzw. Sprachstil), wobei hier unter Sprache weniger eine Landessprache gemeint ist, als vielmehr gemeinsame Begriffe, die im Unternehmen gebraucht oder eben gerade nicht gebraucht werden sollen.

> Corporate Wording

In den meisten Banken wird heute der früher geläufige Begriff „Bankbeamter" nicht mehr gerne gesehen. Die Mitarbeiter werden heute meisten „Kundenberater" oder „Kundenbetreuer" genannt.

Beispiel

Eine Ausprägung des Corporate Wording ist das **Gender Mainstreaming.** Darunter ist zu verstehen, dass jede Art der Diskriminierung im Sprachgebrauch vermieden werden sollte. So sollen nicht nur die Kunden, sondern auch die KundInnen explizit angesprochen werden. MitarbeiterInnen sollen ebenso lobend erwähnt werden wie die Mitarbeiter usw.

Wir hoffen, dass Sie verehrte Leserinnen dafür Verständnis haben, dass wir uns in diesem Buch überwiegend der männlichen Ansprache bedienen. Es dient ausschließlich der besseren Lesbarkeit.

Bossi's PinkSauce: Corporate Image, Corporate Design, Marke, Logo und Slogan

Frau Bossi hat ein ganz klares Bild davon, was das Corporate Image des Unternehmens ausmachen soll: Wenn jemand den Markennamen „Bossi's PinkSauce" hört, soll ihm schon das Wasser im Mund zusammenlaufen, weil er sofort an eine herrliche Sauce in der typischen Pinkfarbe denkt. Die Farbe Pink steht gleichzeitig für erstklassige Qualität und für Modernität.

Das Corporate Design wird bestimmt durch die Wortbildmarke „Bossi's PinkSauce", die den Schriftzug des Produktnamens mit dem Bild von Herrn Bossi, der seine typische Kochmütze trägt, kombiniert (zugleich das Logo des Unternehmens), und natürlich durch die Farbe Pink. Diese drei Elemente durchziehen das gesamte Erscheinungsbild des Unternehmens: vom Briefpapier über die Verpackung bis zum Geschäftslokal. Sämtliche Drucksorten sollen in der Schrift „Verdana" verfasst sein.

Jetzt fehlt nur noch ein guter Slogan. Dazu veranstaltet sie einen Kreativ-Nachmittag mit ihrem Mann und ein paar Freunden (wobei u.a. auch die bereits vorgestellte Brainstorming-Methode angewendet wird). Letztendlich kommen folgende Slogans in die engere Auswahl:

- *Bossi's PinkSauce – damit Sie nicht rot sehen müssen*
- *Bossi's PinkSauce – Genuss ohne Verdruss*
- *Bossi's PinkSauce – und du bist dem Himmel so nah*
- *Bossi's PinkSauce – macht süchtig*

Welchen Slogan würden Sie auswählen?

4. 9. Werbung

Lernziele:

Lernziele

- Den Begriff „Werbung" und deren Instrumente erläutern können.
- Die Schritte zur Planung einer Werbekampagne nennen und erläutern können.
- Werbeziele nennen und erläutern können.
- Die Begriffe „Werbebudget" und „Kostenfaktoren" der Werbung erläutern können.
- Die Begriffe „Werbemittel" und „Werbeträger" läutern können.
- Den Begriff „Tausender-Kontakt-Preis" erläutern können.
- Den Begriff „Streuverlust" erläutern können.
- Den Begriff „Werbeerfolgskontrolle" erläutern können.
- Die Begriffe „Werbewirkung" und „Werbeerinnerung" erläutern können.
- Werbepsychologische Grundlagen nennen und erläutern können.
- Strategien bei der Gestaltung von Werbung nennen und erläutern können.
- Kritikpunkte an der Werbung nennen und erläutern können.

Ein oft zitierter Spruch lautet: „Wer nicht wirbt, der stirbt." Dieser Spruch hat durchaus seine Berechtigung. Denn wenn Kunden nicht erfahren, dass es ein Produkt gibt, und welche Vorzüge dieses auszeichnet, wird das Unternehmen unweigerlich darauf sitzen bleiben. Produktwerbung zielt folglich darauf ab, Kunden dazu zu motivieren, erstmals ein Produkt zu kaufen, mehr von einem Produkt zu kaufen oder dem Produkt einfach die Treue zu halten.

▶ *Werbung*

Die Kunden mit seinen Werbebotschaften zu erreichen, wird jedoch zusehends schwieriger. Der Grund liegt für jeden auf der Hand, der eine Zeitung aufschlägt, an den plakatgesäumten Straßen entlang wandert, den Fernseher aufdreht, im Radio Musik hören will oder durch das Internet surft. Jeder ist täglich mit hunderten Werbebotschaften konfrontiert. Sich aus dieser Masse abzuheben und Gehör zu verschaffen, bedarf einer großen Portion an Einfallsvermögen, Kreativität und oft auch großer Budgets. Insbesondere ist jedoch exzellentes Know-how erforderlich, um eine Werbekampagne erfolgreich zu planen und abschließen zu können.

4. 9. 1. WERBEPLANUNG

Eine Werbeplanung umfasst folgende Punkte, auf die dann im einzelnen eingegangen werden wird:

➤ *Werbeplanung*

- Erstellung einer Ist-Analyse und darauf basierend
- Werbeziele formulieren
- Werbebudget festlegen
- Auswahl der Werbemittel und der Werbeträger (Mediaplanung)
- Werbeerfolgskontrolle

4. 9. 2. WERBEZIELE FORMULIEREN

Nachdem eine Ist-Analyse erstellt wurde (zB mangelnde Bekanntheit von Produkt A, Umsätze machen lediglich 5 % der gesamten Produktpalette aus, der Konkurrent hat eine tolle Werbung ... siehe dazu auch das Kapitel IST-Analyse), geht es daran, konkrete Werbeziele festzulegen.

➤ *Werbeziele*

Letztendliches Werbeziel wird wohl immer sein, dass die Verkaufszahlen und die Umsätze steigen, indem ein Bedarf nach einem neuen Produkt geweckt wird, oder der Bedarf nach einem bestehenden Produkt verstärkt wird, indem dieselbe Zielgruppe mehr kauft und/oder neue Zielgruppen erschlossen werden. Weitere Parameter für die Formulierung von Werbezielen sind Zielregion, Zielgruppe sowie ein festgelegter Zeitraum.

Somit könnte ein **quantitatives Werbeziel** lauten: „Durch die Werbekampagne sollen innerhalb der nächsten sechs Monate die Verkaufszahlen von Produkt XY um 25 % gesteigert werden."

Häufig wird sich dieser unmittelbar in Verkaufszahlen messbare Werbeerfolg jedoch kaum feststellen lassen.

Werbung zeichnet sich insbesondere auch durch die unterstützende Wirkung des gesamten Marketing-Mix aus, indem sie zwei wesentliche Grundlagen für den Verkaufserfolg schafft:

- mehr Bekanntheit eines Produktes / Unternehmens und
- gutes bzw. besseres Image

Da sich die Auswirkung von Bekanntheitsgrad und Image auf konkrete Umsätze und Verkaufszahlen schwer quantifizieren lässt, lauten die **qualitativen Werbeziele** oft folgendermaßen:

- Steigerung des Bekanntheitsgrads der Marke XY in der Region AZ um 25 %
- Verbesserung des Images in der Zielgruppe „Jugendliche" um 10 %

Basierend auf den Werbezielen kann dann eine grundlegende **Werbebotschaft** definiert werden, die bei den Kunden „ankommen" sollte.

Beispiele

- *Die Jeansmarke XY soll bei der Zielgruppe „Jugendliche" Kultstatus erlangen.*
- *Der türkisch-stämmigen Bevölkerung in Wien soll vermittelt werden, dass kein Diskont-Lebensmittelhändler billiger ist, als die ABC-Kette.*
- *Wer am Puls der Zeit sein will, muss die Zeitschrift QRS lesen.*

Die Werbebotschaft darf übrigens noch nicht mit dem tatsächlichen Werbeslogan verwechselt werden. Dieser bedarf mehr Kreativität, soll er doch in aller Kürze die oben angeführten Botschaften auf den Punkt bringen.

4. 9. 3. WERBEBUDGET FESTLEGEN

Das Werbebudget stellt einen wesentlichen Rahmen für die Planung jeder Kampagne dar. Bereits bei der Formulierung der Werbeziele sollte man sich am vorhandenen Budget orientieren. Das Werbeziel: „Erhöhung des Bekanntheitsgrades der Marke XY im gesamten Land bei allen Zielgruppen" ist überdimensioniert, wenn man lediglich 10.000 Euro an Werbebudget zusammenkratzen kann.

▶ *Werbebudget*

Die Kosten für Werbung werden oft massiv unterschätzt. Insbesondere Jungunternehmer glauben anfangs, dass sie mit 2.000 bis 3.000 Euro schon tolle Kampagnen finanzieren können. Tatsächlich kostet jedoch bereits

- eine einmalige, ganzseitige und färbige Einschaltung einer Werbeanzeige in einer überregionalen Tageszeitung um die 15.000 Euro.
- die einmalige Ausstrahlung eines 20-sekündigen Werbespots bei einem überregionalen TV-Sender beläuft sich auf 20.000 Euro aufwärts.

Dabei handelt es sich allerdings „nur" um die Einschaltungskosten. Bis es so weit ist, dass man eine Anzeige/ein Inserat in einer Zeitschrift platzieren kann, setzen große Unternehmen viel Geld ein für

➤ *Kostenfaktoren*

- Werbefachleute bzw. Werbeagenturen, die gute Ideen haben und wissen, wie man diese auch umsetzen kann
- Grafiker, die eine Anzeige entsprechend gestalten können (und die richtigen Fotos, die richtigen Grafiken in der richtigen Größe verwenden, ein gutes Gefühl für Farben haben, passende Schriftfamilien verwenden etc.)
- Texter, die mit wenigen Worten aus einer spröden Produktbeschreibung eine fetzige Werbebotschaft zaubern
- Fotografen, die Produkte ins rechte Licht rücken
- Personen, die gute Kontakte zu den Anzeigenabteilungen der Zeitungen haben, damit die Anzeige auch an einer attraktiven Stelle platziert wird, und nicht auf Seite 87 verkümmert
- u.v.m.

Bei Fernseh- oder Radiospots fallen zusätzliche Kosten für Sprecher, Schauspieler, Filmteam mit Regisseur, Kameraleute, Techniker, Cutter, Beleuchter, Tonstudio usw. an.

Aus oben Gesagtem kann man bereits ermessen, dass überregionale Werbung in Zeitschriften, Fernsehen und Hörfunk für Klein- und Jungunternehmer nicht in Frage kommt.

Allerdings sollten sich diese nicht entmutigen lassen. Denn wenn man seine Anstrengungen auf sorgfältig definierte Zielgruppen fokussiert (zB Pensionisten im Umkreis von 3 Kilometern, technische Leiter der Industriebetriebe in NÖ), eröffnen insbesondere die heutigen Technologien ganz andere Möglichkeiten, als dies früher noch der Fall war. Vor 20 Jahren war das Erstellen und Drucken von Werbebroschüren oder -briefen eine aufwändige und teure Angelegenheit. Heute bieten Computer mit dazugehöriger Software zur grafisch ansprechenden Gestaltung von kleinen Foldern und Prospekten, leistbare Farbkopierer und Drucker ganz andere Möglichkeiten.

Das leitet zum nächsten Thema der Werbeplanung über, und zwar auf die Mediaplanung.

4. 9. 4. AUSWAHL DER WERBEMITTEL UND -TRÄGER, MEDIAPLANUNG

Unter **Werbemittel** versteht man die Gestaltungsform, in die eine Werbebotschaft verpackt wird. Das kann ein Werbebrief, ein Inserat, eine Broschüre, ein Werbefilm, ein Radiospot o.ä. sein.

▶ *Werbemittel, Werbeträger*

Die Einrichtungen (bzw. das Medium), über die Werbemittel an die Zielgruppen gelangen, werden **Werbeträger** genannt. Wichtige Werbeträger sind:

- die Post und private Zusteller (die Briefmailings, Prospekte, Werbesendungen an die Haushalte verteilen)
- das Radio oder das Fernsehen
- Plakatwände
- das Internet u.a.

Aber auch Personen können zu Werbeträgern werden. Wenn jemand zB die Einkaufstasche (= Werbemittel) eines Lebensmittelhändlers, den Kugelschreiber eines Bildungsinstituts, den Luftballon einer politischen Partei in der Öffentlichkeit verwendet, dann wird auch er zu einem Überbringer der Werbebotschaft. Dies gilt natürlich auch für Autos oder Straßenbahnen mit Werbeaufschriften, Heißluftballone mit Unternehmenslogos u.v.m.

Das Internet als Werbeträger

Heute kann man durchaus sagen, dass ein Unternehmen – egal in welcher Branche – ohne eigene Homepage (= Werbemittel) schon etwas „gestrig" und unmodern wirkt. Zudem vergeben sich Unternehmen ohne eigenen Webauftritt tolle Chancen.

Das Internet als Werbeträger bietet ungeahnte Möglichkeiten, indem es ein Angebot auch vom kleinsten und entlegensten Ort in die ganze Welt hinaus transportiert. Auf diese Weise dringt man mit einer Werbebotschaft direkt bis in die Wohnzimmer heimischer, amerikanischer, chinesischer, ja aller Haushalte mit Internetanschluss vor.

Dazu notwendig ist etwas Know-how bei der grafischen und technischen Umsetzung, sowie bei der Vermarktung der Homepage.

Alles zusammen ist bereits um kleinere Beträge, die ab einer Größenordnung von 2.000 bis 3.000 Euro beginnen, zu haben.

Das bedeutet, dass sich mit wenigen tausend Euros Vermarktungsmöglichkeiten eröffnen, die früher nicht einmal Weltkonzerne mit Millionenbudgets hatten.

Werbung

Für welche Werbemittel und für welche Werbeträger soll man sich entscheiden? Das wird von Fall zu Fall unterschiedlich sein und von Entscheidungskriterien, wie zB dem grundlegenden Werbeziel, der Zielgruppe (Größe, Eingrenzbarkeit, Erreichbarkeit), der Zielregion und den Werbekosten abhängen.

4. 9. 5. TAUSENDER-KONTAKT-PREIS

▶ *Tausender-Kontakt-Preis*

Eine Entscheidungsgrundlage für die Wahl eines Werbeträgers ist der so genannte **Tausender-Kontaktpreis**. Dieser gibt an, was es kostet, mit einer Werbemaßnahme 1000 Personen zu erreichen. Die Berechnungsformel dazu lautet:

$$\text{Tausender-Kontaktpreis} = \frac{\text{Preis für die Werbemaßnahme}}{\text{Anzahl erreichte Personen}} \times 1000$$

Beispiel

Eine Anzeige in einem bekannten Wochenmagazin kostet 30.000 Euro. Die Zeitung hat eine Auflage von 100.000 Stück. Jedes Exemplar wird im Schnitt von 3 Personen gelesen, dh es werden rund 300.000 Leser erreicht.

$$\frac{30.000 \text{ Euro}}{300.000 \text{ Leser}} \times 1000 = 100 \text{ Euro für tausend Leser}$$

Das bedeutet: Um 100 Euro erreicht man – theoretisch – 1000 Leser.

„Theoretisch" soll heißen, dass nicht jeder Leser einer Zeitung die Anzeige auch tatsächlich wahrnehmen wird.

Betrachten wir im Vergleich dazu eine weitaus kleinere Fachzeitschrift, wo eine Anzeige beispielsweise 2.000 Euro kostet. Die Auflage beträgt 20.000 Stück, und jedes Exemplar wird von ca. 4 Personen gelesen.

Berechnen Sie den Tausender-Kontaktpreis und treffen Sie eine Entscheidung darüber, in welcher Zeitschrift Sie inserieren würden:

Die Lösung lautet: Der Tausender-Kontaktpreis beträgt 25 Euro. Das ist also nur ein Viertel im Vergleich zum Wochenmagazin.

Zusätzlich kann noch berücksichtigt werden, dass eine Fachzeitschrift die Zielgruppe viel genauer treffen kann. Sie hat somit weit weniger Streuverlust als ein Wochen- oder Monatsmagazin, das sich an viele Zielgruppen richtet.

4. 9. 5. 1. Streuverlust bedeutet, dass auch Personen erreicht werden, die als Kunde eigentlich gar nicht in Frage kommen; was gleichzeitig bedeuten würde, dass man für Kontakte bezahlt, die man gar nicht benötigt.

➤ *Streuverlust*

Diese Streuverluste gibt es auch beim Versand von Briefmailings oder Postwurfsendungen. Ein Hundefutterfachgeschäft, das wahllos ein Mailing an alle Haushalte versendet, muss damit rechnen, dass dieses nur für jene Haushalte interessant ist, die auch tatsächlich einen Hund haben (nehmen wir an, 10 %). Die restlichen 90 % sind als Streuverlust zu sehen. Das bedeutet, dass für diesen Teil die Kosten für Produktion und Versand (Porto) des Mailings umsonst waren.

Mit Adressdateien, in denen man zB Hundebesitzer herausfiltern kann, könnten Streuverluste minimiert werden.

4. 9. 6. WERBEERFOLGSKONTROLLE

Ob eine Werbekampagne die festgelegten Ziele auch erfolgreich erreichen konnte, ist von mehreren Faktoren abhängig und lässt sich durch die Beantwortung folgender Fragen klären bzw. messen:

➤ *Werbeerfolgskontrolle*

- Hat man tatsächlich die gewünschte Anzahl an Personen erreicht?
- Haben diese Personen die Werbung auch tatsächlich wahrgenommen (Werbeimpact)?
- Wenn ja, können sie sich auch nach einem Monat noch an die Werbung erinnern (Werbeerinnerung)?
- Hat sich das Image des Unternehmens bei denjenigen, die die Werbung wahrgenommen haben, verbessert (Imagewirkung)?
- Und zuletzt die Kardinalfrage: Haben sich durch die Werbekampagne die Verkaufszahlen erhöht?

➤ *Werbewirkung*

➤ *Werbeerinnerung*

Die Antwort auf die letzte Frage kann ein Unternehmen selbst feststellen.

Für die Beantwortung der anderen Fragen müssen Marktforschungsinstitute beauftragt werden, die spezielle Methoden entwickelt haben, um Faktoren wie Werbewirkung, Werbeerinnerung o.ä. zu messen.

Zur Frage, ob die vielen Werbemillionen, die von großen Unternehmen ausgegeben werden, tatsächlich etwas bringen, soll der Automobil-Pionier Henry Ford gesagt haben:

„Ich weiß, dass 50 % unserer Werbeausgaben etwas bringen, und damit die anderen 50 % sinnlos sind. Leider weiß ich nicht, welche 50 % es sind."

Die gesteckten Werbeziele zu erreichen, ist heute schwieriger denn je. Der wesentlichste Grund besteht darin, dass es einfach schon zu viele Werbebotschaften gibt, die tagtäglich auf die Zielgruppen hereinprasseln. Man spricht von bis zu 3.000 Werbebotschaften täglich (!!!) – was zumindest im städtischen Bereich durch die unzähligen Plakatwände, an denen ein Autofahrer vorbeifährt, durchaus realistisch sein kann.

Die Angesprochenen fühlen sich dadurch oft immer mehr „belästigt", als im positiven Sinne umworben und entwickeln daher Strategien, um der überbordenden Werbeflut zu entrinnen. Bekannte Strategien sind zB das „Wegzappen" zu anderen TV- Sendern, wenn wieder einmal ein Spielfilm durch Werbung unterbrochen wird, oder das Anbringen von Etiketten am Briefkasten/an der Eingangstüre, dass Werbesendungen nicht erwünscht sind.

Für die Unternehmen stellt sich allerdings nicht nur das Problem, dass sie sich gegen so viele andere Werbebotschaften durchsetzen müssen, sondern dass es mittlerweile auch ein „zu viel" an außerordentlich gut gemachter Werbung gibt. Weltkonzerne stecken Millionen-Beträge in die Produktion einzelner Werbespots. Die Werbespots liefern ein Feuerwerk an hervorragend umgesetzten Ideen. Wie kann man diese noch übertreffen? Diese Frage ist bereits für Großkonzerne ein Problem, für kleine Unternehmen mit geringeren Budgets noch viel mehr.

Um aus der Masse der Werbebotschaften hervorzustechen, wählen manche Unternehmen sogar Mittel, die geschmacklos, pietätlos, provokant, schrill oder laut sind. Hauptsache man fällt auf, und erzielt wenigstens einen guten Impactwert (= Werbewirkung).

4. 9. 7. WERBEPSYCHOLOGIE: GESTALTUNG VON WERBUNG

Um die Wirksamkeit von Werbung zu erhöhen, bedient sich die Werbewirtschaft auch der Erkenntnisse der Psychologie. Dazu soll in weiterer Folge ein kleiner Einblick gegeben werden.

Werbung ist dann erfolgreich, wenn sie „hirngerecht" gestaltet ist, d.h. wenn sie auch die verschiedenen Regionen des Gehirns anspricht. Um dies zu verdeutlichen, stellen wir Ihnen vorweg eine Frage, die Sie am besten ganz spontan beantworten:

- Was fällt Ihnen ein, wenn Sie an eine „lila Kuh" denken?
  Versuchen Sie bitte, sich alles in Erinnerung zu rufen, was Sie mit dieser Werbung verbinden.

Vielen wird zur „lila Kuh" sofort der zugehörige Markenname der Schokolade eingefallen sein. Zusätzlich werden sich viele an die Fernsehspots dieses Unternehmens erinnern, die zumeist nach diesem Schema gestaltet sind:

- In einer schönen Alpenlandschaft grast die altbekannte lila Kuh.
- Davor liegt ein nettes Paar in der Wiese und der Mann reicht der leicht verführerisch gekleideten Frau eine lila Tafel Schokolade.
- Die bekannte Musik ertönt und
- Eine angenehme, bekannte Sprecherstimme beendet schließlich den Spot mit folgenden gesungenen Worten: *„ ... die zarteste Versuchung, seit es Schokolade gibt."*

Ist es auch bei Ihnen der Fall, dass Sie sich an diese Werbeelemente erinnern, dann hat diese Werbung Herausragendes geschafft. Sie konnte sich von hunderten anderen Werbespots und dutzender anderer Schokoladewerbungen hervorheben und von Ihnen erinnert werden. Vielleicht hat sie es auch geschafft, bei Ihnen angenehme Gefühle – und vielleicht sogar so etwas wie Sympathie (zur Kuh, zu den netten Menschen am Plakat) – hervorzurufen. Ist dies der Fall, dann ist die Chance, dass Sie sich im Verkaufsregal für eine Schokolade dieser Marke entscheiden, ziemlich hoch. In jedem Fall deutlich höher, als wenn Sie eine Schokolade im Regal sehen, deren Namen Sie noch nie gehört haben.

▶ *Werbepsychologische Grundlagen*

Was haben die Werber für diese Schokolade richtig gemacht?

Sie haben gezielt **beide Gehirnhälften angesprochen**. Dazu eine kurze Erläuterung zum Aufbau des Gehirns.

Sehr vereinfacht ausgedrückt, besteht das Gehirn aus einer linken und einer rechten Gehirnhälfte, wobei jede Hälfte für ganz unterschiedliche Funktionen verantwortlich ist.

Die **rechte Gehirnhälfte** ist für die **Emotionen** zuständig. Sie verarbeitet Bilder, Geräusche, Musik, Gerüche und verknüpft diese Sinneseindrücke mit Empfindungen. Diese können von intensiver Liebe bis zu Hass, von ausgesprochener Sympathie bis zur Antipathie, von einem Gefühl der Anziehung bis hin zu extremer Abneigung und Fluchtreizen reichen.

Die rechte Gehirnhälfte ist auch die schnellere. Sie verarbeitet Eindrücke in Bruchteilen von Sekunden. Sie entscheidet auch darüber, ob ein Eindruck weiter verarbeitet oder sofort ad acta gelegt wird. Sie ist damit sozusagen der Pförtner des Gehirns.

Die **linke Gehirnhälfte** ist für das **Rationale** zuständig. Sie beschäftigt sich damit, die Informationen weiter zu verarbeiten und daraus weitere Schlüsse zu ziehen. Dazu analysiert sie beispielsweise Texte und Zahlen, denkt logisch, rechnet, kalkuliert etc.

Gute Werbung verfolgt daher aus werbepsychologischer Sichtweise folgende Grundsätze:

1. Eroberung der rechten Gehirnhälfte mit schönen Bildern, Musik und allem, was sonst noch positive Emotionen hervorrufen kann. Allerdings auch mit Eindrücken, die stark genug sind, um unter den hunderten anderen Werbebotschaften, die ausgesendet werden, überhaupt wahrgenommen zu werden (zB lila Kuh). Neben den Bildern spielen Farben und Geräusche eine wichtige Rolle.

2. Eroberung der linken Gehirnhälfte, indem die geweckten Emotionen mit einem Namen, einer Marke, einem Slogan in Verbindung gebracht werden. (zB … die zarteste Versuchung, seit es Schokolade gibt). Gelingt der zweite Schritt nicht, dann hat man das Ziel leider auch nicht erreicht. Der Adressat erfreut sich vielleicht an den spektakulären Bildern einer Autowerbung, für welches Auto allerdings geworben wurde, kann er nicht sagen.

3. Oftmalige Wiederholung
   Das Gehirn besitzt eine wunderbare Funktion – es kann vergessen und somit auch Platz für neue Informationen schaffen. Diese Funktion ist für die Werbenden allerdings ein Problem. Sie müssen daher durch ständige Wiederholung einen bleibenden Eindruck im Gehirn hinterlassen – und sich damit immer wieder in Erinnerung rufen.

Bei dem oben Geschilderten handelt es sich natürlich um eine sehr vereinfachte Darstellung der Hirnfunktionalitäten, die in Wirklichkeit ausgesprochen komplex sind. Wenn Sie allerdings in Zukunft Werbungen bewusst nach diesem Muster analysieren, werden Sie sehen, dass das beschriebene Modell tatsächlich angewendet wird.

Diese Erkenntnisse sind auch der Grund dafür, dass der Informationswert von Werbungen immer mehr gegen Null gesunken ist. Hauptstrategie ist schließlich die Eroberung der rechten Gehirnhälfte.

Diese werbepsychologischen Grundlagen sollen übrigens nicht nur bei teuren Fernsehspots, sondern bei jeder Art von Werbung angewendet werden, beispielsweise auch von einem Verkäufer.

Er muss sich bewusst sein, dass er vom Kunden zuerst durch die rechte Gehirnhälfte „analysiert" wird. Der berühmte „erste Eindruck" wird vom Erscheinungsbild (Kleidung,), Stimmlage, Geruch, Freundlichkeit und Sympathie bestimmt. Wer hier keinen guten Eindruck hinterlässt, wird es sehr schwer haben, mit rationalen und fachlichen Produktargumenten dann bis zur linken Gehirnhälfte vordringen zu können.

Das gleiche gilt für die Gestaltung von Mailingbriefen. Rein textbasierte, ohne Emotion dargebrachte Information wird beim Leser kaum etwas bewirken können. Grafiken, Bilder und eine Sprache, die Emotionen weckt, verbessert die Chancen, nicht sofort in der Rundablage (= Papierkorb) zu landen, erheblich.

Beispiel

Beispiel: Gehirngerechte Werbestrategien bei der Partner-Eroberung

Wie hat Ihr Partner Sie umworben und erobert? Auch hier haben gehirngerechte Strategien zum Erfolg geführt:

1. *Vielleicht war es sogar „Liebe auf den ersten Blick"? Hat Sie das tolle Aussehen, der angenehme Geruch, die wohlklingende Stimme, der Sexappeal überzeugt?*
   - *Eroberung der rechten Gehirnhälfte*

2. *Was hat sie veranlasst, sich mit ihm/ihr weiter zu beschäftigen? Sie haben zugehört, was er/sie zu sagen und vielleicht auch zu bieten hat: einen (guten) Job, gesichertes Einkommen, gute Bildung, gemeinsame Interessen und Hobbys, etc.*
   - *Analyse durch die linke Gehirnhälfte*
   - *Abwägen der Vor- und Nachteile*

3. *Mit immer neuen Anläufen hat er/sie versucht, Sie von den eigenen Vorzügen zu überzeugen, und hat es dabei an Kreativität nicht mangeln lassen: Blumen, Bücher, Kinoeinladungen, Schmuck, etc.*
   - *ständige Wiederholung der Werbebotschaft*

4. *Schlussendlich haben Sie sich erobern lassen und Ihren Partner geheiratet.*

5. *In vielen Fällen soll es passieren, dass sich nach der Hochzeit seine/ihre Werbebemühungen schlagartig verringern und sich schließlich gegen Null hin reduzieren. Geschenkgutscheine zum Geburtstag sind bereits ein einsamer Höhepunkt. Plötzlich werden daher wieder Werbesignale von außen wahrgenommen (= anderen Männern/Frauen), die in den letzten Jahren schlichtweg ignoriert wurden. Als sich auf einem Fest ein Gespräch mit einem Mann/einer Frau mit angenehmer Stimme und adrettem Erscheinungsbild entspinnt, ...*
   - *keine ständige Wiederholung: Chance für die Konkurrenz*

4. 9. 8. HÄUFIG BENUTZTE STRATEGIEN BEI DER GESTALTUNG VON WERBUNG

▶ *Strategien bei der Gestaltung von Werbung*

- **Prominente Personen:** Indem bekannte Persönlichkeiten für die Qualität eines Produkts bürgen – sonst würden sie es ja selbst nicht verwenden – wird das Vertrauen beim Kunden gewonnen.

- **Experten:** Ein Experte bestätigt die Qualität eines Produkts. Typisches Beispiel dafür sind Zahnärzte, die eine bestimmte Zahnpasta empfehlen.

- **Zertifikate:** Ein TÜV-zertifiziertes oder vom Konsumentenverband getestetes Produkt (Stiftung Warentest) wird auch bessere Chancen beim Kunden haben.
- **Künstliche Verknappung:** Es wird versucht, die Menschen zu schnellem Kaufen zu bewegen, zB durch Slogans wie „nur kurze Zeit", „jetzt zuschlagen", „Ausverkauf nur noch eine Woche".
- **Assoziation mit angenehmen Reizen:** Das Produkt wird durch ein hübsches Fotomodel präsentiert, in einer herrlichen Landschaft aufgebaut, in einer Traumvilla vorgeführt.
- **Werbefigur:** Eine ausdrucksstarke Werbefigur präsentiert ein Produkt und vermittelt die Werbebotschaft, zB der kahlköpfige Muskelmann bei den Reinigungsmitteln, der flauschige Löwe beim Toilettenpapier, der grüne, sympathische Bär bei den Hustenbonbons.

4. 9. 9. KRITIK AN WERBUNG

Aufgrund der vielen Manipulationsmöglichkeiten, denen die Konsumenten durch Werbung ausgesetzt sind, ist Werbung nicht unumstritten und vielfältiger Kritik ausgesetzt:

Werbung

> Kritik an Werbung

- schafft Bedürfnisse nach Dingen, die eigentlich kein Mensch wirklich braucht
- benutzt hinterhältige Tricks, indem sie direkt auf das nicht beeinflussbare Unterbewusstsein der Menschen abzielt
- verführt und manipuliert die Menschen
- macht aus wehrlosen Kindern willenlose Konsumenten (zB das extrem ausgeprägte Markenbewusstsein von Kindern)
- ist ein tagtägliches Ärgernis, dem man nicht entrinnen kann (zB Werbeblöcke, die spannende Spielfilme unterbrechen)
- hält auf und kostet den Menschen Zeit

Letzteres ist insbesondere für unerwünschte Werbung zutreffend, die einem in folgender Form begegnen kann:

- Postwurfsendungen
- Telefonanrufe von Call Centern
- Spam-Mails (Werbemails für unglaublich tolle Verdienstmöglichkeiten, Potenzpillen u.v.m.)

EBC*L – Marketing

- Product Placement in Filmen (Produkte, die in Filmen platziert werden, zB: der Agent fährt ein Auto der Marke …, er trinkt an der Bar ausschließlich … und trägt die teuren Kleider der Marke …)

Besonders ärgerliche Ausmaße haben die so genannten Spammails erreicht. Mehrere Milliarden davon werden jährlich versendet und verursachen enorme Kosten, unter anderem durch verlorene Arbeitszeit, die das Aussortieren und Lesen von Spams verursacht.

Die Kritik an Werbung wird sicherlich auch dadurch gefördert, dass diese immer aggressiver wird. Immer öfters werden Werbebotschaften vermittelt, die an die niedrigen Instinkte des Menschen appellieren. Gleich an zwei davon appelliert beispielsweise der bekannte Spruch eines Elektrogroßhändlers „Geiz ist geil". Negativ besetzte Eigenschaften wie Gier und Habsucht, Neid und Missgunst usw. werden mit positiven Botschaften unterlegt und auf diese Weise salonfähig gemacht.

Um aufzufallen, wird auch auf „Schockwirkung" gesetzt. Berühmtestes Beispiel dafür sind wohl die Plakate eines Textilerzeugers, die weltweit großes Aufsehen erregt haben, weil sie Gefangene in der Todeszelle, gerade geborene, noch blutverschmierte Babys und Ähnliches abgebildet haben.

Die Befürworter von Werbung argumentieren, dass sie

- die Menschen darüber informiert, wie ihre Bedürfnisse erfüllt und ihre Probleme gelöst werden können
- durch die Steigerung der Absatzzahlen zur Verringerung der Stückkosten führt (Fixkostendegression), und Produkte dadurch auch für ärmere Zielgruppen erschwinglich gemacht werden
- heute Maßstäbe in Kunst und Kultur setzt (oft stecken hinter aufwändigen Werbespots bekannte Filmregisseure)
- Projekte in Bereichen wie Sport, Kultur und Sozialem finanziert, die sonst nicht durchgeführt werden könnten
- die Wirtschaft am Laufen hält und somit Arbeitsplätze sichert

Letztlich liegt die Verantwortung am mündigen Konsumenten selbst, sich ein Urteil über die zahlreichen Werbemaßnahmen zu bilden, die tagtäglich auf ihn einströmen. Um diesen Prozess zu unterstützen, ist aber auch die sachliche Auseinandersetzung mit der Thematik im Zuge der Schulbildung, in der Medienberichterstattung und nicht zuletzt im Familien- und Freundeskreis gefragt.

4. 10. Spezielle Werbe- und kommunikationspolitische Instrumente

Lernziele:

- *Den Begriff „Direct Mailing" erläutern können.*
- *Die wichtigsten Regeln und häufige Fehler bei der Gestaltung eines Mailingbriefs nennen und erläutern können.*
- *Die AIDA-Formel erläutern können.*
- *Den Begriff „Telefonmarketing" erläutern können.*
- *Den Begriff „Call Center" erläutern können.*
- *Den Begriff „Verkaufsförderung" bzw. „Sales Promotion" erläutern können.*
- *Den Begriff „Event-Marketing" erläutern können.*
- *Den Begriff „Öffentlichkeitsarbeit" bzw. „Public Relations" (PR) erläutern können.*
- *Den Begriff „Sponsoring" erläutern können.*
- *Den Begriff „Internetwerbung" erläutern können.*
- *Den Begriff „Merchandising" erläutern können.*

Beim Versuch den Kunden zu umwerben, sind der Fantasie kaum Grenzen gesetzt. Entsprechend vielfältig sind daher die Werbeformen, derer man sich bedienen kann. Dazu zählen:

- Direct Mailing
- Telefonmarketing
- Verkaufsförderung / Sales Promotion
- Event Marketing
- Öffentlichkeitsarbeit / Public Relations (PR)
- Sponsoring
- Internetwerbung

4. 10. 1. DIRECT MAILING

> Direct Mailing

Der englische Begriff „Mailing" entspricht der Postwurfsendung. Dabei handelt es sich um an Kunden adressierte, massenhaft vervielfältigte Briefsendungen. Mailings sind heute ein weit verbreitetes Instrument, um bestimmte Kunden- und Zielgruppen relativ kostengünstig, schnell und persönlich zu erreichen. Die Auflagen können zwischen wenigen Dutzend bis zu mehreren Millionen Sendungen liegen. Es ist das klassische Werbemittel im **Direktmarketing** (= direkte Ansprache der Kunden).

Mailingbriefe können per Post oder auch elektronisch (e-mailing) verschickt werden. Da der elektronische Versand über das Internet kaum Kosten verursacht, können Millionen Adressaten nahezu kostenfrei angeschrieben werden. Dies hat zur Mailingflut beigetragen und zu den so genannten Spam-Mails geführt (= unerwünschte Massen-e-Mails). Letztere haben das Mailing auch stark in Verruf gebracht und erschweren es, den seriösen Anbietern von Informationen ihre potenziellen Kunden zu erreichen.

Entscheidend über den Erfolg eines Mailings – egal ob per Brief oder per e-Mail – ist, ob der Adressat auch personalisiert (= mit Namen) angesprochen werden kann. Dazu sind die Adressen mit persönlichem Empfänger und Anschrift oder e-Mail-Adressen notwendig, die von darauf spezialisierten Adressdatei-Verlagen oder -Agenturen gekauft werden können.

Direct Mailings zählen zu den wichtigsten Werbeformen für Klein- und Mittelunternehmen. Sie werden jedoch nicht nur unternehmensextern verwendet, sondern dienen in größeren Unternehmen auch der unternehmensinternen Kommunikation.

4. 10. 2. GESTALTUNG VON MAILINGBRIEFEN: TO DO'S UND NOT TO DO'S

> Gestaltung von Mailingbriefen

Tagtäglich werden Mailingbriefe versendet, bei denen auch Laien auf den ersten Blick erkennen, dass jeder dafür ausgegebene Cent zu viel ist. Eine der wichtigsten Regeln, gegen die verstoßen wird, ist folgende: **„Weniger ist Mehr"**

Professionell gestaltete Mailingbriefe sind

- kurz und prägnant
- durch eine angenehme Schrift, eine gute Gliederung und kurzen Sätzen leicht lesbar

- haben des öfteren einen so genannten „eye-catcher" – eine Grafik, ein Foto – integriert, oder sogar eine Kostprobe oder ein kleines Präsent als Beilage (zB Säckchen mit Kosmetikproben, Kugelschreiber o.Ä.)

Wie bereits erwähnt, ist es von immensem Vorteil, wenn ein Empfänger persönlich angesprochen werden kann. „Sehr geehrter Herr Huber" klingt einfach gewinnender, als „Sehr geehrte Damen und Herren".

Je exklusiver die Zielgruppe, um so wichtiger ist es, dass bereits mit der Papierwahl (Briefpapier, Folder, Mappe, Kuvert etc.) ein guter Eindruck vermittelt wird. Auch die Verwendung bestimmter Farben kann die Wertigkeit erhöhen.

4. 10. 3. DIE AIDA-FORMEL

Beim Aufbau eines Mailingbriefes kann man sich an der bekannten AIDA-Formel orientieren. Der Begriff AIDA leitet sich aus folgenden englischen Begriffen ab:

- Attention
- Interest
- Desire
- Action

▶ AIDA-Formel

1. Attention (Aufmerksamkeit erzeugen)

Man kann davon ausgehen, dass der Empfänger eines Mailingbriefes nur wenige Sekunden verwendet, um zu entscheiden, ob der Brief gelesen wird oder sofort in den Papierkorb wandert. In diesen Sekunden muss die Aufmerksamkeit (= Attention) des Lesers geweckt werden.

Entscheidende Bedeutung kommt dabei dem „Betreff" und dem Eröffnungssatz zu. Hier entscheidet es sich bereits, ob ein Brief als interessant, wichtig oder spannend genug empfunden wird, um weiter gelesen zu werden. Dazu bedarf es handwerklichen Könnens, aber auch einiger Kreativität.

Um an die Ausführungen zur Funktionsweise des Gehirns zu erinnern: Zuerst muss die rechte Gehirnhälfte – die emotionale Seite – gewonnen werden. Dies kann gelingen, indem man möglichst bildhaft konkrete Bedürfnisse und Emotionen des Kunden anspricht.

Produkt	Attention
neue Finanzierungsform für Kredite	Haben Sie heute so richtig gut geschlafen? Falls nein, dann liegt es vielleicht daran, dass Ihnen die nächste fällige Kreditrate Sorgen bereitet.
Kindertheater	Gibt es etwas Schöneres auf der Welt, als das eigene Kind wirklich herzhaft lachen zu hören? Das Theaterstück XYZ garantiert zwei kurzweilige Stunden voller Kinderlachen.
private Zahnarztklinik	Wie lange haben Sie zuletzt beim Zahnarzt auf Ihre Behandlung gewartet? Hätten Sie in dieser Zeit Angenehmeres tun können?

2. Interest (Interesse wecken)

Ist die erste Hürde geschafft, dann gilt es, das Interesse am Produkt zu wecken, indem man in wenigen Sätzen aufzeigt, über welche herausragende(n) Eigenschaft(en) dieses verfügt, und – das ist entscheidend – welchen Nutzen es bringen kann.

Produkt	Interest
neue Finanzierungsform für Kredite	Unser vollkommen neues Kreditprodukt EFG ist so flexibel, dass Sie jederzeit selbst bestimmen können, wieviel Sie monatlich zurückzahlen wollen.
Kindertheater	In unserem Theaterstück XYZ haben sich bereits 3.000 Kinder vor Lachen gebogen. Es bietet allerdings nicht nur beste Unterhaltung, sondern vermittelt den Kindern auch, wie wichtig es ist, sich gesund zu ernähren.
private Zahnarztklinik	Durch unser neuartiges Reservierungssystem können wir garantieren, dass Sie ohne jede Wartezeit sofort und bestmöglich betreut werden. Sollten Sie tatsächlich einmal warten müssen, dann zahlen wir Ihnen für jede Minute einen Euro.

3. Desire (= Wunsch)

Nun muss der Wunsch geweckt werden, das Produkt auch zu haben bzw. zu erwerben.

Produkt	Desire
neue Finanzierungsform für Kredite	Wenn Sie in Zukunft besser schlafen wollen, dann sollten Sie sich so schnell wie möglich über unser Kreditprodukt informieren.
Kindertheater	Wir sind uns sicher: Auch Ihr Kind wird Sie nach der Vorstellung glücklich umarmen, und noch Tage später von den lustigen Szenen erzählen.
private Zahnarztklinik	Wenn auch Sie Ihre Zeit lieber mit der Familie oder Freunden verbringen, als diese im Wartezimmer zu versitzen, dann sollten Sie zu uns kommen.

4. Action (Handlung herbei führen)

Zuletzt muss eine unmittelbare Reaktion ausgelöst werden. Passiert das nicht, dann besteht die Gefahr, dass der Leser zwar interessiert werden konnte, das Angebot aber spätestens nach einem Tag wieder vergessen hat. Möglichkeiten, um spontane Handlungen auszulösen bieten zB folgende Aufforderungen:

- *Aufrufe, sofort zum Telefonhörer zu greifen*
- *ein beiliegendes Bestell- oder Anmeldeformular auszufüllen*
- *die Homepage zu besuchen und sich dort zu registrieren*
- *ein Gratis-Probeexemplar anzufordern*

Produkt	Action
neue Finanzierungsform für Kredite	Bis 30. Juni steht unser Berater für einen Gratis-Finanzcheck (im Gegenwert von 150 Euro) zur Verfügung. Vereinbaren Sie einfach einen Termin unter der Tel-Nr. 007.
Kindertheater	Bis 30. Juni können zwei Kinder zum Preis von nur einer Karte die Vorstellung besuchen. Achtung! Für diese Aktion gibt es nur ein kleines Kontingent!
Private Zahnarztklinik	Bis 30. Juni bieten wir Ihnen einen Gratis-Zahn-Check an. Auf unserer Homepage www.zahn-derzeit.at können Sie sich einen freien Termin selbst aussuchen.

4. 10. 4. TELEFONMARKETING

Versender von Mailings dürfen sich keine Illusionen machen. Auch das bestgestaltete Mailing wird nur bei einer sehr kleinen Gruppe die erwünschte, unmittelbare Reaktion auslösen können. Die vielen Alltagsaufgaben und Termine lassen ein Mailing auch bei durchaus interessierten Personen schnell in Vergessenheit geraten.

➤ *Telefonmarketing*

Die Erfolgsquote kann jedoch deutlich erhöht werden, wenn einem Mailing unmittelbar danach ein Telefonanruf folgt. Dabei wird der Adressat mittels geschickter Technik gefragt, ob er

- das Mailing bekommen hat
- es gelesen hat
- das Produkt für ihn interessant ist
- ein Gratis-Probeexemplar haben möchte

Ziel des Telefonmarketings ist oft nicht unmittelbar eine Bestellung, sondern dass ein Beratungstermin vereinbart wird, um ein Produkt/eine Leistung vorstellen zu können.

4. 10. 5. CALL CENTER

➤ *Call Center*

Telefonmarketing-Aktionen werden häufig an Firmen ausgelagert, die auf diese Art des Verkaufs spezialisiert sind. Diese werden **Call Center** genannt. Das speziell geschulte Personal verfügt meist weniger über detailliertes Produktwissen, dafür hat es Talent und Methodik dafür, Leute am Telefon zuerst zum Reden und dann zum Zuhören zu bewegen.

4. 10. 6. VERKAUFSFÖRDERUNG / SALES PROMOTION

➤ *Verkaufsförderung/ Sales Promotion*

Unter Sales Promotion versteht man die klassische Werbung ergänzende Maßnahmen, die den Verkauf eines Produkts unterstützen können. Bekanntestes Beispiel dafür sind Gratis-Kostproben, die in einem Geschäft an extra aufgebauten Ständen den Kunden gereicht werden (Käse- oder Wursthäppchen, Kaffee oder Obstsäfte, Kosmetik-Proben etc.).

Weitere Beispiele für kundenorientierte Sales Promotion sind Testpakete, die – stark vergünstigt, aber meist nur für sehr kurze Zeit – angeboten werden; Beigaben in Zeitschriften, die zB Cremes und Parfüms in kleinen Säckchen

oder Röhrchen anpreisen oder auf DVDs Ausschnitte von Videos oder Kinofilmen zeigen.

Verkaufsfördernde Maßnahmen können allerdings auch an den Vertrieb (direkt und indirekt) gerichtet sein. Dazu dienen spezielle Verkäuferschulungen, Verkäufer-Wettbewerbe oder eigene Produktpräsentationen für Makler.

4. 10. 7. EVENT MARKETING

Was früher Feier genannt wurde (Weihnachtsfeier, Firmenjubiläumsfeier etc.), heißt heute Event Marketing. Ziel ist es,

- Kunden und/oder
- MitarbeiterInnen und/oder
- die Medien und/oder
- wichtige Persönlichkeiten

> *Event-Marketing*

durch eine möglichst imposante Veranstaltung zu beeindrucken und für sich zu gewinnen bzw. an sich zu binden. Oft sind solche Veranstaltungen auch als Dankeschön (für besonders treue Kunden oder für die Mitarbeiter) gedacht.

Der Fantasie, Eindruck zu erwecken, sind hier kaum Grenzen gesetzt. Insbesondere, wenn ein neues Produkt am Markt platziert werden soll, investieren große Unternehmen sogar mehrere hunderttausend Euro in einen einzigen Event: Gäste werden mit dem Hubschrauber eingeflogen, der Veranstaltungsort (= die Location) ist ein imperiales Schloss oder ähnlich Außergewöhnliches, das Buffet bietet auf dutzenden Laufmetern alles, was gut und teuer ist, die Moderation übernimmt ein bekannter Fernsehstar, für kurze Showeinlagen werden internationale Popstars engagiert und vieles mehr.

Es können natürlich nicht immer solche Mega-Events sein. Dennoch erfordert jede Organisation von (auch kleinen) Events ein spezifisches Know-how. Wer weiß schon, wo geeignete Locations zu finden und zu buchen sind, wo erstklassige Buffets geboten werden, die Tonanlage garantiert, dass die Ansprachen und die Musik auch akustisch einwandfrei sind.

Kein Wunder, dass in den letzten Jahren immer mehr Unternehmen gegründet wurden, die sich auf die Organisation und Durchführung solcher Firmenveranstaltungen spezialisiert haben (= Event Marketing Agenturen), und dass es mittlerweile auch eigene Ausbildungslehrgänge zum Event Manager gibt.

Zum Glück geht es auch billiger, und es gibt auch andere Möglichkeiten, wie man mit Kreativität und Herzlichkeit ebenfalls einen gewünschten Effekt erzielen kann.

4. 10. 8. ÖFFENTLICHKEITSARBEIT / PUBLIC RELATIONS (PR)

Werbeanzeigen in Zeitungen und Zeitschriften, Werbespots im Fernsehen und im Radio sind teuer und werden oft auch als nicht glaubwürdig – weil vom Unternehmen selbst kommend – betrachtet.

➤ *Public Relations, PR*

Die Glaubwürdigkeit ist um ein Vielfaches größer, wenn das Unternehmen nicht selbst auf sich aufmerksam macht, sondern ein Journalist das übernimmt und zB einen Artikel über das Unternehmen in einer viel gelesenen Zeitung verfasst.

Die Kunst, Journalisten dazu zu bewegen, heißt Öffentlichkeitsarbeit bzw. Public Relations, kurz PR.

Journalisten werden jedoch nur dann einen Beitrag über ein Unternehmen schreiben wollen, wenn sie damit rechnen können, dass das Thema für ihre Leser interessant genug ist. Dem entsprechend neu, innovativ, wichtig, originell, spannend, aufregend … muss das Ereignis sein, über das berichtet wird.

Daher wird es für Unternehmen nur dann sinnvoll sein, Zeit und Geld für eine PR-Maßnahme zu investieren, wenn sie tatsächlich etwas Interessantes zu berichten haben.

Es gibt mehrere Wege, in die Zeitung zu kommen:

- **Presseaussendungen:** Diese werden direkt an die Redaktionen geschickt. Journalisten, die selbst oft in Zeitnot sind, schätzen es sehr, wenn sie einen guten Bericht fast 1:1 übernehmen können und eventuell nur mehr durch ein paar telefonische Recherchen oder Interviews ergänzen müssen. Dem entsprechend professionell sollte eine Presseaussendung aufbereitet sein (am besten über e-Mail oder als Pressemappe versendet und mit hochqualitativen Fotos komplettiert).

- **Pressekonferenzen:** Hier werden Journalisten eingeladen, an einer eigens für sie konzipierten Informationsveranstaltung teilzunehmen. Sie bekommen hier die Gelegenheit als allererste über ein Thema informiert zu werden, und können im Anschluss an die Präsentation Fragen stellen und Einzelinterviews durchführen.

Auch für Pressekonferenzen gilt allerdings, dass Journalisten dermaßen unter Zeitdruck stehen, dass sie es oft gar nicht schaffen können, persönlich daran teilzunehmen. Es versagen heutzutage sogar Lockmittel wie herrliche Buffets oder ausgefallene Locations.

➠ **PR-Agenturen:** Die Profis in den PR-Agenturen verfügen über das Know-how, wie man Journalisten auf sich aufmerksam machen kann. Was allerdings noch viel wichtiger ist: Sie haben meistens persönliche Kontakte zu den Journalisten und stehen oft sogar in einem freundschaftlichen Verhältnis zu ihnen. Daher kann sich die Chance, dass tatsächlich berichtet wird, durch das Engagement einer PR-Agentur deutlich erhöhen.

➠ **Gekaufte Berichte:** Wer eine Zeitschrift aufmerksam durchblättert, wird sehr oft eine kleine Überraschung erleben: Auf der Seite 4 wird an prominenter Stelle und sehr freundlich über ein Unternehmen berichtet, manchmal auch eine ganze Seite für ein Interview mit dessen Vorstandsvorsitzenden gewidmet. Auf der Seite 13 findet man dann eine ganzseitige Anzeige dieses Unternehmens. Diese Vorgehensweise widerspricht zwar dem Ehrenkodex des Journalismus, es gibt allerdings nur mehr ganz wenige Zeitungen, die es sich leisten können, auf diese Art und Weise gewonnene Anzeigen zu verzichten. Einige solcher Berichte sind dezent mit dem Begriff „Promotion" an einem der Ränder des Zeitungsartikels gekennzeichnet.

4. 10. 9. SPONSORING

Auf Fußball-Dressen, auf Opernhäusern, Museen oder Kirchtürmen, in Schulen, am Kragen von TV-Kommentatoren, auf Homepages von Hilfsorganisationen – es gibt kaum einen öffentlichen Bereich, der nicht durch ein Firmenlogo verziert ist. Unternehmen und Organisationen, die einen Verein, ein Projekt, ein Event oder Ähnliches mit Geld oder Sachmitteln unterstützen, werden Sponsoren genannt.

➤ *Sponsoring*

Der Grund, dies zu tun, ist für die Unternehmen zumeist kein karitativer, sondern ein wirtschaftlicher. Sponsoring kann in vielen Fällen eine attraktivere Möglichkeit bieten, sich in der Öffentlichkeit zu präsentieren, als die Schaltung einer herkömmlichen Werbeanzeige in einer Zeitschrift oder im Fernsehen.

Erstens ist der Wahrnehmungseffekt ein höherer: Bei einem Fußballspiel wird der Zuseher immerhin 90 Minuten lang mit ein und demselben Firmenlogo auf der Sport-Dress konfrontiert – und das oft Bildschirm füllend.

Zweitens ist mit Sponsoring auch ein positives Image verbunden, denn immerhin wird dadurch eine Mannschaft gefördert, die Renovierung einer Kirche,

Spezielle Werbe- und kommunikationspolitische Instrumente

der Bau eines Waisenhauses, die Aufführung eines Theaterstücks, und vieles mehr erst ermöglicht.

In sogenannten Sponsoring-Paketen wird daher versucht, den werblichen Gegenwert aufzuzeigen, der durch einen Sponsorbeitrag erzielt werden kann.

Beispiel

> *Für 15.000 Euro können Sie Hauptsponsor des landesweiten Schulwettbewerbs werden. Dafür können wir Ihnen anbieten, dass Sie*
>
> - *auf der Wettbewerbs-Homepage einen Banner platzieren*
>   - *erwartete Besucher täglich: 1000*
>   - *Gegenwert: 5.000 Euro*
> - *am Wettbewerbsfolder Ihr Logo platzieren*
>   - *Auflage: 50.000 Stück*
>   - *Gegenwert: 10.000 Euro*
> - *beim Wettbewerb eine Rede halten sowie die Urkunden und Preise überreichen – Presse und Fernsehen werden darüber berichten*
>   - *Gegenwert: 20.000 Euro*
> - *bei allen Presseaussendungen werden Sie als Sponsor genannt*
>   - *Gegenwert: 10.000 Euro*
>
> *Insgesamt profitieren Sie mit diesem Sponsorpaket von einem Werbe-Gegenwert in Höhe von 45.000 Euro.*

4. 10. 10. INTERNETWERBUNG

▶ *Internetwerbung*

Die Werbung wurde durch das Internet innerhalb kürzester Zeit grundlegend revolutioniert. Es gibt heute kaum einen Konsumenten, der sich vor einem Kauf nicht zuvor schon über Internet notwendige Informationen geholt hat.

Beispiele

> - *Vor einer Reise werden sämtliche Informationen über das Land, die Sehenswürdigkeiten und Gepflogenheiten sowie über die besten Möglichkeiten dorthin zu gelangen, eingeholt. Das Reisebüro wird dann oft nur mehr aufgesucht, um die Buchung vorzunehmen.*
> - *Wer wegen eines gesundheitlichen Problems einen Arzt besucht, hat sich oft schon im vorhinein über die Krankheit und deren verschiedene Behandlungsmethoden im Internet informiert.*

Zudem ermöglichen professionell aufgezogene Internetseiten, auf denen mit einem Blick die Preise sämtlicher Anbieter verglichen werden können, eine fast perfekte Information.

Für die Unternehmen bedeutet das, dass sie es mit Kunden zu tun haben, die manchmal vielleicht sogar umfangreicher informiert sind, als es die eigenen Verkäufer leisten können. Die Ansprüche an eine Beratungsleistung steigen, da nur mehr Spezialfragen zu erläutern sind.

Zunehmend dient das Internet nicht nur als Informationsbörse, sondern auch als direkter Vertriebskanal. In **Webshops** können Bücher, Flüge, Autos u.v.m. direkt gekauft bzw. gebucht werden. Diese Entwicklung wird sich immer weiter verbreiten und den Handel vor neue Herausforderungen stellen.

Es gibt also genug Argumente, um zu verdeutlichen, warum ein Unternehmen heute unbedingt selbst im Internet vertreten sein sollte – und das unabhängig von der Größe und der Branche des Unternehmens.

Eine eigene Homepage soll den Konsumenten sowohl einen schnellen ersten Überblick über ein Angebot ermöglichen, als auch in Folge detailliertere Informationen bieten. Zudem soll sie aufzeigen, wie man mit dem Unternehmen persönlich oder über e-Mail in Kontakt treten kann (Geschäftsadressen, Verkaufsberater etc.). Über **Webshops** kann auch eine direkte Bestellmöglichkeit eingerichtet werden, und – entsprechende Sicherheitseinstellungen vorausgesetzt – auch Zahlungen (meistens über Kreditkarte) abgewickelt werden. Grundvoraussetzung für eine Homepage ist die Sicherung einer Adresse im Internet; diese wird Domain genannt (zB www.ebcl.eu).

Über eine eigene Homepage zu verfügen, ist jedoch nur der erste Schritt. Die Kunst besteht darin zu erreichen, dass die eigene Homepage in den unendlichen Weiten des Internet auch gefunden und besucht wird. Immerhin tummeln sich tausende und zehntausende andere Homepages im virtuellen Raum, die bei Eingabe eines Stichworts von den **Suchmaschinen** angeführt werden.

Wer es hier nicht schafft, bereits auf den ersten Seiten gelistet zu sein, wird wohl kaum eine Chance haben, vom Kunden entdeckt zu werden. Internet-Spezialisten kennen jedoch Wege, wie die eigene Website weit oben gelistet werden kann.

Eine andere Möglichkeit besteht darin, Werbung über die Suchmaschinenbetreiber zu machen. Das bedeutet, dass auf das Angebot des eigenen Unternehmens verwiesen wird, wenn der passende Suchbegriff eingegeben wird.

Weiters kann auf gut besuchten Homepages (zB von Zeitungen) eine **Bannerwerbung** geschaltet werden. Dabei handelt es sich um kleine Werbeanzeigen, die beim Aufruf einer bestimmten Homepage gleichzeitig mit erscheinen. Der Preis für eine Bannerwerbung orientiert sich an der Anzahl der Homepage-

Besuche, also daran, wie oft eine Seite angeklickt (= **Clickrate**) bzw. aufgerufen wird (= **Visits**). Ein weiterer entscheidender Faktor ist die Verweildauer auf der Homepage.

Eine umfassende Werbestrategie wird die **klassische Werbung** und die **Werbung über die neuen Medien (Internet)** kombinieren. Dazu wäre beispielsweise auch denkbar, in einer Zeitung ein kleines Inserat zu schalten, bei dem das Hauptaugenmerk darauf gelegt wird, die Leute dazu zu motivieren, die informativere Homepage zu besuchen.

4. 10. 11. MERCHANDISING

➤ *Merchandising*

Darunter sind Produkte zu verstehen, die mit dem Logo des Unternehmens versehen werden und direkt an die Zielgruppe - oder an Personen, die mit der Zielgruppe in Kontakt kommen - verteilt werden.

Beispiele: Kugelschreiber, Kappen, Luftballons o.ä. die auf Messen, Sportveranstaltungen usw. verteilt werden

Bossi's PinkSauce: das Werbekonzept

Nach den Marktforschungs-Ergebnissen ist Frau Bossi eines vollkommen klar: Der Erfolg der PinkSauce steht und fällt mit der Werbung, die dafür betrieben wird. Es muss nicht nur ein neuer Bedarf – nach bislang unbekannten Pizzas in der Farbe pink – geweckt werden, sondern es müssen auch die durch die Farbe pink ausgelösten ersten negativen Reaktionen überwunden werden. Das bedeutet, dass auch Konsumenten überzeugt werden müssen, die nicht persönlich durch Herrn oder Frau Bossi dazu motiviert werden.

Die Werbeziele für die erste Phase werden also wie folgt formuliert:

- *Erhöhen des Bekanntheitsgrades der PinkSauce bei der Zielgruppe „Early Adopters zwischen 20 und 40 Jahren". Mindestens 30 % dieser Zielgruppe soll nachhaltig erfahren, dass es die PinkPizzas gibt.*

- *Über die Mundpropaganda dieser wichtigen Zielgruppe sollen die Pink-Pizzas dann auch bei anderen Zielgruppen bekannt gemacht werden. Innerhalb der nächsten zwei Jahre wird ein allgemeiner Bekanntheitsgrad der PinkPizzas bei 20 % der Einwohner bis 60 Jahre im Bezirk angestrebt.*

- *Der Zielgruppe soll das Image vermittelt werden, dass der Genuss von PinkPizzas ein außergewöhnliches kulinarisches Erlebnis bietet. Die Werbebotschaft muss lauten: Nur wer PinkPizzas schon gekostet hat, kann auch wirklich mitreden.*

Den Werbezielen kann sich Herr Bossi anschließen. Strittig ist allerdings, wie viel Budget für die Werbemaßnahmen zur Verfügung gestellt werden soll. Während Herr Bossi da in bisherigen Kostendimensionen denkt – er hat für die Pizzeria nie mehr als 1.500 Euro für Werbung ausgegeben – möchte Frau Bossi das Zehnfache davon ansetzen. Obwohl ihr Herr Bossi auch nach längeren Diskussionen vorerst keine Zustimmung erteilt, plant sie 15.000 Euro für Werbeausgaben ein.

4.000 Euro muss sie alleine für die Erstellung des Corporate Design Konzepts samt Logo, Grafiken, Entwurf eines Folders und von Etiketten für die Flaschen sowie für die Gestaltung eines Inserats veranschlagen. Und das gibt es auch nur so günstig, weil sie mit einem Grafiker befreundet ist.

2.000 Euro sind dann noch zusätzlich für eine einfache, aber grafisch sehr ansprechend gestaltete Homepage zu berappen. Für Frau Bossi spielt die Werbung über das Internet eine sehr zentrale Rolle. Das ermöglicht ihr, dass sie nur ganz kleine und somit kostengünstige Werbeanzeigen schalten muss, bei denen effektvoll auf die Homepage verwiesen wird.

Die Inserate werden vorerst nur im Bezirksblatt geschaltet, dort allerdings gleich auf der ersten Seite. Die Anzeige wird drei Mal hinterein-

ander erscheinen. Der Preis dafür beträgt stolze 1.000 Euro. Als sie den Preis drücken will, erklärt ihr der Anzeigenverkäufer der Zeitung, dass diese Kosten bei 20.000 Lesern pro Ausgabe einen Tausenderkontakt-Preis von gerade mal 16 Euro ergeben. Billiger kann es nicht mehr werden. Er könne ihr jedoch anbieten, dass er sich bei der Redaktion dafür stark macht, dass auch ein Bericht über die neue PinkPizza geschrieben wird.

Auf diesen Vorschlag möchte Frau Bossi gerne zurückkommen. „Um ‚in' zu werden, müssen wir es ganz einfach schaffen, auch in den Medien präsent zu sein", denkt sie und plant, die ganze Redaktionsmannschaft zu einer Verkostung einzuladen – und zwar einen Tag bevor offiziell mit den Pink-Pizzas gestartet wird.

Das Inserat mit dem Logo von Herrn Bossi als zentrales Element und der Signalfarbe pink wird eine entsprechend hohe Aufmerksamkeit auf sich ziehen. „Bilder und Farben sagen mehr als tausend Worte", ist sie sich sicher. Daher wird das Logo nur mehr mit dem Werbeslogan und der Internetadresse ergänzt: „Bossi's PinkPizza – macht süchtig" www.PinkPizza.com Die Zielgruppe soll außerdem durch Briefmailings direkt angesprochen werden. Die für das Mailing notwendigen Adressen zu bekommen, ist allerdings teurer als erwartet. 500 Euro soll sie für gerade mal 8.000 Datensätze bezahlen. Dafür sind diese vorselektiert. Das bedeutet, dass es keine Streuverluste geben wird, garantiert ihr der Verkäufer der Adressdatenbank. Das ist Frau Bossi wichtig, da sie damit etwas bei den Druckkosten sparen kann. Allerdings nicht allzu viel, wie sie bald bemerkt. Es macht fast keinen Unterschied, ob man 7.000 Folder oder 10.000 Folder drucken lässt. Teuer sind die ersten 1.000 Folder, danach sinken die Stückkosten erheblich.

Der Mailingbrief soll durchaus etwas frech und witzig gestaltet sein, meint Frau Bossi – und hat da auch eine Idee. Sie will den Bürgermeister dazu gewinnen, dass er fotografiert wird, wie er gerade genussvoll eine Pink-Pizza verschlingt – und dabei sein Mund rosa verschmiert ist (als Aufhänger für den Spruch „PinkPizza – macht süchtig").

Da Wahlen vor der Tür stehen, lässt sich der Bürgermeister tatsächlich dafür gewinnen. Immerhin wird dann sein Foto an 8.000 potenzielle Wählerinnen verteilt.

Zum Start der PinkPizzas soll dann ein richtiger Event stattfinden. Dazu möchte Frau Bossi die ihrer Meinung nach wichtigsten 100 Personen der Umgebung einladen. Ein stadtbekannter Kabarettist soll als zusätzliches Zugpferd dienen. Dieser wird ein eigenes, halbstündiges Programm zum Thema „Pink, Pizza und Sucht" erstellen, und erstmalig präsentieren.

Nach einem Monat hat Frau Bossi das gesamte Werbekonzept fertig gestellt. Jetzt gilt es nur noch, eine alt bekannte Hürde zu überwinden. Wird Herr Bossi zustimmen?

EASY BUSINESS IM TELEGRAMM-STIL

Marketing – Teil 3: Kommunikationspolitik, Werbung, Spezielle Werbe- und kommunikationspolitische Instrumente

Lernziele

Folgende kurze und prägnante Beschreibungen und Stichworte zu den Lernzielen der EBC*L Stufe B bieten Ihnen einen komprimierten Überblick zu den behandelten Themen.
Das in den Lernzielen und Prüfungen der Stufe B geforderte „ERLÄUTERN" der betriebswirtschaftlichen Begriffe und Zusammenhänge wird damit jedoch nur sehr bedingt abgedeckt. Dazu dient das Studium der Fachtexte und der Praxis-Beispiele in diesem Buch. Versuchen Sie zusätzlich, auch selbst gewählte Beispiele aus der Praxis zu finden – dies steigert Ihren Lernerfolg.

➤ Den Begriff Kommunikationspolitik erläutern können.

Alle Maßnahmen, die ein Unternehmen setzt, um interne (zB Mitarbeiter) und externe (zB Kunden) relevante Zielgruppen über das Unternehmen bzw. seine Produkte zu informieren. Zu den wesentlichsten kommunikationspolitischen Instrumenten zählen die Werbung, Verkaufsförderung (Sales Promotion), Öffentlichkeitsarbeit (Public Relations, PR)

➤ Den Begriff Corporate Image und dessen Bedeutung erläutern können.

Das Image (der Ruf), das ein Unternehmen in der Öffentlichkeit (Kunden, Lieferanten, Presse etc.), aber auch intern (bei seinen MitarbeiterInnen) hat. Der Aufbau eines guten Images (= Fremdbild) bedarf eines klaren Konzepts und muss von allen mitgetragen und gepflegt werden. Unternehmen mit einem schlechten Image haben schlechte Überlebenschancen. Beispiele für Imagevarianten: die beste Qualität, der Verlässlichste, der Innovativste usw.

➤ Die Begriffe Marke, Logo, Slogan und deren Bedeutung erläutern können.

Jedes bekannte Unternehmen verfügt über einen bekannten Namen (= Marke), ein unverwechselbares Zeichen (= Logo) und einen markanten Spruch, der das Besondere des Unternehmens zum Ausdruck bringt (Slogan). Diese drei Elemente bilden das Herzstück der Kommunikationspolitik, und sollen dem Erscheinungsbild eines Unternehmens eine unverwechselbare Note geben. Oft werden auch für einzelne Produkte eigene Marken, Logos und Slogans kreiert.

➤ Den Begriff Corporate Design erläutern können.

Darunter versteht man das visuelle Erscheinungsbild/den Auftritt eines Unternehmens nach außen, die Gestaltung der Kommunikationselemente mit einer eigenen Firmenschrift, eigenen Firmenfarben, zB:
- Briefpapier, Kuverts, Visitkarten
- Firmenfarben
- Prospekte, Image-Folder, Präsentationsmappen, Display-Material
- Werbung in Zeitschriften und Fernsehen (Inserate, Spots etc.)
- der Webauftritt
- Powerpoint-Präsentationen
- die Kleidung der Mitarbeiter (zB Firmenuniform)
- das Unternehmensgebäude (die Innen- und Außenarchitektur)

➤ Den Begriff Werbung und deren Instrumente erläutern können.

Werbung zielt darauf ab, Kunden durch verschiedenste Maßnahmen über ein Produkt zu informieren und (auch durch emotionale Werbebotschaften) zu motivieren, dieses Produkt zu kaufen und dem Unternehmen die Treue zu halten. Instrumente der Werbung: Radiowerbung, TV-Werbung, Plakatwerbung, Internetwerbung, etc.

Easy Business im Telegramm-Stil – Marketing – Teil 3:
Kommunikationspolitik, Werbung, Spezielle Werbe- und kommunikationspolitische Instrumente

➤ Die Schritte zur Planung einer Werbekampagne nennen und erläutern können.

- Erstellung einer Ist-Analyse (zB Grad der Bekanntheit eines Produktes, Marktdaten)
- Werbeziele formulieren
- Werbebudget festlegen
- Auswahl der Werbemittel oder Werbeträger (Mediaplanung)
- Werbeerfolgskontrolle

➤ Werbeziele nennen und erläutern können.

Parameter zur Formulierung von Werbezielen sind Verkaufs- und Umsatzzahlen, Zielgruppen, Zielregionen und ein festgelegter Zeitraum, innerhalb dessen diese Ziele erreicht werden sollen.

- Quantitative Werbeziele: fassen ein Werbeziel in konkret messbare Verkaufszahlen, zB: „Durch die Werbekampagne soll innerhalb der nächsten 6 Monate der Umsatz von Produkt XY um 25 % bzw. um EUR 300.000,- gesteigert werden."
- Qualitative Werbeziele: schlagen sich nicht in direkt messbaren Verkaufszahlen nieder, zB: „Steigerung des Bekanntheitsgrads von Produkt XY um 10 %, Verbesserung des innovativen Images der Unternehmenssparte AB bei der Zielgruppe Firmenkunden

➤ Die Begriffe Werbebudget und Kostenfaktoren der Werbung erläutern können.

Darunter versteht man den Kostenrahmen, der für Werbung für einen bestimmten Zeitraum (1 Jahr, 1 Quartal usw.) oder aber auch für eine einzelne Werbekampagne zur Verfügung steht.
Kostenfaktoren sind:
- Dienstleistungs- und Produktionskosten für Werbeagentur, Grafiker, Texter, Material- und Druckkosten, Schauspieler für Werbespots etc.
- Einschaltungskosten für Zeitungen, Fernsehen, Radio, Internet etc.

➤ Die Begriffe Werbemittel und Werbeträger erläutern können.

Unter Werbemittel versteht man die Gestaltungsform, in die eine Werbebotschaft verpackt wird. Das kann ein Werbebrief, ein Inserat, eine Broschüre, ein Werbefilm, ein Radiospot o.ä. sein.
Die Einrichtungen (bzw. das Medium), über die ein Werbemittel an die Zielgruppen gelangt, werden Werbeträger genannt. Wichtige Werbeträger sind zB die Post und private Zusteller (die Briefmailings, Prospekte, Zeitschriften, Werbesendungen an die Haushalte verteilen), Radio oder Fernsehen, Plakatwände, Internet, Autos mit Werbeaufschriften u.v.m.

➤ Den Begriff „Tausender-Kontaktpreis" erläutern können.

Dieser gibt an, wie viel es kostet, mit einer Werbemaßnahme 1000 Personen zu erreichen.

$$\text{Tausender-Kontaktpreis} = \frac{\text{Preis für die Werbemaßnahme}}{\text{Anzahl erreichte Personen}} \times 1000$$

➤ Den Begriff Streuverlust erläutern können.

Streuverlust bedeutet, dass auch Personen mit einem Werbemittel erreicht werden, die als Kunde eigentlich nicht in Frage kommen (die also nicht zur Zielgruppe gehören).

➤ Den Begriff Werbeerfolgskontrolle erläutern können.
  Die Begriffe Werbewirkung und Werbeerinnerung erläutern können.

Die Werbeerfolgskontrolle setzt sich im Anschluss an eine Werbekampagne mit folgenden Fragen auseinander und versucht den Erfolg einer Maßnahme zu messen:
- Hat man tatsächlich die gewünschte Anzahl an Personen erreicht?
- Haben diese Personen die Werbung auch tatsächlich wahrgenommen (Werbewirkung bzw. Werbeimpact)?

- Wenn ja, können sich diese auch noch nach einem Monat an die Werbung erinnern (Werbeerinnerung)?
- Hat sich das Image des Unternehmens bei denjenigen, die die Werbung wahrgenommen haben, verbessert (Imagewirkung)?
- Und zuletzt die Kardinalfrage: Haben sich durch die Werbekampagne die Verkaufszahlen erhöht?

Für die Feststellung von Werbewirkung, Werbeerinnerung und Imagewirkung bieten Marktforschungsinstitute ihre Dienste an, die spezielle Methoden entwickelt haben, um solche Faktoren zu messen.

➤ Werbepsychologische Grundlagen nennen und erläutern können.

Durch die gezielte Ansprache beider Gehirnhälften („gehirngerechte" Werbung) wird versucht, einen möglichst hohen Aufmerksamkeitsgrad und Lerneffekt zu erzielen.
- Eroberung der rechten Gehirnhälfte (zuständig für Emotionen) mit schönen Bildern, Musik und allem, was sonst noch positive Empfindungen hervorrufen kann
- Eroberung der linken Gehirnhälfte (zuständig für das Rationale), indem die geweckten Emotionen mit einem Namen, einer Marke, einem Slogan in Verbindung gebracht werden
- oftmalige Wiederholung

➤ Strategien bei der Gestaltung von Werbung nennen und erläutern können.

Häufig genutzte Gestaltungselemente sind folgende:
- prominente Personen als Überbringer der Werbebotschaft
- Experten, die bestimmte Eigenschaften eines Produkts bestätigen
- Zertifikate, die hohe Qualität o.ä. bescheinigen (TÜV, Konsumentenverband)
- Künstliche Verknappung, zB durch Slogans wie „nur kurze Zeit", „jetzt zuschlagen", „Ausverkauf nur noch eine Woche"
- Assoziation mit angenehmen Reizen: Produkt/Leistung wird durch hübsche Fotomodels, in einer Traumvilla o.ä. präsentiert
- Werbefigur: eine ausdrucksstarke Werbefigur präsentiert ein Produkt und vermittelt die Werbebotschaft, zB der grüne Bär bei den Hustenbonbons

➤ Kritikpunkte an der Werbung nennen und erläutern können.

- schafft Bedürfnisse nach Dingen, die eigentlich kein Mensch wirklich braucht
- benutzt hinterhältige Tricks, indem sie direkt auf das nicht beeinflussbare Unterbewusstsein der Menschen abzielt
- verführt und manipuliert die Menschen
- macht aus wehrlosen Kindern willenlose Konsumenten (zB das extrem ausgeprägte Markenbewusstsein von Kindern)
- ist ein tagtägliches Ärgernis, dem man nicht entrinnen kann (zB Werbeblöcke, die spannende Spielfilme unterbrechen)
- hält auf und kostet den Menschen Zeit (zB unerwünschte Postwurfsendungen, Anrufe von Call Centern, Spam-Mails etc.)
- Werbung wird immer aggressiver, indem zB an die niedrigen Instinkte des Menschen appelliert wird (negativ besetzte Eigenschaften wie Geiz, Habgier, Neid usw. werden mit positiven Botschaften unterlegt und auf diese Weise salonfähig gemacht)

➤ Den Begriff Direct Mailing erläutern können.

Der englische Begriff „Mailing" entspricht der Postwurfsendung. Werbebotschaften werden über massenhaft vervielfältigte Briefsendungen oder über das Internet (e-Mails) an die Adressaten versendet werden. Mailings sind ein weit verbreitetes Instrument, um relativ kostengünstig Zielgruppen zu erreichen; es handelt sich dabei um das klassische Werbemittel im Direktmarketing (= direkte Ansprache der Kunden).

➤ Die wichtigsten Regeln und häufige Fehler bei der Gestaltung eines Mailingbriefs nennen und erläutern können.

Professionell gestaltete Mailingbriefe sind
- kurz und prägnant
- durch eine angenehme Schrift, eine gute Gliederung sowie kurze Sätze leicht lesbar
- haben des öfteren einen so genannten „eye-catcher" – eine Grafik, ein Foto – integriert, oder sogar eine Kostprobe oder ein kleines Präsent als Beilage (zB Säckchen mit Kosmetikproben, Kugelschreiber o.ä.)

Weiter ist zu beachten:
- direkte, persönliche Ansprache der Adressaten
- Auswahl eines ansprechenden Briefpapiers und –kuverts, gut gestaltete Beilagen etc.

Die Fehler ergeben sich aus der Nicht-Beachtung obgen. Punkte, zB zu langer und umfangreicher Inhalt, schlechte visuelle Gestaltung, fehlerhafte Anrede, minderwertiges Papier usw.

➤ Die AIDA-Formel erläutern können.

Dieser Begriff leitet sich aus folgenden englischen Begriffen ab:
- Attention: Aufmerksamkeit erzeugen
- Interest: Interesse wecken (an den herausragenden Eigenschaften eines Produkts)
- Desire: Wunsch wecken (der Kunde möchte das Produkt haben)
- Action: Handlung herbeiführen (eine Reaktion auslösen, zB Anruf des Kunden, um eine gratis Probefahrt zu bekommen)

➤ Den Begriff Telefonmarketing erläutern können.

Telefonisches „Nachfassen" von Direct Mailings. Ziel des Telefonmarketings ist oft nicht unmittelbar eine Bestellung, sondern dass ein Beratungstermin vereinbart wird, um ein Produkt/eine Leistung vorstellen zu können. Dabei wird der Adressat mittels geschickter Technik gefragt, ob er
- das Mailing bekommen hat
- es gelesen hat
- das Produkt interessant findet
- ein Gratis-Probeexemplar haben möchte

➤ Den Begriff Call Center erläutern können.

Unternehmen, die darauf spezialisiert sind, mittels geschultem Personal
- potentielle Kunden anzurufen (zB um ein Produkt anzupreisen oder Termine beim Kunden zu bekommen)
- oder umgekehrt, um Anrufe von Kunden entgegen zu nehmen (zB um Hilfestellung für div. Kundenfragen zu geben oder Beschwerden entgegenzunehmen)

➤ Den Begriff Verkaufsförderung bzw. Sales Promotion erläutern können.

Unter Sales Promotion versteht man die klassische Werbung ergänzende Maßnahmen, die den Verkauf eines Produkts unterstützen können.
Beispiele: Gratis-Kostproben, Testpakete, spezielle Verkäuferschulungen, Verkäufer-Wettbewerbe, Produktpräsentationen für Makler, etc.

➤ Den Begriff Event-Marketing erläutern können.

Marketingtechnisch imposant arrangierte Veranstaltungen für Kunden, Mitarbeiter, Presse oder wichtige Persönlichkeiten. Ziel ist es, diese im Rahmen der Veranstaltung zu beeindrucken und für sich zu gewinnen bzw. an sich zu binden.

▶ Den Begriff Öffentlichkeitsarbeit bzw. Public Relations (PR) erläutern können.

Darunter versteht man die Kunst, Journalisten dazu zu bewegen, einen Bericht über ein Produkt / ein Unternehmen zu schreiben. Journalisten werden dann über ein Thema berichten, wenn sie es als interessant und spannend genug für ihre Leser erachten - dem entsprechend neu, innovativ, wichtig, originell etc. sollte das Ereignis sein.
Instrumente der PR: Presseaussendungen, Pressekonferenzen, zunehmend aber auch gekaufte Berichte. Professionelle PR-Agenturen sind darauf spezialisiert und haben die notwendigen Kontakte zu den Medien.

▶ Den Begriff Sponsoring erläutern können.

Unternehmen und Organisationen, die einen Verein, ein Projekt, eine Veranstaltung oder Ähnliches mit Geld oder Sachmitteln unterstützen. Sponsoring kann in vielen Fällen eine attraktivere Möglichkeit bieten, sich in der Öffentlichkeit zu präsentieren, als die Schaltung einer herkömmlichen Werbeanzeige in einer Zeitschrift oder eines Werbespots im Fernsehen. Der Wahrnehmungseffekt ist vielfach höher; zudem ist mit Sponsoring auch ein besseres Image verbunden als mit klassischer Werbung.

▶ Den Begriff Internetwerbung erläutern können.

Werbeauftritt des eigenen Unternehmens bzw. seiner Produkte im Internet, indem eine eigene Homepage „ins Netz" gestellt wird. Die Werbung wurde durch das Internet innerhalb kürzester Zeit grundlegend revolutioniert. Es gibt heute kaum einen Konsumenten, der sich vor einem Kauf nicht bereits über Internet die notwendigen Informationen einholt. Vielfach werden auch die Käufe direkt über das Internet abgewickelt (Internetshops, Webshops). Über Banner, die auf viel frequentierten Homepages (zB Suchmaschinen, Zeitungen) geschalten werden, wird versucht, möglichst viele Konsumenten auf die eigene Homepage zu bringen.

▶ Den Begriff Merchandising erläutern können.

Darunter sind Produkte zu verstehen, die mit dem Logo des Unternehmens versehen werden und direkt an die Zielgruppe – oder an Personen, die mit der Zielgruppe in Kontakt kommen - verteilt werden.
Beispiele: Kugelschreiber, Kappen, Luftballons o.ä. die bei Messen, Sportveranstaltungen usw. verteilt werden

VERKAUF

Groblernziele:

▶ *Die wichtigsten Grundregeln erfolgreichen „Verkaufs" von Projekten, Produkten und Dienstleistungen erläutern können.*

5. 1. Grundlagen erfolgreichen Verkaufs

Lernziele:

➤ Den Verkauf als alltäglichen und jeden Einzelnen betreffenden Prozess im Geschäftsleben erläutern können.

➤ Den Begriff „Verkaufsethik" (seriöser, partnerschaftlicher Verkauf) erläutern können.

➤ Den Begriff „Win-Win-Situation" erläutern können.

➤ Voraussetzungen und erforderliche Kompetenzen für den Verkauf nennen und erläutern können.

➤ Die Phasen eines Verkaufsgesprächs nennen und erläutern können.

➤ Wichtige Aspekte bei der Vorbereitung eines Verkaufsgesprächs nennen und erläutern können.

➤ Wichtige Aspekte beim Gesprächseinstieg erläutern können.

➤ Die Begriffe „Beziehungsebene" und „Sachebene" erläutern können.

➤ Wichtige Aspekte der Bedarfserhebung nennen und erläutern können.

➤ Den Unterschied zwischen Bedürfnis und Bedarf erläutern können.

➤ Wichtige Aspekte der Fragetechnik nennen und erläutern können.

➤ Die Begriffe „offene Fragen" und „geschlossene Fragen" erläutern können.

➤ Den Begriff „Suggestivfrage" erläutern können.

➤ Den Begriff „Aktives Zuhören" erläutern können.

➤ Wichtige Aspekte der Verkaufsargumentation erläutern können.

➤ Den Unterschied zwischen Merkmalen/Eigenschaften und Nutzen eines Produkts/einer Leistung erläutern können.

➤ Den Begriff „Visualisierung" erläutern können.

➤ Den Unterschied zwischen Einwand und Vorwand sowie mögliche Reaktionen darauf erläutern können.

➤ Wichtige Aspekte bei der Preisargumentation erläutern können.

➤ Wichtige Aspekte für den erfolgreichen Abschluss eines Verkaufsgesprächs nennen und erläutern können.

➤ Kaufsignale nennen und erläutern können.

➤ Besonderheiten beim Verkauf an Firmenkunden erläutern können.

➤ Den Begriff „Key Account Management" erläutern können.

5. 1. 1. VERKAUF ALS ALLTÄGLICHER PROZESS

„Ich soll verkaufen?! Nie im Leben. Ich bin doch kein Keiler, der Leuten irgend welche Dinge unterjubelt, die kein Mensch braucht."

Ein Großteil der Bevölkerung denkt wohl in diesen Kategorien. Fast jedem fällt beim Wort „Verkauf" der „aufdringliche Versicherungskeiler" oder der „zwielichtige Autoverkäufer" ein, an denen – wegen einiger schwarzen Schafe der Branche – das Image des unseriösen Verkaufs klebt wie Pech. Meist zu Unrecht, wie der Großteil der seriösen Versicherungs- und Autoverkäufer zeigt.

Dabei wird übersehen, dass nicht nur derjenige verkauft, der die Funktion „Verkäufer" auf der Visitkarte trägt, sondern dass der Verkauf ein Prozess ist, den fast jeder Tag für Tag auch selbst betreibt. Manche mehr, manche weniger erfolgreich.

➤ *Verkauf als alltäglicher Prozess*

Aber vielleicht ändert sich die Einstellung zum Verkauf, wenn man diesem eine andere Bezeichnung gibt oder das Verkaufen unter einem anderen Blickwinkel betrachtet, nämlich als:

- Überzeugungsprozess: Ziel ist es, andere von den Vorteilen eines Produkts, einer Person, einer Idee zu überzeugen und eine „Kaufaktion" zu bewirken (Geldausgabe, Akzeptanz, Zustimmung etc.).
- Problemlösungsprozess: Man hat eine Lösung für ein Problem,
    - dessen Existenz dem Gegenüber bereits bekannt ist Beispiel: Herr Salz braucht ein neues Auto, weil sein Altes kaputt ist
    - das dem Gegenüber aber auch noch nicht bewusst sein muss Beispiel: Herr Bossi hat sein Haus schlecht versichert. Im Falle eines Brands bekommt er nur das halbe Haus ersetzt.

Von der reinen **Beratung** unterscheidet sich der Verkauf durch das Ziel, dass der Kunde auch tatsächlich ein Produkt/eine Leistung kauft und bezahlt bzw. einen Auftrag oder seine Zustimmung zu einem Projekt erteilt. Macht er das nicht, dann war der Aufwand an Zeit und damit auch Geld umsonst.

Verkauft wird von jedem, der mit Kunden in irgendeiner Form in Kontakt kommt. Die Rezeptionistin im Hotel, der Kellner im Restaurant, die Stewardess im Flugzeug, die Sekretärin am Telefon – alle, die Kontakt mit den Kunden haben, verwenden bewusst oder unbewusst Verkaufstechniken, um Kunden zum erstmaligen Kauf zu motivieren oder Kunden davon zu überzeugen, das nächste Mal wieder zu kommen.

Aber auch firmenintern finden tagtäglich Verkaufsprozesse statt.

Beispiele dafür:

Beispiele

> → Der Chef möchte erreichen, dass dieses Jahr alle Mitarbeiter den Urlaub zur selben Zeit antreten (Betriebsferien).
> → Die Marketingabteilung muss zuerst den eigenen Verkäufern ein neues Produkt „verkaufen", damit diese mit entsprechender Motivation hinter dem Produkt stehen.
> → Die Assistentin möchte ihren Chef dazu bringen, ihr einen neuen Sessel zu genehmigen, da sie Rückenprobleme hat.
> → Der Leiter der EDV-Abteilung möchte durchsetzen, dass niemand die Sicherheitsvorschriften umgeht.
> → Der Projektleiter setzt sich zum Ziel, dass die Projektmitarbeiter ihre Aufgabenpakete in Zukunft pünktlich abliefern.
> → Die neue Führungskraft möchte erreichen, dass sie von den Mitarbeitern akzeptiert wird.

Aber auch die Ersteller eines Businessplans müssen diesen den Finanziers (Chefs, Banken, Förderstellen etc.) verkaufen, um eine Zusage zur Durchführung des Projekts erreichen zu können.

Das wird in weiterer Folge auch Frau Bossi versuchen. Sie will ihren Mann davon überzeugen, dass die Produktion von PinkSaucen eine zukunftsträchtige Idee ist. Dabei wird sie die wesentlichsten Regeln des guten Verkaufs anwenden:

Pizzeria Bossi: Frau Bossi „verkauft" ihrem Mann die Idee „PinkSauce"

Frau Bossi weiß, dass Herr Bossi mittlerweile selbst Feuer und Flamme für die Verwendung von PinkSaucen ist – allerdings nur im Rahmen der eigenen Pizzeria für die eigenen Pizzas und Pasta. Der Gedanke, die Pink-Sauce im großen Stil zu produzieren und diese an Privatkunden und sogar an andere Pizzerias zu verkaufen, liegt für ihn weit entfernt. Entsprechend schwierig schätzt es Frau Bossi ein, ihrem Mann und Mitgesellschafter diese Geschäftsidee wirklich verkaufen zu können. Sie weiß zwar, wie sie ihren Mann immer wieder um den Finger wickeln kann, wenn sie etwas von ihm haben möchte. In diesem entscheidenden Fall aber möchte sie ihren Mann tatsächlich von Grund auf davon überzeugen, warum es sich lohnen kann, die PinkSauce-Strategie noch weiter auszudehnen. Nur wenn auch er voll und ganz hinter diesem Projekt steht, werden sie erfolgreich sein können und auch das eine oder andere auftretende Problem gemeinsam lösen. (Verkaufsethik, partnerschaftlicher Verkauf)

Sie bittet ihren Mann um eine ausführliche Besprechung zu diesem Thema. Ihr Gesprächsziel ist es, Herrn Bossi dazu zu bewegen, den mittlerweile recht umfangreichen Businessplan selbst zu studieren, in weiterer Folge mit ihr zur Bank zu gehen und um einen Kredit anzusuchen.

Bevor sie das Gespräch sucht, möchte sie sich noch gründlich darauf vorbereiten. Dazu gehört, dass sie sich intensiv mit ihrem Mann und Mitgesellschafter auseinandersetzt, und sich folgende Fragen stellt:

- *Welche Wünsche und Probleme hat mein Mann als Privatmensch? Was will er privat noch erreichen?*
- *Welche Wünsche und Probleme hat mein Mann als Unternehmer? Was will er als Unternehmer noch erreichen?*

Dabei zieht sie folgendes Resümee: Herr Bossi ist jetzt 45 Jahre alt und seit 15 Jahren Unternehmer. Die beiden Kinder sind ihm außerordentlich wichtig, allerdings leidet er darunter, dass er aufgrund des beruflichen Stresses viel zu wenig Zeit mit ihnen verbringen konnte. Die Kinder sollen die bestmögliche Ausbildung bekommen, was in den nächsten 10 Jahren noch einiges an Kosten verursachen wird. Von seinem Traum, dass die Kinder einmal die Pizzeria übernehmen werden, hat er sich beinahe schon gelöst. Die Kinder haben zu sehr selbst miterlebt, welcher Anstrengungen es bedarf, ein Restaurant gut zu führen.

Am Unternehmer-Dasein schätzt er am meisten die Unabhängigkeit. Obwohl er als Geschäftsführer einer Restaurantkette wahrscheinlich viel mehr verdienen hätte können, wäre eine fixe Anstellung und ein Chef für ihn keine Alternative. In den ersten Unternehmensjahren hat er vor kreativen Ideen und Energie nur so gesprüht. Dieser Elan ist in den letzten Jahren deutlich weniger geworden. Der Traum schnell reich zu werden, ist dem Wunsch nach Sicherheit gewichen. Dem entsprechend vorsichtig ist auch seine Unternehmenspolitik geworden. Der Abbau sämtlicher Schulden sowie eine hohe Liquidität haben für ihn oberste Priorität. (Gesprächsvorbereitung, Bedürfnis- und Motivanalyse)

So weit die Analyse von Frau Bossi. Hundertprozentig sicher ist sie sich allerdings nicht, was ihr Mann tatsächlich noch in seinem Leben erreichen will. Daher beschließt sie, ihn einfach einmal danach zu fragen. Das geht natürlich nicht zwischen Tür und Angel, und deshalb wartet sie einen passenden Moment dafür ab. Dieser ergibt sich glücklicherweise bald, als beide nach einem eher ruhigen Tag bei einem Glas Wein beisammen sitzen. (Gesprächseinleitung, Gesprächsklima)

Es genügt eine einzige Frage, um bei Herrn Bossi einen wahren Redeschwall auszulösen:

➡ *Sag, was möchtest Du im Leben eigentlich noch erreichen?*

Danach muss sie nur noch zuhören, und das gute Gespräch mit weiteren Fragen in Gang halten. (Fragetechnik, Aktives Zuhören zur Bedarfsanalyse)

Es stellt sich heraus, dass viele Annahmen von Frau Bossi richtig waren. Was Herrn Bossi besondere Sorgen bereitet, ist die Konkurrenz, deren finanzielle Mittel scheinbar unerschöpflich sind. Die regelmäßig kommenden Stammgäste werden leider weniger, und einige der Gäste erzürnen sein Gemüt, da sie sich in den letzten Jahren vollkommen unmöglich entwickelt haben. Während sie in der Pizzeria jeden Cent zwei Mal umdrehen, weiß er, dass dieselben Gäste dann in einem Haubenlokal, ohne mit der Wimper zu zucken, hunderte Euro hinlegen. Diese Entwicklung beschert ihm richtiggehende Zukunftsängste und so manch' schlaflose Nacht. Diese Unruhe hat sich in den letzten Wochen nach dem ernüchternden Steuerberater-Termin nochmals verschärft.

Was Frau Bossi allerdings unterschätzt hat, ist der nach wie vor vorhandene Stolz von Herrn Bossi und sein Ehrgeiz, mit innovativen Ideen aufhorchen zu lassen. Am liebsten würde er wieder das Gesprächsthema der Stadt sein. Das ist ihm anfangs einige Male gelungen.

Nun ist der Zeitpunkt für Frau Bossi gekommen, um folgende Frage zu stellen:

➡ *Wenn sich eine Möglichkeit bieten würde, dass wir mit dem Verkauf unserer PinkSauce nicht nur in der Stadt, sondern im ganzen Land Furore machen, und uns damit von den Launen der Gäste unabhängiger machen könnten – würdest Du diese Gelegenheit ergreifen wollen? (Bedarfsweckung)*

Die Antwort auf diese (geschlossene) Frage lautet „Ja, natürlich."; es folgt jedoch sofort die Gegenfrage Herrn Bossis, wie das gehen sollte.

Jetzt ist der Moment gekommen, wo Frau Bossi ihren Businessplan hervorholt und Herrn Bossi hinlegt. Der Überraschungseffekt gelingt, und Herr Bossi zeigt sich vom Umfang des Businessplans schon einmal beeindruckt. Frau Bossi möchte aber noch nicht auf die Details eingehen, sondern zuerst noch die Vorteile dieses Vorhabens hervorheben. (Argumentation, Merkmale, Eigenschaften, Nutzen)

Ihre Argumente lauten: Wenn sie die köstliche Pizzasauce auch an Privat- und Firmenkunden verkaufen,

- *erschließen sie eine neue Marktnische (wie sich ja auch eindeutig aus den Marktforschungsergebnissen gezeigt hat) und damit ein enormes Gewinn- und Wachstumspotenzial*
- *können sie sich vom reinen Gastronomiebetrieb unabhängiger machen und das Risiko streuen*
- *werden sie in jedem Fall die Aufmerksamkeit der gesamten Branche auf sich ziehen und vielleicht sogar auch in der Presse Furore machen können*
- *werden sie nach ein paar Aufbaujahren wesentliche Aufgaben auch delegieren können (was im Restaurant selbst eher schwierig ist), sich auf die Unternehmensleitung beschränken können und auch wieder mehr Zeit für Hobbys und Familie haben*
- *haben vielleicht auch die Kinder Interesse daran, den Betrieb zu übernehmen.*

Die Argumente zeigen bei Herrn Bossi bereits Wirkung, allerdings hat er auch gewichtige Einwände:

- *Was ist, wenn pink bei den Kunden doch nicht so gut ankommt?*
- *Was ist, wenn ein großer Konkurrent auftaucht, und unsere Idee einfach klaut?*
- *etc.*

Frau Bossi hat sich auf diese Einwände bereits exzellent vorbereitet, da ihr diese Risiken auch selbst durch den Kopf gegangen sind. In Szenario- und Portfolio-Analysen hat sie sich eingehend damit auseinander gesetzt, und findet für jeden Einwand eine gut begründete Antwort. (<u>Einwand und Einwandbehandlung</u>)

Natürlich muss dann auch der Einwand aller Einwände kommen:

- *Ist ja alles schön und gut: aber die Sache muss ja hunderttausende Euro an Investitionen verschlingen! Das können wir uns sicher nicht leisten. Wir müssen froh sein, wenn wir derzeit unsere üblichen Alltagskosten abdecken können.*

Aber auch hier hat Frau Bossi vorgesorgt und auf einem Blatt Papier eine erste Grobkalkulation durchgeführt. Diese ergibt, dass sehr wohl ein hoher Betrag zu investieren ist, was sie auch gar nicht in Abrede stellen möchte. Allerdings stellt sie diesem Betrag auch die Chancen gegenüber:

Kosten	Für	Chancen
45.000	Abfüllanlage und andere Sachgüter	hohe Rentabilität bereits im dritten Jahr
5.000	Markenanmeldung	Risikostreuung
10.000	Werbung, PR	Image, Ansehen
30.000	Personalaufwand	mehr Freizeit
10.000	Sonstiger Aufwand	etc.
100.000	ANFANGSINVESTITIONEN	

(Preisargumentation, Visualisierung)

Herr Bossi scheint bereits überzeugt, als er noch ein letztes Gegenargument aus dem Hut zaubert: „Pink hat mir eigentlich noch nie gefallen. Und Du selbst hast ja auch Deine rosa Kleider aus dem Schrank verbannt. Warum sollen wir jetzt ausgerechnet mit pinkfarbenen Saucen glücklich werden?"

Dass es sich hier allerdings um einen nicht mehr sehr ernst zu nehmenden Vorwand handelt, zeigt sich nicht zuletzt an der Mimik von Herrn Bossi. Frau Bossi kann dieses Argument mit einem kleinen Lächeln und einer humorvollen Antwort schnell entkräften. (Vorwand)

Trotzdem weiß Frau Bossi, dass sie noch nicht am Ziel angelangt ist. Jetzt heißt es, Nägel mit Köpfen zu machen, und von Herrn Bossi auch eine verbindliche Zusage zu bekommen, um konkrete Schritte zu unternehmen. Erreicht sie diesen letzten Punkt nicht, dann wird sie morgen wieder von vorne mit ihrer Überzeugungsarbeit beginnen müssen.

Daher sagt sie: „Dann ist es also vereinbart, dass Du Dir morgen den Businessplan durchliest und wir übermorgen im Detail darüber reden. Dann können wir Deine Vorschläge einbauen und gemeinsam zur Bank gehen."

Herrn Bossi geht das jetzt doch eine Spur zu schnell und er möchte seine Bedenkzeit auf mindestens einen Monat ausgedehnt wissen. Allerdings hat Frau Bossi bereits für nächste Woche einen Termin bei der Bank vereinbart. Sie einigen sich daher, den Businessplan in vier Tagen ausführlich zu besprechen. Außerdem sichert Frau Bossi ihrem Mann Folgendes zu: Der Banktermin wird nur dann wahrgenommen, wenn auch Herr Bossi nach dem Studium des Businessplans und der Behandlung all seiner Fragen und Gedanken wirklich voll und ganz davon überzeugt ist, dass sich das Risiko auszahlen wird. (Abschlussphase)

Das erfolgreich verlaufene Verkaufsgespräch von Frau Bossi dient nunmehr als roter Faden, um die wichtigsten Grundlagen des Verkaufs sowie die verschiedenen Phasen eines Verkaufsgesprächs zu analysieren.

5. 1. 2. VERKAUFSETHIK: SERIÖSER, PARTNERSCHAFTLICHER VERKAUF

➤ *Verkaufsethik*

Jemandem „etwas andrehen", den anderen „über den Tisch ziehen", den Kunden in eine Ecke drängen und unter Druck setzen oder ihm wesentliche Informationen vorzuenthalten, den Kunden durch die Kaufentscheidung in finanzielle Schwierigkeiten bringen oder ihn mit unterschwelligen verkaufspsychologischen Tricks zu manipulieren ... das sind Verkaufstechniken, die nicht nur unseriös, sondern auf lange Sicht auch wenig Erfolg versprechend sind. Spätestens dann, wenn man einem auf diese Art gewonnenen Kunden noch einmal etwas verkaufen will, wird einem dieser sofort die Tür weisen. Alternativen hat er ja heutzutage meistens genug.

5. 1. 3. WIN-WIN-SITUATION

➤ *Win-Win-Situation*

In allen seriösen Verkaufstrainings und -büchern wird daher der **partnerschaftliche Verkauf** propagiert. Dieser zeichnet sich unter anderem dadurch aus, dass zwischen Verkäufer und Käufer eine **Win-Win-Situation** entsteht:

→ Der Kunde bekommt eine Lösung für ein Problem.
→ Der Verkäufer erhält eine angemessene Entlohnung (Geld, Zusage etc.).

Somit haben beide gewonnen.

5. 1. 4. DER ERFOLGREICHE VERKÄUFER

Wer etwas verkaufen will, sollte folgende Kompetenzen mitbringen:

- Sozialkompetenz: Damit ist gemeint, dass man mit Menschen umgehen kann, Interesse daran hat, anderen zuzuhören und sich selbst zurücknehmen kann.
- Fachkompetenz: Darunter ist zu verstehen, dass man die wesentlichen Eigenschaften, Merkmale, Vor- und Nachteile des Produkts, das man verkaufen möchte, sehr gut kennt.
- Verkaufskompetenz: Dazu gehören nutzenorientiertes Denken und die Fähigkeit, wesentliche Verkaufsargumente klar herauszustreichen. Man setzt sich mit der grundlegenden Psychologie des Menschen auseinander um zu verstehen, was die Menschen bewegt, was deren Bedürfnisse und Motive sind. Zusätzlich kennt man die essenziellen Erfolgsfaktoren des Verkaufs (siehe dazu Kapitel „Phasen eines Verkaufsgesprächs").

> *erforderliche Kompetenzen*

5. 2. Phasen eines Verkaufsgesprächs

Ein Erfolg versprechendes Verkaufsgespräch sollte nach dem folgenden roten Faden ausgerichtet sein:

1. Gesprächsvorbereitung
2. Gesprächseinstieg
3. Bedarfserhebung
4. Präsentation und Argumentation
5. Abschluss

▶ *Phasen eines Verkaufsgesprächs*

5. 2. 1. GESPRÄCHSVORBEREITUNG

Die gründliche Vorbereitung auf ein Verkaufsgespräch ist Grundvoraussetzung für einen erfolgreichen Verkaufsabschluss. Dazu gehören folgende Elemente:

- Ein konkretes Ziel definieren: Was soll mit dem Verkaufsgespräch tatsächlich erreicht werden?

- Den Gesprächspartner analysieren: Was sind seine Bedürfnisse? Welche Wünsche und Ängste werden ihn in seiner momentanen Situation beschäftigen? Über welche finanziellen Mittel kann er verfügen? Welchen Einflüssen unterliegt er? Welche Entscheidungskompetenzen hat er?

- Unterlagen vorbereiten: Gut aufbereitete Unterlagen sind eine entscheidende Hilfe im Verkaufsgespräch. Sie helfen sowohl dem Verkäufer (bieten eine fachliche Unterstützung) als auch dem Käufer, der sich mehr vorstellen kann, wenn er Erläutertes nicht nur hört, sondern auch visualisiert bekommt.

- Einen Gesprächsleitfaden erstellen: Dieser enthält einen möglichen Gesprächseinstieg, Fragen zur Bedarfsanalyse, spezifisch für den Kunden passende Argumente sowie Antworten auf etwaige Einwände, die der Kunde vorbringen könnte.

- Den richtigen Zeitpunkt bzw. die richtige Gelegenheit wählen: Viele Verkaufsgespräche scheitern einfach daran, dass der falsche Zeitpunkt dafür gewählt wurde. Kunden müssen sowohl Zeit als auch Muße haben, sich mit einem Problem und einer Kaufentscheidung zu beschäftigen.

▶ *Gesprächsvorbereitung*

5. 2. 2. GESPRÄCHSEINSTIEG

▶ *Gesprächs-einstieg*

Ein Verkaufsgespräch beginnt bereits, bevor die ersten Worte gewechselt wurden. Der „erste Eindruck", der beim Betreten eines Raumes, beim Augenkontakt, beim Hände schütteln, durch einen freundlichen Gesichtsausdruck oder durch eine passende Kleidung hinterlassen wird, kann die Erfolgschancen bereits wesentlich beeinflussen. Den Spruch: „Es gibt keine zweite Chance für einen guten ersten Eindruck", sollte man sich also zu Herzen nehmen.

▶ *Positives Gesprächsklima*

In weiterer Folge sollte versucht werden, ein **positives Gesprächsklima** aufzubauen. Eine kurze Aufwärmphase dient dazu, nicht sofort mit der Tür ins Haus zu fallen, sondern sich an den Kunden, der sich ja zuvor gedanklich meist mit etwas vollkommen anderem beschäftigt hat, heranzutasten. Ein kurzer Small Talk über Wetter, Verkehr, Büro, aktuelle Neuigkeiten etc. leistet hier gute Dienste.

Gerade in dieser Phase ist Fingerspitzengefühl (Sozialkompetenz) erforderlich, um situativ abschätzen zu können, wie viel Zeit man sich für das Gespräch nehmen sollte. Es macht einen Unterschied, ob man einem Pensionisten mit unendlich viel Zeit eine Versicherung verkaufen möchte, oder einem gestressten Geschäftsführer, der in spätestens 20 Minuten zum nächsten Termin hetzen muss, eine Zusage abringen muss. International betrachtet spielen auch die verschiedenen Kulturkreise und Gepflogenheiten eine große Rolle: Ein deutscher Kunde wird tendenziell anders als ein griechischer, ein arabischer Kunde anders als ein chinesischer Geschäftspartner zu behandeln sein.

▶ *Beziehungsebene und Sachebene*

In jedem Fall muss in diesen wenigen ersten Minuten bereits der Grundstein für ein **Vertrauensverhältnis** gelegt werden. Kunden werden nur dann kaufen, wenn sie sich bei einem Verkäufer „gut aufgehoben" fühlen. Diese so genannte **Beziehungsebene** kann eine noch entscheidendere Rolle spielen als die **Sachebene** (= das Produkt). Kunden sind oft sogar dazu bereit, wesentliche Nachteile eines Produkts in Kauf zu nehmen, wenn sie dafür auf eine verlässliche und sympathische Betreuung durch den Verkäufer vertrauen können.

Oft werden „richtige" Körperhaltungen, eine bewusst freundliche Mimik, permanenter Augenkontakt, eine sonore Stimme oder Ähnliches als notwendige Erfolgsfaktoren gepredigt – und entsprechende Seminare zum Training dieser Komponenten angeboten. Dabei besteht jedoch die Gefahr, dass diese „antrainierten" Verhaltensweise eher zu einer Art Schauspiel geraten und eher auf die Bretter, die die Welt bedeuten gehören (nämlich ins Theater). Im Verkaufsgespräch kann dies gehörige Verkrampftheit zur Folge haben und sogar unseriös wirken.

Viel wichtiger ist gelebte **Authentizität** – das bedeutet, sich bewusst nicht zu verstellen, die eigenen kleinen Schwächen und Nachteile zu akzeptieren, sich dafür aber auch seiner Stärken und Vorteile bewusst zu sein, und damit zu punkten. Diese Ehrlichkeit zu sich selbst und anderen gegenüber wird vom Kunden sicherlich eher toleriert und akzeptiert werden, als eine „einstudierte Verkaufsshow".

5. 2. 3. BEDARFSERHEBUNG

In dieser Phase muss festgestellt werden, ob beim Kunden für das angebotene Produkt überhaupt ein Bedarf (= Kaufmotiv) besteht. Unter Bedarf ist ein bestimmter Wunsch, der erfüllt werden soll, oder ein Problem, das gelöst werden muss, zu verstehen.

➤ *Bedarfserhebung*

Grundsätzlich können mehrere Kaufmotive unterschieden werden. Dazu zählen physiologische Bedürfnisse (Ernährung), Gesundheit, Sicherheit, Gewinnstreben, soziale Anerkennung (vergleiche dazu auch die Maslow'sche Bedürfnispyramide).

Wie bereits im Kapitel Marketing ausgeführt, muss hier allerdings zwischen Bedürfnis und Bedarf unterschieden werden. Nicht jedes Bedürfnis kann auch tatsächlich erfüllt werden (weil es eben nicht immer leistbar oder erreichbar ist).

➤ *Bedürfnis / Bedarf*

Manche Verkäufer scheinen felsenfest davon überzeugt, selbst am besten zu wissen, was der Kunde am meisten benötigt bzw. was er sich unbedingt leisten sollte. In Wahrheit gibt es jedoch nur eine Möglichkeit herauszufinden, welcher Bedarf bei einem Kunden tatsächlich gegeben ist. Man muss ihn schlicht und einfach fragen.

Die Fragetechnik unterscheidet verschiedene Arten von Fragen:

➤ *Aspekte der Fragetechnik*

- **Offene Fragen** (Wie geht es Ihnen?): Diese beginnen zumeist mit den Fragewörtern Wer, Was, Wie, Wo, Wann, Welche oder Warum? Sie „zwingen" den Kunden dazu, eigenständige Antworten zu formulieren und lösen auf diese Weise einen Nachdenkprozess aus, der letztendlich dazu führen kann, dass der Kunde selbst darauf kommt, welchen zu befriedigenden Bedarf er hat.

> → *Welche Farben gefallen Ihnen bei einem Auto am besten? Warum haben Sie sich bei Ihrem letzten Auto für die Farbe blau entschieden?*

Beispiel

▶ *Aspekte der Fragetechnik*

Beispiele

Geschlossene Fragen (Geht es Ihnen gut?): Dieser Fragetyp lässt nur sehr eingeschränkte Antwortmöglichkeiten offen: Ja, Nein, eher nicht, ganz gut o.ä.

→ *Gefällt Ihnen die Farbe gelb bei diesem Auto? wäre eine typische geschlossene Frage.*

➡ **Alternativfragen** (Geht es Ihnen gut oder prächtig?): Hier wird dem Kunden eine eingeschränkte Auswahl an Antworten vorgegeben, zwischen denen er sich entscheiden kann.

→ *Gefällt Ihnen bei diesem Auto die Farbe gelb oder rot besser?*

➡ **Rückkoppelungsfragen** (Habe ich richtig verstanden, dass es Ihnen ausgezeichnet geht?): Diese dienen erstens als Signal, dass man dem Kunden aufmerksam zugehört hat, und zweitens zur Abklärung, ob man etwas richtig verstanden hat.

→ *Ihrer Meinung nach ist gelb also eine absolut unpassende Farbe für dieses Auto und es kommt daher nur rot in Frage?*

Am Beginn der Bedarfserhebung werden offene Fragen sinnvoller sein. Wenn es um konkrete Fragestellungen geht, die bereits in eine bestimmte Richtung lenken sollen, werden geschlossene Fragen und Alternativfragen anzuwenden sein.

▶ *Suggestivfragen*

Beispiele

Dringend abzuraten ist jedoch vom Gebrauch so genannter **Suggestivfragen**, die dem Befragten nur eine (vom Fragenden erwünschte) Antwortmöglichkeit offen lassen bzw. diese bereits vorgeben.

➡ *Sie sehen prächtig aus! Ihnen geht es sicherlich ausgezeichnet; da kann ich mich sicher nicht täuschen, oder?*

➡ *Wer heute etwas auf sich hält, muss ein gelbes Auto haben. Sind Sie nicht auch dieser Meinung?*

Der Gefragte wird zwar sehr oft die gewünschte Antwort geben, allerdings wird diese Antwort in vielen Fällen nicht ganz „ehrlich" erfolgen. Durch Suggestivfragen fühlt man sich in eine Ecke gedrängt und dem entsprechend unwohl. Wahrscheinlich wird die erste Gelegenheit genutzt werden, um dieser Situation zu entfliehen und das Gespräch abzubrechen.

▶ *aktives Zuhören*

Die richtigen Fragen zur richtigen Zeit, in der richtigen Art und Weise zu stellen, ist tatsächlich die hohe Kunst des Verkaufs. Mindestens genauso wichtig ist jedoch die Fähigkeit zuhören zu können. Durch **aktives Zuhören** wird dem Kunden signalisiert, dass man sich auf ihn konzentriert, sich Zeit für ihn nimmt, ihn achtet und respektiert. Aktives Zuhören hält außerdem den Redefluss aufrecht. Dazu gehört alles, was auch eine gute Kommunikation unter Freunden ausmacht: Augenkontakt, ein bestätigendes „Ja", ein Lächeln, wenn es angebracht ist, passende Anschluss- und Zwischenfragen, die gestellt werden.

Meistens wird es auch Sinn machen, sich Notizen über das vom Kunden Gesagte zu machen. Diese können im weiteren Gesprächsverlauf gut verwendet werden.

Wer die Kunst einer guten Fragetechnik und des aktiven Zuhörens beherrscht, und es auf diese Art und Weise versteht, den Bedarf herauszuarbeiten, hat einen Gutteil des Weges für einen erfolgreichen Verkaufsabschluss bereits absolviert.

5. 2. 4. PRÄSENTATION UND ARGUMENTATION

In dieser Phase des Verkaufs geht es darum, darzulegen, warum das Produkt den zuvor erhobenen Bedarf am besten befriedigen kann.

Eigenschaften und Merkmale versus Nutzen

Bei der Präsentation ist es besonders entscheidend, sich den wesentlichen Unterschied zwischen Merkmal oder Eigenschaft eines Produkts, und dessen konkreten Nutzen vor Augen zu halten. Eigenschaften sind nur Mittel zum Zweck, um einen bestimmten Nutzen bringen zu können.

▶ *Merkmale / Nutzen*

Beispiel

> *Niemand legt 2.000 Euro für eine Stereoanlage mit 400 Watt hin (= Eigenschaft), „um die 400 Watt zu kaufen", sondern weil mit dieser Watt-Zahl*
> - *der ultimative Hörgenuss zu erleben ist, oder*
> - *das Ansehen bei den Freunden steigt, oder*
> - *der Geige übende Nachbar übertönt werden kann. (= Nutzen)*

Daher muss die Devise lauten: Zu jeder Eigenschaft eines Produkts muss der passende Nutzen gleich mit erläutert werden. Dies ist umso bedeutender, je weniger Fachkenntnis ein Kunde mitbringt. Ein gelegentlicher Hobbyfotograf wird mit den Eigenschaften Pixel, Zoom, Brennweiten oft vollkommen überfordert sein, wenn er nicht gleichzeitig erfährt, welcher Nutzen damit verbunden ist.

Beispiel

Beispiel: Fotokamera

Eigenschaften / Merkmale	Nutzen
Die Kamera hat 12 Megapixel.	Damit können Sie sogar Fototapeten von Ihrem letzten Urlaub ausarbeiten.
Die Kamera ist unglaublich schnell und hat eine Verschlusszeit von einer Zehntel-Sekunde.	Damit können Sie sogar lebhafte Kinder durch rasch aufeinander folgende Schnappschüsse festhalten und werden keinen unwiederbringlichen Moment versäumen.
Die Kamera verfügt über einen 5fach- Zoom.	Damit werden Sie auch den scheuesten Vogel ins Visier bekommen.

Die oben aufgezeigten Nutzenbeispiele zeigen eines allerdings sehr deutlich: Um gezielt nutzenorientiert argumentieren zu können, ist eine vorangegangene Bedarfsanalyse unumgänglich. Personen, die Fototapeten hassen, keine Kinder haben und für die gefiederten Freunde gar nichts übrig haben, werden diese Nutzenargumente eher weniger beeindrucken.

Visualisierung

➤ *Visualisierung*

Informationen nur auditiv aufzunehmen (über das Gehör), überfordert den Großteil der Kunden. Es ist daher unbedingt notwendig, das zu verkaufende Produkt auch anschaulich zu präsentieren (= zu visualisieren). Handelt es sich um ein konkretes Produkt, wie zB eine Kamera, wird das Gerät selbst die optimale Visualisierung bieten können. Handelt es sich um abstrakte Produkte, wie zB Versicherungen oder Geschäftsideen, dann ist eine schriftliche Unterlage für die Verkaufspräsentation unabdingbar.

Dabei kann es sich um ein professionelles Prospekt, Fotos, Berechnungsbeispiele, eine selbst angefertigte Skizze, um einen Businessplan o.ä. handeln. Präsentationen am Computer bzw. mit dem Notebook können besonders effektvolle Visualisierungen ermöglichen. Allerdings ist beim Verkauf mit Unterstützung eines Notebooks darauf zu achten, dass der Kontakt zwischen Verkäufer und Käufer nicht durch das Gerät verloren geht.

Fürsprecher

Kunden möchten darauf vertrauen können, dass sie ihr Geld für etwas wirklich Gutes ausgeben. Hier hilft der Hinweis, dass

- andere (bekannte) Kunden das Produkt bereits erworben haben und damit sehr zufrieden sind (= Referenzliste)
- das Produkt bei Testberichten hervorragend abgeschnitten hat (Kopie Testbericht)
- das Produkt in Fachzeitschriften sehr positiv beschrieben wird (Presseartikel)

Behandlung von Einwänden oder Vorwänden

In kaum einem Verkaufsgespräch wird ein Kunde vorbehaltlos zu allem „Ja und Amen" sagen. Er wird Argumente hinterfragen und Vergleiche mit anderen Produkten anstellen. Ist das Gegenargument eines Kunden fundiert und ernst gemeint, wird es **Einwand** genannt.

> - *Im Geschäft XY habe ich die Kamera ZX gesehen, die 13 Megapixel hat und nur 300 Euro kostet.*
> - *Brauche ich als Hobbyfotograf tatsächlich 12 Megapixel? Eine Kamera mit 6 Megapixel, dafür um 200 Euro günstiger, tut es doch auch, oder?*

Beispiel

Einwände müssen natürlich entsprechend behandelt werden, wobei es gilt, gut begründete Gegenargumente zu finden. Das wird dann am besten gelingen, wenn man sich bereits im Vorfeld auf alle möglichen Einwände vorbereitet und Antworten darauf zurecht gelegt hat.

➤ *Einwand*

Werden Gegenargumente vorgebracht, die eher allgemeiner Natur sind, und sich nicht wirklich auf das präsentierte Produkt oder das bisherige Gespräch beziehen, wird es sich eher um einen **Vorwand** handeln.

➤ *Vorwand*

Beispiel: Eigentlich ist es verrückt, wenn man sich heute eine Kamera kauft, die in einem halben Jahr dann nur mehr die Hälfte kostet.

Es bleibt dem Gefühl des Verkäufers überlassen, ob er kurz darauf eingeht (mit einem allgemeinen Statement), oder diesen Vorwand ganz einfach übergeht, und in seinem Verkaufsgespräch voran schreitet.

> *Ja ja, ich denke mir das auch manchmal, wenn ich einen neuen Computer kaufe. Aber was hilft es, man kann ja nicht ewig warten.*

Beispiel

➤ *Preisargumentation*

Die Preisargumentation

Die wichtigste Grundregel zum entscheidenden Thema „Preis" lautet: Der Preis sollte möglichst am Ende der Argumentationskette stehen – und das unabhängig davon, ob es sich um ein sehr günstiges oder ein ausgesprochen teures Produkt handelt. Zuerst sollte dem Kunden klar sein, was er für sein Geld bekommt, bevor er den Betrag, den er dafür ausgeben muss, erfährt.

Zur Argumentation des Preises kann wiederum eine Visualisierung wertvolle Dienste leisten. Dabei werden dem zu zahlenden Preis (= die Investition) die Nutzenaspekte gegenübergestellt.

Beispiel

Beispiel: Fotokamera

Eigenschaften / Merkmale	Nutzen	Preis (Investition)
Die Kamera hat 12 Mega-pixel.	Damit können Sie sogar Fototapeten von Ihrem letzten Urlaub ausarbeiten.	400 Euro
Die Kamera ist unglaublich schnell und hat eine Verschlusszeit von einer Zehntel-Sekunde.	Damit können Sie sogar lebhafte Kinder durch rasch aufeinander folgende Schnappschüsse festhalten und werden keinen unwiederbringlichen Moment versäumen.	
Die Kamera verfügt über einen 5fach- Zoom.	Damit werden Sie auch den scheuesten Vogel ins Visier bekommen.	

Diese Visualisierung ist auch hilfreich, um dem zu erwartenden Preiseinwand: „Das ist aber teuer; die Kosten sind schon sehr hoch, etc." begegnen zu können. Dabei wird nochmals zusammengefasst, was der Kunde um den nun offen gelegten Preis alles bekommt.

In weiter führenden Verkaufsseminaren wird die Preisargumentation und die Verteidigung des Preises intensiv geübt. Ziel ist es, möglichst ohne Preisnachlässe und sonstige Zugeständnisse einen Kunden zum Kauf zu motivieren. Dabei ist allerdings zu beachten, dass es Kunden gibt, die einfach das Triumphgefühl, einen Preis um ein paar Euro herunter gehandelt zu haben, unbedingt benötigen. Der Verkäufer muss selbst abschätzen können, ob es sich um einen Kunden handelt, der diesen Triumph zur Hebung seines Selbstwertgefühls braucht. Wenn ja, dann sollte man ihm diesen auch gönnen, denn die Alternative zu ein paar Prozent Preisnachlass kann sein, dass der Kunde gar nicht kauft und vielleicht sogar beleidigt von dannen (und zur Konkurrenz) zieht.

5. 2. 5. VERKAUFSABSCHLUSS

Wenn alle bisher besprochenen Phasen positiv über die Bühne gebracht wurden, dann sollte der erfolgreiche Abschluss eigentlich die logische Konsequenz sein. Die Praxis sieht jedoch sehr oft ganz anders aus und liegt in folgendem Punkt begründet: Der Verkäufer erkennt die Kaufsignale des Kunden nicht.

▶ Abschluss eines Verkaufsgesprächs

Eindeutige Kaufsignale bestehen beispielsweise darin, wenn

▶ Kaufsignale

- sich ein Kunde sehr intensiv nach Einzelheiten des Produkts erkundigt
- fragt, was die nächsten Schritte sein könnten
- um eine Probe/Teststellung ersucht
- eigene Ideen und Vorschläge einbringt

Gibt es solche Signale, dann sollte man keine Scheu mehr vor der Verkaufsabschluss-Frage zeigen, die zB wie folgt lauten kann:

- „Darf ich Ihnen somit den Vertrag zur Unterschrift vorlegen?"
- „Darf ich Ihnen das jetzt einpacken?"
- „Ist damit der Businessplan genehmigt und erteilen Sie mir den Auftrag, die weiteren Schritte zu setzen?"

Allzu oft wird diese letzte Frage nicht gestellt, was häufig in der menschlichen Angst vor einem „Nein" begründet ist. Ein eindeutiges „Nein" hört niemand gern. Bevor man das riskiert, wird lieber auf die nächste Gelegenheit gewartet. Ob sich jemals wieder eine so gute Chance ergeben wird, kann jedoch zumeist bezweifelt werden, denn:

- Nimmt sich der Kunde ein zweites Mal die Zeit für ein ausführliches Gespräch?
- Schlägt vielleicht vor dem nächsten Gespräch die Konkurrenz zu? Diese hat unter Umständen nach der geleisteten Vorarbeit leichtes Spiel, und muss „den Sack nur mehr zuschnüren".

Damit sind die wesentlichen Grundlagen des Verkaufsgesprächs und deren einzelne Phasen erläutert worden. Vielleicht lesen Sie jetzt nochmals bewusst das zu Beginn des Kapitels angeführte Verkaufsgespräch von Frau Bossi durch. Sie werden erkennen, dass es sich bei Frau Bossi um ein Naturtalent des Verkaufs handelt. Sie hat alles richtig gemacht.

5. 3. Firmenkundenverkauf

Frau Bossi hat ihren Mann unter zwei Aspekten gesehen, nämlich Herrn Bossi als Menschen und Herrn Bossi als Unternehmer. Das Gleiche gilt für den Verkauf an Firmenkunden. Auch hier hat man es auf der einen Seite mit Menschen und deren spezifischen Bedürfnissen nach Sicherheit, Sozialkontakt und Anerkennung zu tun. Auf der anderen Seite müssen die speziellen Gegebenheiten und Rahmenbedingungen von Unternehmen im Verkaufsgespräch berücksichtigt werden. Dazu rufen wir uns nochmals die bereits im Kapitel Marketing angeführten Spezifika von Firmenkunden in Erinnerung:

➤ *Verkauf an Firmenkunden*

1. Es sind mehrere Personen in den Entscheidungsprozess mit eingebunden.
2. Firmenkunden entscheiden tendenziell rationaler, als Privatkunden.
3. Entscheidungsprozesse dauern länger.
4. Firmen sind fordernder. Sie haben hohe Ansprüche an Qualität und Zuverlässigkeit. Dies deshalb, da ihnen schlechte Qualität, Lieferverzögerungen etc. selbst die Kunden kosten.
5. Kaufentscheidungen in Firmen müssen auch den betriebswirtschaftlichen Kriterien (Rentabilität, Liquidität etc.) genügen.

Eigene Firmenkundenbetreuer – **Key Account Manager** – kennen durch ihre jahrelangen Beziehungen zum Kunden

➤ *Key Account Management*

- die fachlichen Notwendigkeiten für deren Unternehmen und
- die Personen, die in der Entscheidungskette das größte Gewicht haben, sowie deren Wünsche und Vorlieben.

Betriebswirtschaftlich fundierte Verkaufsargumentation

Betriebswirtschaftliches Know-how ist heute eine unabdingbare Voraussetzung, um im Firmenkundenverkauf erfolgreich zu sein. Nur wer

- die übergeordneten Ziele eines Unternehmens und
- die spezifischen betriebswirtschaftlichen Ziele des Gesprächspartners kennt, sowie
- die Sprache des Unternehmers (= Betriebswirtschaft), des Geschäftsführers, des Abteilungsleiters versteht und selbst sprechen kann,

wird über die notwendige Gesprächsbasis verfügen, sowie ein bedarfsorientiertes Angebot erstellen und argumentieren können.

Wer die Begriffe und Zusammenhänge der Lernzielkataloge der EBC*L Stufe A und Stufe B versteht und beherrscht, verfügt über jenes betriebswirtschaftliche Rüstzeug, um im Firmenkundenverkauf erfolgreich agieren zu können.

In diesem Zusammenhang sollen noch 2 Aspekte näher beleuchtet werden:

1. Ziele des Unternehmens

Vor dem Verkauf eines Produkts an ein Unternehmen sollte analysiert werden, welchen Beitrag dieses zur Erreichung der übergeordneten Unternehmensziele leisten kann. Dieser kann in folgenden Punkten bestehen:

- Erhöhung der Rentabilität
- Verbesserung und Sicherung der Liquidität
- Erhöhung der Produktivität

Die Wege, um dies erreichen zu können, sind vielfältig und können in den unterschiedlichsten Auswirkungen durch den Einsatz eines Produktes/eine Leistung liegen, zB

- Gewinnung neuer Kunden
- Erhöhung der Qualität
- Erzielung besserer Preise
- Senkung der variablen oder fixen Kosten
- Verringerung der Durchlaufzeiten
- Erhöhung der Motivation und der Zufriedenheit bei den Mitarbeitern
- Steuerersparnis
- Optimierung von Deckungsbeiträgen
- etc.

Diese Vorteile beschreiben gleichzeitig den Nutzen, der hinter den Eigenschaften / Merkmalen eines Produkts steht, und diesen gilt es, auch beim Firmenkundengespräch klar und pointiert herauszuarbeiten.

Verkauf eines Verkaufstrainings

Beispiel

Eigenschaften	Nutzen
Der erfahrene Trainer wird ihre Verkäufer begeistern.	Ein erfahrener Trainer reduziert das Risiko, dass die wertvolle Zeit, die ihre Verkäufer in das Seminar investieren, nicht umsonst ist.
Das Seminar dauert nur 2 Tage und findet in zentraler Lage statt.	Ihre Verkäufer verlieren durch die kurze Anreise und das intensive Seminarkonzept wenig Zeit. Die Reisekostenabrechnung wird auch entsprechend geringer ausfallen.
Dem Thema „Abwehr von Preissenkungswünschen" wird besondere Aufmerksamkeit gewidmet.	Erfahrungsgemäß schmälern Rabatte die Deckungsbeiträge empfindlich. Diese gängige Verkaufspraxis wird durch dieses Seminar auf ein Minimum reduziert werden können.
Das Seminar kostet 500 Euro pro Person.	Der vergleichsweise geringen Investition von 500 Euro pro Person steht ein zu erwartender hoher Gewinn gegenüber. Das Seminar wird sich in kürzester Zeit rechnen, da sich bereits nach wenigen Tagen zusätzliche Verkaufserfolge einstellen werden.
Die Bezahlung kann in drei Raten erfolgen.	Die Ratenzahlung bietet ihnen eine Liquidität-schonende Alternative zur Einmalzahlung.
Das Seminar ist steuerlich absetzbar und für einige Teilnehmer können Sie die Förderung XY beantragen.	Die steuerliche Absetzbarkeit ist für ein erfolgreiches Unternehmen, wie Sie es sind, doppelt wichtig. Die Beantragung der Förderung XY ist nicht sehr aufwändig und hat für Sie den Vorteil, dass die Hälfte des Seminarbetrags praktisch der Finanzminister dazu zahlt.

Verkauf von Bürosesseln

Eigenschaft	Nutzen
Der Sessel ist ergonomisch geformt, verfügt über eine hohe Rückenlehne, die Rollen sind gummiert.	Durch die ergonomisch geformten Sessel und die hohe Rückenlehne reduziert sich die Gefahr von Kreuz- und Schulterschmerzen erheblich.
	Damit können sich Ihre Mitarbeiter voll auf die anspruchsvolle Arbeit konzentrieren. Außerdem reduzieren sich auch die Ausfallszeiten durch Krankenstände beträchtlich. Die gummierten Rollen verhindern unangenehme Quietschgeräusche, die die Konzentration der Kollegen stören und deren Produktivität vermindern. Zudem müssen Sie keine Kostenbelastung aufgrund von Reparaturarbeiten an den Böden befürchten.

> *betriebswirtschaftlich fundierte Verkaufsargumentation*

2. Betriebswirtschaftliche Ziele der Entscheider

Kaufentscheidungen werden nicht nur auf Ebene der Unternehmensleitung getroffen. Auch Abteilungsleiter oder Projektleiter verfügen über Budgets und Einkaufskompetenz. Durch die Schaffung betriebswirtschaftlicher Steuerungsinstrumente wie Kostenstellenrechnung, Profit Center, Kennzahlenanalysen und Wirtschaftlichkeitsrechnungen ist heutzutage daher eine betriebswirtschaftlich fundierte Argumentation auch auf diesen Ebenen notwendig, und bleibt damit nicht den Unternehmern oder den Geschäftsleitern vorbehalten.

Als Verkäufer wird man sich daher sehr gut überlegen müssen, welchen Beitrag ein Produkt leisten kann, um spezifische Abteilungs- oder Projektziele erreichen zu können, die beispielsweise darin bestehen, dass

- Kosten, gesenkt werden müssen
- Deckungsbeiträge erreicht oder verbessert werden müssen
- Kennzahlen, an denen der Abteilungsleiter gemessen wird, erreicht werden müssen
- Zeitpläne eingehalten werden müssen

Weiter führende Hinweise:

Wie zentral das Thema Verkauf für ein Unternehmen ist, zeigt sich alleine an der Anzahl der Bücher, die dazu erschienen sind. Wir empfehlen Bücher, die den partnerschaftlichen Verkauf in den Mittelpunkt stellen. Dazu gehören die Bücher von Heinz Feldmann und Hans Tripolt, von denen auch der Autor einige wichtige Anregungen bekommen hat.

EASY BUSINESS IM TELEGRAMM-STIL

Verkauf

Lernziele

Folgende kurze und prägnante Beschreibungen und Stichworte zu den Lernzielen der EBC*L Stufe B bieten Ihnen einen komprimierten Überblick zu den behandelten Themen.
Das in den Lernzielen und Prüfungen der Stufe B geforderte „ERLÄUTERN" der betriebswirtschaftlichen Begriffe und Zusammenhänge wird damit jedoch nur sehr bedingt abgedeckt. Dazu dient das Studium der Fachtexte und der Praxis-Beispiele in diesem Buch. Versuchen Sie zusätzlich, auch selbst gewählte Beispiele aus der Praxis zu finden – dies steigert Ihren Lernerfolg.

➤ Den Verkauf als alltäglichen und jeden Einzelnen betreffenden Prozess im Geschäftsleben erläutern können.

Jeder verkauft täglich mehrmals
- sich selbst
- Produkte
- Ideen
- Anliegen

Verkauf kann gesehen werden als
- Überzeugungsprozess: Ziel ist es, andere von den Vorteilen eines Produktes/einer Person/ einer Idee zu überzeugen und eine „Kaufaktion" zu bewirken (in Form einer Geldausgabe, Akzeptanz, Zustimmung etc.)
- Problemlösungsprozess: man hat eine Lösung für ein Problem,
  > dessen Existenz dem Gegenüber bereits bekannt ist
  > das dem Gegenüber aber noch nicht bewusst sein muss

➤ Den Begriff Verkaufsethik (seriöser, partnerschaftlicher Verkauf) erläutern können.
   Den Begriff Win-Win-Situation erläutern können.

Verkaufstechniken, durch die ein Kunde übervorteilt oder unter Druck gesetzt wird, indem zB wesentliche Informationen vorenthalten werden, verkaufspsychologische Tricks manipulierend angewendet werden sind unseriös, langfristig auch nicht erfolgreich und verstoßen gegen die Verkaufsethik.

Der seriöse, partnerschaftliche Verkauf zeichnet sich dadurch aus, dass zwischen Verkäufer und Käufer eine Win-Win-Situation entsteht und sämtliche Informationen zwischen den Partnern ausgetauscht werden:
- der Kunde bekommt eine Lösung für ein Problem
- der Verkäufer erhält dafür eine angemessene Entlohnung (Geld, Zusage etc.).

➤ Voraussetzungen und erforderliche Kompetenzen für den Verkauf nennen und erläutern können.

- Sozialkompetenz: Interesse und Freude am Umgang mit Menschen, zuhören können
- Fachkompetenz: ausgezeichnete Kenntnis über die Merkmale, Vor- und Nachteile eines Produkts
- Verkaufskompetenz: nutzenorientiertes Denken, problemorientierte Verkaufsargumentation, die die Bedürfnisse und Motive des Käufers berücksichtigt

➤ Die Phasen eines Verkaufsgesprächs nennen und erläutern können.

- Gesprächsvorbereitung
- Gesprächseinstieg
- Bedarfserhebung
- Präsentation und Argumentation
- Abschluss

➤ Wichtige Aspekte bei der Vorbereitung eines Verkaufsgesprächs nennen und erläutern können.

- ein konkretes Ziel definieren: Was soll mit dem Verkaufsgespräch erreicht werden?
- den Gesprächspartner analysieren: Was sind seine Bedürfnisse?
  Welche Wünsche und Ängste werden ihn in seiner momentanen Situation beschäftigen? Über welche finanziellen Mittel kann er verfügen? Welchen Einflüssen unterliegt er? Welche Entscheidungskompetenzen hat er?
- Unterlagen vorbereiten: gut aufbereitete Unterlagen sind eine entscheidende Hilfe (fachliche Unterstützung für den Verkäufer, Visualisierung für den Käufer)
- einen Gesprächsleitfaden erstellen: enthält zB Stichworte für den Gesprächseinstieg, Fragen für die Bedarfsanalyse, Argumente für das Produkt, Antworten auf mögliche Einwände
- den richtigen Zeitpunkt bzw. die richtige Gelegenheit wählen: Kunde sollte Zeit und Muße haben, sich mit einem Problem und einer Kaufentscheidung zu beschäftigen

➤ Wichtige Aspekte beim Gesprächseinstieg erläutern können.
Die Begriffe Beziehungsebene und Sachebene erläutern können.

- Der „erste Eindruck" ist mitentscheidend. „Es gibt keine zweite Chance für einen guten ersten Eindruck". (Begrüßung, Auftritt)
- Positives Gesprächsklima schaffen und damit ein Vertrauensverhältnis aufbauen.
- Die Beziehungsebene (Sympathie, Vertrauen, Wertschätzung für den Geschäftspartner, Authentizität) ist mindestens so wichtig wie die Sachebene (Merkmale, Vor-/Nachteile eines Produkts, einer Leistung).

➤ Wichtige Aspekte der Bedarfserhebung nennen und erläutern können.
Den Unterschied zwischen Bedürfnis und Bedarf erläutern können.

Im Rahmen der Bedarfserhebung wird festgestellt, ob beim Kunden für das angebotene Produkt überhaupt Bedarf besteht, dh ein Kaufmotiv vorliegt. Unter Bedarf ist ein bestimmter Wunsch, der erfüllt werden soll, oder ein Problem, das gelöst werden muss, zu verstehen. Ob ein Kunde Bedarf hat, kann durch Fragetechniken ermittelt werden.

Dabei ist zu unterscheiden zwischen Bedürfnis und Bedarf. Nicht jedes Bedürfnis (= Verlangen, einen Mangel zu beheben) kann auch tatsächlich erfüllt werden, weil es eben nicht immer leistbar ist (Kaufkraft) oder erreichbar ist.

➤ Wichtige Aspekte der Fragetechnik nennen und erläutern können.
Die Begriffe offene Fragen und geschlossene Fragen erläutern können.
Den Begriff Suggestivfrage erläutern können.

In den jeweiligen Phasen eines Verkaufsgespräches können unterschiedliche Fragetypen sinnvoll sein. Während am Beginn der Bedarfserhebung offene Fragen sinnvoll sind, um den Bedarf zu analysieren, werden im weiteren Gesprächsverlauf und letztlich beim Verkaufsabschluss geschlossene Fragen sowie Alternativ- und Rückkoppelungsfragen zielführend sein, um getroffene Vereinbarungen (zum Produkt, zum Preis etc.) zu spezifizieren und festzulegen.

- Offene Fragen (Wie geht es Ihnen?): Dieser Fragetyp beginnt meistens mit den Fragewörtern Wer, Was, Wie, Wo, Wann, Welche oder Warum? und fordert vom Gesprächspartner eigenständig formulierte Antworten ein. Es wird ein Nachdenkprozess über den tatsächlichen Bedarf ausgelöst, und darüber, wie eine mögliche Lösung aussehen könnte.
- Geschlossene Fragen (Geht es Ihnen gut?): Dieser Fragetyp lässt nur sehr eingeschränkte Antwortmöglichkeiten offen: Ja, Nein, eher nicht, ganz gut o.ä.
  - Alternativfragen (Geht es Ihnen gut oder prächtig?): Hier wird dem Kunden eine eingeschränkte Auswahl an Antworten vorgegeben, zwischen denen er sich entscheiden kann.
  - Rückkoppelungsfragen (Habe ich richtig verstanden, dass es Ihnen ausgezeichnet geht?): Diese dienen der Zusammenfassung wichtiger Gesprächsinhalte und gleichzeitig zur Abklärung, ob diese richtig verstanden wurden.
- Suggestivfragen: (Ihnen geht es doch sicherlich prächtig, oder etwa nicht?) Dieser Fragetyp legt dem Befragten eine gewünschte Antwort bereits in den Mund und zielt in vielen Fällen

darauf ab, den Befragten zu beeinflussen. Häufig ist die Antwort seitens des Befragten nicht „ehrlich" und kann dazu führen, dass sich der Befragte unter Druck gesetzt und unwohl fühlt.

➤ Den Begriff „Aktives Zuhören" erläutern können.

Durch aktives Zuhören wird dem Gesprächspartner signalisiert, dass man sich auf ihn konzentriert, sich Zeit für ihn nimmt und damit Wertschätzung entgegenbringt. Elemente des aktiven Zuhörens sind Augenkontakt, ein bestätigendes „Ja", ein Lächeln, wenn es angebracht ist, passende Anschluss- und Zwischenfragen, die gestellt werden, Notizen, die gemacht werden.

➤ Wichtige Aspekte der Verkaufsargumentation erläutern können.
Den Unterschied zwischen Merkmalen/Eigenschaften und Nutzen eines Produkts/einer Leistung erläutern können.
Den Begriff Visualisierung erläutern können.

- Eigenschaften/Merkmale versus Nutzen: während Eigenschaften ein Produkt selbst beschreiben, zB durch technische Eckdaten, Materialbeschreibungen etc. zielt die Nutzenargumentation darauf ab, dem Käufer zu erläutern, welche Vorteile/welchen Nutzen diese Produkteigenschaften für ihn bringen
- Visualisierung: professionelle Prospekte, Fotos, Berechnungsbeispiele, selbst angefertigte Skizzen, ein Businessplan etc. tragen dazu bei, ein Produkt/eine Leistung/eine Idee anschaulich zu präsentieren und bieten eine wertvolle Unterstützung beim Verkaufsgespräch
- Fürsprecher: wesentlich zum Verkaufserfolg beitragen kann der Hinweis, dass
  > andere (bekannte) Kunden ein Produkt bereits erworben haben und damit sehr zufrieden sind (= Referenzliste)
  > das Produkt bei Testberichten hervorragend abgeschnitten hat (Kopie Testbericht)
  > das Produkt in Fachzeitschriften sehr positiv beschrieben wird (Presseartikel)

➤ Den Unterschied zwischen Einwand und Vorwand sowie mögliche Reaktionen darauf erläutern können.

- Einwand: konkretes Gegenargument - muss behandelt werden
- Vorwand: allgemeines Gegenargument - kann auch übergangen werden

➤ Wichtige Aspekte bei der Preisargumentation erläutern können.

- der Preis/die Preisargumentation sollte möglichst am Ende eines Verkaufsgesprächs stehen, wenn der Kunde bereits weiß, was er für sein Geld bekommt
- die Visualisierung des Preises kann gute Dienste leisten; dabei werden dem zu zahlenden Preis die Nutzenaspekte gegenüber gestellt (was bekommt der Kunde für sein Geld)

➤ Wichtige Aspekte für den erfolgreichen Abschluss eines Verkaufsgesprächs nennen und erläutern können.
Kaufsignale nennen und erläutern können.

Am Ende eines Verkaufsgespräches muss der Verkäufer
- die Kaufsignale des Kunden erkennen
- und als logische Konsequenz die Abschlussfrage stellen (um eine Unterschrift zu erhalten, eine konkrete Zusage o.ä.)

mögliche Kaufsignale können sein:
- ein Kunde erkundigt sich sehr intensiv nach Einzelheiten des Produkts
- fragt, was die nächsten Schritte sein können
- ersucht um eine Probe/Teststellung
- bringt eigene Ideen und Vorschläge ein
- etc.

➤ Besonderheiten beim Verkauf an Firmenkunden erläutern können.
- häufig sind mehrere Personen in einen Entscheidungsprozess mit eingebunden
- Firmenkunden entscheiden tendenziell rationaler als Privatkunden
- Entscheidungsprozesse dauern länger
- Firmen sind fordernder: Sie haben hohe Ansprüche an Qualität und Zuverlässigkeit. Dies deshalb, da ihnen schlechte Qualität, Lieferverzögerungen etc. selbst die Kunden kosten können.
- Kaufentscheidungen in Firmen müssen auch betriebswirtschaftlichen Kriterien (Rentabilität, Liquidität etc.) genügen.

➤ Den Begriff Key Account Management erläutern können.

Eigene Firmenkundenbetreuer – **Key Account Manager** – kennen durch ihre jahrelangen Beziehungen zum Kunden
- die fachlichen Notwendigkeiten für deren Unternehmen
- die Personen, die in der Entscheidungskette das größte Gewicht haben, sowie deren Wünsche und Vorlieben

Hard facts – Vorschau

Mit der Erstellung

- einer Ist- und Umfeldanalyse
- eines Marketingplans
- einer Projektplanung
- sowie dem „Verkauf" des Businessplans an „Herrn Bossi" hat Frau Bossi bereits wesentliche Hürden für ihre Unternehmung „Bossi´s PinkSauce" genommen.

Jetzt sind jedoch noch folgende entscheidende Fragen zu klären:

- Kann sich das Projekt „PinkSaucen" tatsächlich rechnen? Ist es rentabel genug, sodass sich die Mühe und das Risiko auszahlt?
  - Aufschluss darüber können die verschiedenen Modelle der Investitionsrechnung geben.
- Kann sich die Pizzeria Bossi die Umsetzung des Projekts auch tatsächlich leisten? Gibt es genügend eigene finanzielle Mittel? Wird die Bank oder ein anderer Investor fehlende Mittel zuschießen?
  - Diese Punkte werden im Rahmen der Finanzplanung und der Finanzierung behandelt.

Diese „Hard facts"-Themen, für die es

- der Vorkenntnisse der EBC*L Stufe A
- sowie eines Taschenrechners bedarf,

werden im Buch „Investitionsrechnung, Finanzplanung und Finanzierung" – EBC*L Stufe B, Teil 2 abgedeckt.